나의 삶, 나의 길

『철학과 현실』 특집

나의 삶, 나의 길

철학문화연구소 편

철학과 현실사

차례

발간사

엄 정 식

    계간 『철학과 현실』이 "현실을 철학화하고 철학을 현실화한다"는 목표를 세우고 창간한 지 이제 30주년을 맞이하게 되었다. 그것은 짧은 기간이 아니며, 결코 흔한 일도 아니다. 이를 기념하기 위하여 그동안 '나의 삶, 나의 길'이란 주제로 연재해 왔던 각계 명사들의 인생론 12편을 모아 『나의 삶, 나의 길』이란 제목으로 단행본을 엮어보았다. 우리는 이들의 체험적 사색과 소중한 교훈을 통해 그동안 분단의 시대를 극복하지 못한 채 급격한 산업화와 민주화의 격류에 표류하고 있는 한국적 상황을 실감할 수도 있을 것이다. 그들이 역경을 딛고 도달한 지점에서 우리가 출발할 수 있기를 기대해 본다.

나의 인생

박 상 증

　나는 때때로 80여 년의 인생을 허둥지둥 닥치는 대로 살아온 것같이 느낀다. 어떤 이는 차분히 자기 인생을 설계해서 착착 계획대로 진행해 온 인상을 줄 때도 있다. 그런 종류의 사람들을 만나게 되면 나 자신이 몹시 초라해 보인다.

　나는 목사의 아들로 태어났다. 부친은 1920년대에 선교사로 일본에 갔다. 일본 사람들을 상대로 전도하기보다는 조선인 노동자와 학생을 대상으로 하는 선교사였다. 간단히 나의 소위 족보를 얘기하자면, 삼팔따라지 함경도 출신 친척 아저씨들이 국립도서관에서 연구하며 제작했다는, 여성은 완전히 배제된 족보에 의존하지 않고 내 나름대로 파악한 가족의 역사는, 우리가 유배된 군인의 자손이었을 것 같다는 것이다. 마지막으로 할머니를 방문했을 때가 해방 직후, 1945년 8월 하순이었다. 우연히 시골 동리 뒷산 밤나무 골짝에 거대한 대리석 비석을 보게 됐는데, 나의 한문 실력으로는 완전히 독파할 수는 없었으나, 몇 대 조상인지는 모르겠지만, 군인이었던 것 같다.

함경도 북청으로 가는 길도 평양을 경유해 7일을 걸어서 갔고, 11월에 서울로 돌아오는 길도 도보로 10일 걸렸다. 그때 내 나이 15세, 거기에 10세 된 남자 동생을 대동했다. 그 여정도 이야깃거리가 많은 고생길이 었다. 이에 대해서는 나중에 언급하도록 하겠다. 비석의 미스터리를 왜 시골 어른들한테 묻지 않았을까? 지금 생각해 보면 그 벽촌에 소위 현대 교육을 받은 어른이 계시지 않았기 때문이 아닌가 싶다. 자동차 길이 없는 벽촌 함경도의 미산 차일봉을 멀리 바라보며 삼수갑산으로 이어지는 시골길, 박 씨가 모여 사는 작은 마을이 세상 끝이다. 몇 세대를 지나면서 박 씨들은 그 마을을 개척했을 거다.

차라리 여진족이라 했으면 역사극에 나오는 무용담도 어렸을 때 시골 친척들한테서 들었을 텐데, 조상이 "정승이었다", "퇴계의 후손이다", "일제강점기 총독부의 고위인사다"라고 하는 자랑스러운 후손들이 그 당시는 별로 내 마음을 흔들 만큼 부럽지는 않았던 것 같다. 나도 그 친구들 못지않게 공부를 잘했다고 생각한 것 같다. 단, 사간동의 대궐 같은 한옥에 사는 친구 집에 갔을 때나 계동 언덕의 정원이 있는 양옥집에 가 보았을 때 우리 집이 부자가 아님을 확인했지만, 우리보다 훨씬 어렵게 사는 아현동의 산 7번지, 산 1번지에는 내 소학교 친구들이 많았다.

이제 족보는 그만하고 나의 인생의 역정(?), 별로 보잘것없는 나의 인생의 오솔길을 돌이켜보면서 몇 가지 이야기로 나눠서 적어보겠다. 시대루 나눈다면 중하교 시절부터 대학교 그리고 도미 유학할 때까시, 유학 시절, 귀국 후 에큐메니컬 운동(ecumenical movement, 敎會一致運動)에 참여, WCC/CCA 활동과 1990년 귀국 이후 현재까지. 이 기간 동안 나의 인생에 영향을 주었던 사건들을 추려서 간단하게 이야기를 풀어가도록 하겠다. 될 수 있는 대로 자기 자랑은 절제하려고 노력하겠지만 독자의 기대에 미치지 못할까 걱정이 앞선다.

1.

중학교에 들어갔을 때는 이미 태평양전쟁 중이었다. 조선어는 소학교 2학년 첫 학기까지 배웠고, 이후 학교에서는 조선어가 금지되었다. 이미 창씨개명은 됐고 내 이름은 아라이 후미오(新井文夫)였다. 우리 반에서 유일하게 창씨를 하지 않은 친구는 당시 연희전문학교 교수 백남운의 아들 백홍기(白弘基)뿐이었다. 백남운은 김구 선생과 남북회담에 동행했다가 돌아오지 않았고 가족도 월북했다. 나는 홍기와 서울대 예과를 같이 다녔다.

이 시기에 동양선교회 성결교회가 일본 총독부에 의해 강제 해산됐다. 신학교 교수였던 나의 부친은 교단 어른들과 다른 교수들과 옥고를 치렀다. 이들이 서대문경찰서에 구금되어 있을 때부터 서대문형무소에 미결수로 송치되기까지 8개월 동안 매일 하루도 안 빠지고 신학교 교수님들의 사식을 경찰서 간수실에 배달하고 전일의 도시락(벤또)을 회수했다. 이 일을 위해서 암시장에서 선물을 구입하여 간수장과 고등계 형사 부장의 집을 밤중에 방문하는 책임이 우리 모친의 몫이었다. 그 무거운 보따리를 운반하는 일은 왠지 항상 내가 하는 것으로 되어 있었다. 그때 내 나이 불과 열세 살이다.

문제는 내가 주일에 나갈 교회가 없어졌다는 것보다는 그렇게 자주 찾아오던 교인들의 발길이 끊겼다는 사실이다. 처음에는 섭섭한 느낌이 있었는데 차차 어린 마음에 분노를 느끼기도 했다. 그래서인지 내가 지금도 열광적인 신앙 태도에 대해서 약간 냉소적인 것은 여기에서 유래되었다고 생각한다. 이 시대에 많은 기독교 지도자들은 여러모로 정상적인 지식인이 누릴 수 있는 대접을 받지 못하고 살아가야 했다. 김상돈은 서울 교외의 당인리 외인묘지 인근 목장 겸 농장에서 살았다. 정일형 박사와 감리교신학교 교수들과 교단 어른들도 서대문경찰서의 신세를 졌고, 같은 고등계 형사의 고문을 당했다. 그래서 서대문경찰서와의 뒷거래를 안내해 주신 분이 다름 아닌 정 박사의 사모 이태영 선생이었다. 그 시대에 그분은 교인들과 같은 처지에 있는 동료 집을 방문하면서 포목 행상을 하셨다. 우리 집에도 오셨다. 그것이 인연이 되어서 서대문경찰서 대책 동지가 되신 것이다.

우리 집은 하숙집이었다. 우리 모친은 전형적인 또순이였다. 또순이의 실력은 대단하셨던 것 같다. 분명히 우리는 정말 가난했다. 그러나 우리 가정은 마음이 풍요로운 집안이었던 것 같다.

부친이 수감되었을 때 일이다. 나는 이 사건을 비밀로 했지만 어찌 된 일인지 몇 친구는 알게 된 것 같다. 교단이 해산되고 부친이 보석으로 귀가했을 때는 서대문경찰서장의 명의로 대문에 큼직한 '면회금지'라는 팻말이 붙어 있었기 때문에 친구들을 집으로 초대하기를 꺼렸다. 그럼에도 나에게 여러 가지로 친절을 베푼 기독교인 친구가 한 사람 있었다. 나는 그를 심정적으로 의지하게 됐던 것 같다. 그때가 우울했던 시절이어선지 나에게는 동료들이 즐겨 이야기하는 사춘기의 추억이 별로 없다.

설상가상으로 집안 형편은 그 모양인데, 중학교의 담임선생은 꾸준히 일본군의 소년비행병에 지원할 것을 강권해 왔다. 그 선생은 일본 사람이고 우리 미술선생이었다. 그는 별로 현명한 사람은 아니었던 것 같다. 나를 일본 비행병으로 보내려 했다면 나의 미술 능력을 과장해서 칭찬했을 만도 한데 그는 미술시간미다 익술힐 징도도 나에게 창씌늘 수었다. 내가 미술을 좋아하면서도, 그림 그리기를 평생 동경하면서도 기피했던 이유가 여기에 있는 것 같다. 결국 나는 부친의 지혜로운 지도로 소년비행학교에는 가지 않고 해방을 맞았다. 그러나 내 주변에는 비행병에 가서 사망한 친구가 있다. 나는 가끔 그 친구의 생각을 하게 된다. 그림 이야기는 내가 4개월 전부터 고양시에 있는 YMCA 수련관의 유화교실에 다니기 시작했기에 꺼내보았다.

2.

소학교 2학년 때 중단됐던 한글을 배우기 시작했다. 물론 집에서 성경을 읽었으므로 한글을 읽는 데는 불편하지 않았다. 하지만 국어를 배우는 것으로 해방을 느낄 수 있었다. 해방 후에 부친께서 회초리를 드시고 어린 동생들에게 '언문'은 하룻밤 사이에 익힐 수 있어야 한다고 독려하시던 모습이 훤하게 기억난다.

대학시험을 쳤다. 당시에는 학원도 없고 과외도 없었다. 부잣집 학생들은 개인 가정교사가 있다는 소문을 들은 적은 있었다. 내 주변에서 부모보다는 오히려 극성스러운 전도 부인들이 이 학생은 목사집의 첫 열매니까 하나님에게 이미 바쳐진 존재이므로 복음 전도자가 되도록 하나님께서 예정하셨다고 강조했다. 나는 이 메시아사상에 시달렸다. 그 권위 있는 아주머니들은 진심으로 이 소년이 하나님의 예정하신 길—전도자가 되기 위해 신학교에 가는 길—을 버리고 대학시험을 준비한다고, 나를 앞혀놓고 한탄하는 기도를 하곤 했다.

대학에 가면 무슨 공부를 하나. 나는 신학보다 의학을 택했다. 그래서 이과 공부에 치중했다. 그러나 어느 날 나의 롤모델이었던 선배이자 내가 다니던 교회 목사님의 장남이며 구만주의 건국대학을 나오고 만주에서 가르치다가 해방 후에 서울대학에서 경제학을 강의하던 분이 이렇게 말했다. "앞으로 우리나라를 위해서 일하려면 경제학을 해야 한다. 그러나 반드시 그전에 역사를 공부해라." 나는 두말 않고 전공을 바꿨다. 입학시험은 촉박하게 다가오고 있을 때였다. 그 후에 그 형은 부인과 함께 월북했다.

대학입학 필기시험에 백지를 내고 입학하는 일은 지금은 상상할 수 없는 일이다. 그러나 그때는 있었다. 용비어천가를 논하라. 이것이 유일한 국어 시험문제였다. 95퍼센트 이상의 학생이 백지를 냈다. 나도 물론 백지다. 15분 고민하다가 백지를 내면서 대학입학을 억울하게 포기하고 나와버렸다. 아마 내가 제일 용기가 있었던 것 같다.

그런데 도대체 이제 국어를 배우기 시작한 학생들에게 용비어천가는 젖 먹는 아이에게 논어나 주역을 읽으라는 것과 같았다. 나는 지금도 생각한다. 필경 이 문제는 당시 국어교수였던 이숭녕 선생이 출제했을 것이다. 그리고 그는 나 같은 사람에게 평생 용비어천가를 기억하게 하려는 뜻이 있었다고 본다. 부끄럽게도 나는 아직껏 충분히 학습을 못했다. 죽기 전에는 할 것이다.

당시의 대학 분위기는 철저한 마르크스주의자가 되는 동시에 공산주의자가 지배하는 사회를 만드는 데 참여하는 일이었다. 미군 철수, '국대안' 반대[1]는 기본이고 남로당 가입, 그리고 북조선 정부 수립을 위한 선거에 비밀투표로 동참해야 한다고 학생들을 압박했다.

그 당시의 상황을 설명하려면 다른 전문가들의 해석을 빌려야 할 수 있을 것 같은데, 나는 그 당시 나 자신의 처지의 이야기로 국한하겠다. 그 시대는 참 복잡했다. 좌익의 논리와 행동력은 탁월했다. 나는 그들의 이론에 압도되어 그들이 초보자에게 권하는 교과서 같은 것들을 거의 암기할 수 있을 만큼 정독했다. 다섯 권으로 된 『세계사교정』, 이 서적은 소비에트 백과사전에서 발췌한 것이고, 또 다른 책은 전석담(全錫淡)의

---

1) 1946년 9월 국립대학안에 반대하여 일어난 동맹휴학운동. 1946년 8월 23일 군정령 102호로 경성대학, 경성의전, 치전, 법전, 경성고공(高工), 경성고상(高商), 경성고농(高農)을 통합, 국립서울대학교를 신설하고 총장에 미국인을 임명한다는 국립대학교 실시령이 발표되자, '식민지 교육 반대'와 '학원의 자유와 민주화'를 내걸고 교수, 교직원, 학생들이 반대운동에 나섰다.

『조선경제사』[2]였다. 이렇게 나는 좌익학생조직에 입문했다. 하지만 정규집단에 편입되기까지는 여러 과정이 있었던 것 같다. 나는 중도 퇴출이다. 당시의 서양사학과의 하급반은 완전히 어떤 형태의 인민위원회 같았다. 더욱이 그 학과는 일본 교수들이 떠난 후 한국인 교수가 한 사람도 없었다. 대학원 선배들은 대부분 시내 중고등학교에서 교편을 잡고 있었다. 남아 있는 선배 한두 사람이 원서강독이라는 강좌를 통해 마분지에 프린트한 독일어 원서를 읽었다. 그중에 기억나는 것이 클라우제비츠(Carl von Clausewitz, 1780-1831)의 『전쟁론(*Von Kriege*)』이었다. 사령탑이 없는 완벽한 해방지구 같은 사학과의 하급생들이 인민위원회를 운영하고 있었다고도 할 수 있다. 한 가지 예를 든다면, 내가 이와나미문고에서 발행한 일본어역 딜타이(Wilhelm Dilthey, 1833-1911)의 문화론을 읽는 것을 공개적으로 규탄했다. 그런 관념론적 서적을 읽을 시간이 있으면 자본론을 읽으라는 것이다. 그래서 나는 수박 겉핥기로 자본론의 일부를 읽었다. 그러나 나는 이미 유물사관의 의식화 과정을 거쳐왔기 때문인지 새로운 이념적 감동은 없었던 것 같다. 나는 이와 같은 대학의 극히 작은 독재적 공화국에서 탈출하고 싶었다. 그리고 자유라든지 인간성 같은 명제에 대해서 다른 과의 친구들과 토론도 하고 싶었지만 그 숨 막히는 공화국은 학교 전체를 장악하고 있었던 것 같다.

밖의 세계는 더 혼란스러웠다. 대한민국이 수립됐다. 그러나 이 작은 공화국은 그 뿌리가 다른 곳에 있었던 것 같다. 나의 탈출은 결국 대한민국을 떠나는 길밖에는 없다는 결론에 혼자서 도달했다. 나는 은밀히 이

---

2) 일제하의 유명한 사회경제사가인 전석담(全錫淡)이 마르크스 역사이론을 기초로 하여 원시시대에서 해방 직후까지 개괄적으로 서술한 한국통사. 특히 조선 후기사는 민중운동에 초점을 맞춰 동학농민운동과 3·1 운동, 6·10 운동을 비중 있게 다루었고 일제의 수탈과 착취를 구체적인 통계자료를 제시, 실증적으로 기술하고 있다.

프로젝트를 추진했다. 나를 도와주신 분은 당시 조선신학교를 책임지고 있던 송창근 박사님이다. 결국 부모님의 동의를 얻고 미국으로 향했다. 그때가 1949년 10월이다. 부산에서 화물선을 타고 15일 후에 시애틀에 도착했다.

3.

남대문시장에서 구제품 저고리 하나 사 입고 떠나는 내가 안쓰러웠는지 양우석 형이 마카오 수입품 양복감을 주어서 굴레방다리에 있는 양복점에서 더블로 맞추어 입고 부산으로 새벽에 떠날 때 예과 동창 친구 몇 사람이 서울역까지 왔다. 양우석 형은 부산까지 동행했다. 양 형은 중학교에서 만난 친구다. 해방 후 평양 고향집에 갔다가 38선이 막혀 월남이 늦어지게 되어 우리와 같이 졸업을 못했다. 그의 부친은 교회 장로이며 평양목장을 운영하고 있었는데 결국 공산당에 의해 학살, 숙청당했다.

부산서 떠날 때 내 짐은 입은 옷, 내의 하나, 미국에서 나를 보증 서주신 분들에게 드릴 선물, 그리고 성경책, 『세계사교정』 다섯 권과 『조선경제사』였다. 이것들이 나의 사상적 자산의 전부였던 것 같다. 내 나이 열아홉 살. 가다 보니 대단히 보수적인 시골 대학교에 도착해서 미국 생활을 시작했다. 도넛 한 개가 5센트, 커피 머그 한 잔에 값이 올라서 6센트 할 때다. 제법 영어를 읽는다고 했던 한국에서의 영어 실력은 온데간데없이 완전히 병어리에 칭각 징애자나 나름없는 세월을 빛 날 지나고 나서 한 학기에 두 권이나 읽어야 하는 두껍기 짝이 없는 미국사를 하룻밤에 10페이지쯤 읽게 됐을 때 6·25 사변이 일어났다. 가족 생각부터 했다. 많은 미국 사람들이 비로소 코리아가 어디에 있는 나라인지 알게 됐다. 시골 학교에 하나밖에 없는 한국 학생에 대한 관심은 대단했다. 학교에서 노동을 해도 한 시간에 45센트 받는 수입으로 용돈은 거의 없는 신세다. 이 학교에 흑인 학생은 한 사람도 없었고, 외국 학생은 쿠바, 필리핀, 일본(오키나와), 한국 등 고작 네 명이었던 것으로 기억한다. 서울의 가족은 부산으로 피난했고, 부친은 납치되었다는 소식을 1·4 후퇴 후 반년 이상이 지난 다음에 들었다. 근 1년 동안 소식을 기다리는 답답함을 견디기 어려워 당시 주미대사였던 장면(張勉, 1899-1966) 대사에게 편지를 썼다. 한국전쟁에 보낼 유학생을 모집하느냐고 문의도 해봤다. 답은 학업에 충실하라는 것이었고, 필요하면 연락한다고 했다. 나는 연락을 받지 못했지만 미국 온 지 오래되고 영어에 능숙했던 유학생들 다수가 미국 정부의 요청에 의해 맥아더 사령부라든지 정보요원 언어교육 등에 동원됐다.

새로운 환경에서 새로운 도전을 받으며 공부하는 과정에서 6·25 사변은 나에게 너무나 큰 충격이었다. 보수적인 미국 기독교의 분위기에서 나는 하나님의 뜻이라는 문제를 비로소 처음으로 생각하게 됐다. 한국의 역경 속에서 미국으로 도피라면 도피를 한 나에게 새로운 기회가 주어진 것은 나의 개인적 희망사항만은 아니지 않겠느냐는 신앙적인 생각을 하게 된 것이다. 나를 귀찮게 하던 전도 부인들의 무식한 소리로 들리던 하나님의 예정설. 이런 문제를 가지고 처음으로 고민을 하게 되고 생전 처음으로 진중하게 성경을 읽고 기도하게 됐다. 나의 나약한 주체의식 때문에 보수적인 기독교 분위기에 동화되어 미국식 예수쟁이가 됐다고 나 스스로 반문도 해보았다. 하지만 분명치 않은 하나님의 뜻과 상당히 분명하다고 느껴지는 나의 학구적 진로 사이에는 분명히 갈등이 있었다. 긴 이야기를 한마디로 말하자면, 대학을 졸업하면서 양다리를 걸었다. 대학원 몇 군데와 신학교의 입학허가서를 획득하고, 여름 일터를 찾아 대학원 후보지의 하나인 LA로 갔다. 송창근 박사의 고향 후배이며 나의 신원보증인의 남편 되시는 장기형 목사님을 의지해서 갔다. 나를 반갑게 맞아주시면서 그의 장모 되시는 마리아 여사 집에 거처를 정해 주셨다. 그 당시에 동양 사람이 들어갈 수 없는 동네였다. 대단한 저택이었다. 유일하게 다른 동양인 한 사람은 할리우드 배우이자 안창호 선생의 아들인 필립 안(Philip Ahn, 1905-1978)이었다. 안창호 선생의 사모님은 그때 생존해 있었고, 마리아 여사 댁에 가끔 오셨다.

그 큰 저택에 홀로 사는 여사는 밤늦게 일하고 돌아오는 나를 기다리셨다. 그리고 때때로 독립운동을 했던 선배들의 이야기, 초기 이민자들이 고생하던 이야기를 들려주셨다. 여름이 끝나게 되니 이제 나는 결정을 해야 할 때가 됐다. 여사에게 나의 고민을 이야기했더니 여사의 대답은 미국식이었다. 결국 내가 결정을 하라는 것이다. LA에 있겠다고 하면 얼마든지 지원을 해주겠고, 내가 여름 동안 지냈던 그 큰 저택 뒤에 있는 차고에 딸린 별채를 얼마든지 이용하라는 것이었다. 대단한 유혹이었다. 그 후 여러 차례 의논을 하던 중에 절충안으로 등장한 것은, 비록 지금은 분명한 소명의식이 부족하지만 신학교에 한번 가보는 것이 어떨까, 하나님에게 한 번 기회를 드리자는 것이었다. 참 배부른 불신앙의 극치가 아니었나 싶다. 여사는 더욱이 내가 여름 동안 자기 집에 와 있음으로써 내가 유혹을 받아 신학교에 가는 것을 포기했다는 부담감에서 벗어날 수 있어서 마음 편하다고 말씀하셨다. 하지만 신학교가 나의 소명이 아닌 것이 분명해지면 언제든지 자기 집은 열려 있다고 약속을 해주셨다. 나는 그날 내 인생에서 처음으로 인간의 자유로움을 느끼고 해방감을 느낀 것 같았다. 그날 저녁 여사가 사주신 플란넬 양복에 타이와 새 셔츠를 입고 여사를 모시고 여사의 캐딜락을 몰고 내가 버스보이(busboy)로 일하던 비벌리힐스의 로리(Lawry)라는 고급식당에 손님으로 찾아갔다. 식당의 직원들은 물론이고 파킹 도우미로 일하던 한국 친구들은 더욱 놀랐다. 그리고 나는 평소에 타지 못했던 기차를 타고 중서

부의 신학교로 갔다. 나의 행운은 신학교에서 두 분의 훌륭한 한국 목사님들을 만난 것이다. 이영헌 목사와 박봉랑 목사 이 두 분은 오랜 친구였다. 이영헌 목사는 후에 프린스턴을 거쳐 숭실대학 교수로 가셨고, 박봉랑 목사는 하버드를 거쳐 한국신학대학 교수로 가셨다. 원래 친한 친구이고 일본 유학도 같이 가신 분들인데 장로교 분열의 결과로 두 분이 서로 다른 교파에 속하셨고, 신학적 관점도 서로 다른 강조점이 있었다. 나는 이 두 분과 같이 지내면서 신학을 학문으로서 이해하고, 특히 한국 교회를 이해하는 면에서도 크나큰 자극을 받았다. 긴 이야기는 생략하고, 이분들을 만나지 않았더라면 분명히 1년 뒤에 LA로 뛰어갔을지도 모른다. 매주 주일 저녁에는 우리 셋이 모여 경건한 기도회를 가진 뒤 이어서 신학 토론을 벌였다. 나는 항상 듣는 입장이었다. 이들은 진정으로 한국 교회를 사랑하는 분들이었다.

나와 에큐메니컬 운동과의 관계는 1954년 WCC 총회가 미국 시카고 근교의 에반스톤에 소재하는 노스웨스턴대학교에서 소집되었을 때 시작되었다. 나는 당시 여름방학 기간에 학비를 벌기 위해 시카고백화점에서 일하고 있을 때였다. 평소에 지도를 받았던 강원용 목사를 비롯해서 김정준 목사, 김관석 목사 같은 당시 한국 교계의 소장 엘리트 지도자들이 시카고를 다녀가면서 WCC에 관심을 표했다. 구체적으로 나의 관심을 끈 것은 미국의 소위 양대 신학 잡지라고 할 수 있는 *Christian Century*와 *Christianity Today*가 이 총회를 두고 서로 다른 해설을 하고 있었다는 점이다. *Christianity Today*는 역사는 오래되지 않았지만 당시 미국의 매카시즘 같은 보수적인 세론과 한국동란을 계기로 심화하여가는 냉전 분위기를 그 바탕에 두었다. 더욱이 한국의 이승만 대통령은 이 대회에 한국 대표가 한 사람도 참석하지 못하도록 여권 발급을 하지 않았다.

*Christian Century*의 필자들은 미국 교계에서 존경을 받고 있었던 신정통주의 신학자들이 다수였고, 세계적 영향력도 다분히 있는 학자들이었다. 교회 지도자들도 미국사회 전반에서 진보적 입장을 지켜온 사람들이었다. 특히 기독교나 교회의 역사를 세속 혹은 세계사와의 관계 속에서 이해하려는 입장이 나의 관심을 끌었다. 전 세계 속의 교회의 정체성을 세계사의 흐름 속에서 이해하려는 에큐메니컬 운동에 대해서 더 많이 알고 싶은 마음에 새로운 분야의 공부를 시작하게 되었다. 이 세계 교회운동의 역사와 그것의 신학적 근거와 실제적인 활동의 분야에 대한 공부도 하게 되었다. 불행하게도 내가 있던 애즈베리 신학교(Asbury Seminary)의 교수들 대부분이 *Christianity Today*의 입장을 지지하는 편이었다. 물론 나는 그들의 진지한 입장을 경청하고 한국 정부나 한국의 상당수의 교회 지도자들이 에큐메니컬 운동을 반대하는 기본적 입장이 무엇인지도 이해하려고 노력했다. 그러나 이때 나는 단순히 학구적 입장에서 진보적 견해를 지켜왔다. 공산주의와 자본주의의 각축 속에서 에큐메니컬 운동은 양자택일보다는 책임사회라는 신학적 입장을 제시했다. 그뿐만 아니라 여러 많은 교회가 세계적으로 직면하고 있는 문제들에 대하여 끊임없는 토론과 성서 연구를 통하여 신학적 해답을 추구하는 태도가 나를 점점 이 운동에 접근하게 했다.

결국 신학교를 마친 뒤에 대학원 공부는 당시에 이 세계교회운동의 거장 매케이(John Mackay) 박사가 학장으로 있었던 프린스턴 신학교에 가서 그분의 지도를 받았다.

4.

1959년에 귀국했다. 결혼하고 열 달 된 아들을 데리고 서울 동숭동의 모친의 집에 왔다. 이 집은 모친이 부산에서의 피난생활을 청산하고 서울에 둥지를 튼 집이다. 서울 신학교에서 영어와 문화사를 가르치는 시간강사로 시작했다. 1년 후에 전임강사가 되면서 교회사 강의를 할 수 있게 됐다. 나에게는 무척 고무적인 시기였고 열심히 준비하고 강의했다. 그때 만난 학생들은 지금은 다 교계의 어른이 되었고, 그들과 친근한 교류를 계속할 수 있다는 것을 나는 진정으로 자랑스럽게 생각하고 하나님께 감사한다. 이 시기는 너무나 짧았다. 나는 강의를 계속하고 싶었지만 학교를 떠날 수밖에 없는 교단 사정이 발생했다. 그 당시 한국 교회를 휩쓸었던 반(反)WCC 바람이 주요 교단의 내분과 갈등의 외적 명분이 된 것 같다. 가령 예수교장로회의 경우는 WCC 회원 자격을 포기하고 탈퇴하느냐 하는 문제가 교단 분열의 핵심문제처럼 보이기도 했으나, 교단총회가 탈퇴를 결정했음에도 불구하고 교단은 분열되어 오늘에 이르고 있다. 예장통합은 그 후 다시 WCC에 재가입을 결정하고 여러모로 공헌하고 있다. 당시 나는 기독교대한성결교회의 전도사였다. 장로교의 경우와 같이 에큐메니컬 운동을 지지하면 용공 신(新)신학이기 때문에 WCC가 아니고 한국 NCC에서 탈퇴해야 한다고 주장하던 일파 때문에 총회가 탈퇴를 결정했음에도 교단은 분열되고 오늘에 이른다. 결국 분열의 후유증 때문에 NCC 재가입 문제는 터부시되어 있는 가소로운 상태다. 가입 탈퇴가 이 운동의 핵심 과제는 아니더라도 기독교 일치를 가시화한다는 점에서는 친교(koinonia)의 공동체에 참여한다는 사실을 소홀히 해서도 안 된다고 생각한다.

한낱 전도사가, 그리고 교수도 아닌 강사가 교단의 중진교수들의 의견에 적극적으로 자신의 의견을 개진할 수 있는 형편도 아니었는데도 비인간적인 방법으로 신학교에서 떠나게 했다. 나는 이 사실을 한 개인의 불행한 경험이라고 생각하기보다는 종교탄압의 새로운 형태라고 생각했다. 내친김에 한마디만 첨가한다면, 당시 신학교는 학부여서 고등학교를 마친 학생들이 신학교에 입학했다. 헌데 내가 한국에서 신학교를 졸업하지 않았으니 신학교 1학년에 등록을 해서 졸업장을 받아야 한다는 것이었다. 강의를 하면서 1학년에 등록을 했다. 왜 했을까? 나는 단순히 이 길이 납치된 부친과 40에 과부가 되어 수절하며 자식들을 키우고 고생하신 모친이 우리 교단에 보여주신 사랑에 보답하는 효(孝)라고 생각한 것 같다. 이런 순정은 종교박해의 검찰관의 잣대와는 거리가 멀다는 것을 나는 진작 알고 있었을 텐데 말이다.

실직자가 된 후에 여기저기에서 부름을 받았지만, 결국 한국 NCC의 간사로 새 직장을 얻었다. 이것이 결국 내 인생의 새로운 시작이 되었다. 나 자신이 꾸민 부분은 하나도 없다. 하나님의 적극적인 개입이라면 나의 신앙고백이며 역사관이고, 인간적으로 표현한다면 그저 물의 흐름에 몸을 맡겼을 뿐이다. 지금 회상해 보니 5·16 군사혁명 한 달 후였다.

NCC에서는 강신명 목사를 잠시 모시게 되었고, 그 후 줄곧 길진경 총무를 모셨다. 길 목사는 한국 초대 목사인 길선주 목사의 아들이다. 그 시대의 어른으로서는 파격적으로 개방적인 인격의 소유자였고, 여러 면에서 젊은 우리 간사들보다 앞서가는 면도 있을 정도였다. 우리는 그런 어른을 모시고 일한 것을 매우 행복하게, 또 자랑스럽게 생각했다.

그때 우리는 참으로 가난했다. NCC의 1년 예산은 미국 NCC가 매년 보내주는 1만 달러가 전부였다. 간사의 월급은 1백 달러였는데 연세대학 월급을 받는 나의 처의 수입에 비하면 창피할 정도로 보잘것없었다. 그뿐인가. 내가 NCC에 오자마자 성결교단은 회원교단 가운데서 유일하게 탈퇴했다. 그래서 그 간사 자리도 자리라고 장안에서 행세하는 모 교단의 목사 몇 분은 NCC를 출입할 때마다 내가 왜 아직도 사임을 하지 않고 있느냐고 따졌다. 젊은 혈기에 당장 사표를 내기도 했지만 길 목사는 끝까지 나를 지켜주었다. 우리는 열심히 일했다. 그래서 NCC는 한국 교계와 사회에서 무시할 수없는 에큐메니컬 운동의 근거지로 발전할 수 있었다.

그 결과 교단의 교권정치의 실세는 물론 교계의 어른들도 잠시 쉬어

가는 에큐메니컬 트랜싯 라운지 역할을 할 수 있었다. 유신시대의 종로 5가를 많은 사람들은 기억한다. 사실은 군사정권과의 불편한 관계를 유지하며 저항의 집단 의사 표명을 할 때에도 어른들은 종로 2가에서 만났다. 3·1운동은 나에게 역사다. 그러나 반독재 민주화 운동의 초창기에 우리 선배 어른들의 활동과 정신은 그들의 시중을 들면서 확실히 배웠다. 한번은 김재준 목사와 함석헌 선생과 여러 어른들이 모여 혁명최고회의 군인들이 약속한 대로 원대 복귀하라는 성명서를 발표하였다. 문제는 이런 대정부 성명서는 만년필 글씨가 아닌 붓글씨로 쓰는 것이 예의라는 것이다. 이제 이 글을 두루마리에 붓글씨로 쓸 대서소를 찾는 일은 우리 젊은 사람들의 몫이었다. 시내를 누볐다. 그러나 용기 있는 대서소는 없었다. 결국 종로 네거리 파출소 뒷골목의 대서소가 우리와 안면이 있는 관계로 이 일을 담당해 주었다. 우리는 가까운 곳에 우리의 후원자가 있었다는 사실을 몰랐다. 우리는 명분만 중요했지 운동을 조직한다는 것의 중요성을 깊이 깨닫지 못했다.

1964년 크리스마스와 신년 사이에 아시아 에큐메니컬 청년대회가 필리핀에서 개최됐다. 이 모임을 위해서 1962년부터 아시아기독교협의회 청년위원회가 준비했다. 나는 1961년 가을에 위원으로 피택되어 이 일에 참여하게 되었다. 그 관계로 1962년에 필리핀을 처음 방문했다. 그 나라는 잘사는 나라였다. 사람들은 행복해 보였다. 미국의 1달러가 필리핀의 50전(센타보스)이었다면 그 나라의 화폐가치를 알 수 있을 것이다. 이 행복했던 나라가 무너져가는 모습을 과거 50년 동안 지켜보았다. 참으로 안타깝고 슬픈 일이다. 나는 그동안 많은 훌륭한 필리핀 친구들을 알게 되었다. 다재다능한 친구들이다.

청년대회 준비과정에 한국은 13명의 쿼터(quota)를 따냈다. 다시 말해서 13명의 여비 지원이 약속된 것이다. 나는 여기에 만족하지 않았다.

주최 측과는 정원 44명을 약속받았다. NCC 청년위원회는 나와 함께 고민을 한 결과 13명 이외의 인원은 여비를 자부담한다는 원칙하에 인원 선발을 했다. 때마침 KNA 항공사가 네덜란드에서 신형 쌍발비행기를 구입해서 국내선에서 취항하고 있었다. 우리는 떨리는 마음으로 이 항공기를 전세로 계약했다. 대한민국 최초로 항공기를 전세 계약했다. 가격은 1만 5천 달러. 우리에게는 천문학적인 숫자다. 그렇지만 한 사람이라도 많이 해외경험을 할 수 있게 하자는 간절한 마음에서 비롯된 일이었다. 그러나 남자들의 경우는 군대문제로 겪는 어려움이 한둘이 아니었다. 결국 크리스마스 전야에 모든 문제가 해결되어 여권이 일괄 발급되었다. 한없이 감격스러운 저녁이었다. 지도자 포함해서 44명 전원이 필리핀 회의에 참석하고 홍콩을 경유하여 귀국했다. 계약금이 날아갈 뻔한 일은 수차 있었지만 이 일은 분명히 하나님의 뜻이었다고 나는 확신한다.

국제회의에 처음 참석한 한국 청년들은 영어에 능숙하지 못했지만 다른 아시아에서 참석한 청년들과 비교적 잘 어울리면서 교류했다. 다만 영어에 좀 더 능숙했더라면 그들의 경험과 리더십을 가지고 대회에 구체적으로 공헌할 수 있었을 텐데 그렇지 못한 것이 아쉽다. 우리 청년들이 참으로 자랑스러웠고, 이 대회에 참석한 것은 그들에게 중요한 자극이 되었을 것이다. 우리는 이 대회를 통해 새로운 젊은 신학자들을 발굴할 수 있었고, 그들은 그 후에 각국에서 중요한 신학적 공헌을 했으며 현재도 계속하고 있다.

이 대회는 필리핀 남부에 지리 깁고 있는 네그로스(Negros)라는 섬의 동남쪽에 위치한 두마게티 시(Dumaguete City)의 실레만대학에서 진행됐다. 미국 장로교 선교사가 처음 도착한 곳에 이 대학을 설립해서 명문대학으로 발전했다. 말하자면 우리나라 연세대학과 비교할 수 있다. 그런데 가톨릭이 절대 우세한 이 도시의 대주교는 과거 백 년 동안 이 개신교 대학을 통과하는 길을 지나가지 않았다. 그런데 이 대회에서 대주교가 축사로 축복하며 새로운 교회 간의 교류의 계기가 만들어졌다. 필리핀 준비위원장은 당시 최연소 상원의원이던 살롱가(Salonga) 의원이 맡아서 빈틈없는 준비와 외국 참석자에 대한 배려도 남달랐다. 마닐라에서 두마게티까지는 비행기로 1시간 45분이 걸리는 거리였다. 현지 공항의 활주로가 짧아서 DC3형의 항공기만이 이착륙할 수 있었기 때문에 천여 명을 수송하는 데 너무 오랜 시간이 걸리는 문제를 해결하기 위해서 현지 공항의 활주로를 연장하여 좌석이 많은 DC4형의 기종을 투입했다. 이것도 국내 준비위원들의 공적이다. 에큐메니컬 대회는 지역발전에도 공헌한 바가 있다. 1980년대에 그 상원위원은 아퀴노(Aquino) 시대에 상원의장으로 활약했다.

5.

성결교 전도사는 NCC에서 살아남았다. 1961년 WCC 3차 총회가 인도 뉴델리에서 열렸을 때다. 길 총무가 청년대표로 참석하도록 주선을 해주었다. 그러나 주최 측에서 내 나이가 제한연령을 6개월 초과했다고 불가 통지를 보내왔다. 그러나 대회 참가의 길은 여러 가지가 있었다. 스튜어드(Steward)의 자격으로 참석했다. 아시아에서 열리는 첫 번째 대회인 만큼 아시아인이 다수 스테이지에 등장했다. 한국인은 별로 눈에 띄지 않았고 오로지 김활란 박사만이 지도자급의 인사로서 뚜렷했다. 개회 설교가 인상적이었다. 버마(지금은 미얀마)의 침례교 소장신학자 우 바미엔 박사는 설교를 통해 기독교와 타 종교와의 관계를 논했다. 그분은 계속해서 만났다. 사회주의 국가이고 모든 시설이 국유화된 버마에서 그는 계속해서 신학교에서 가르치고 있었다. 빈곤과 더불어 사는 교회 지도자로서 스스로가 맨발의 신학자가 되어 있었다. 이 총회를 통해서 김재준 목사가 신앙과 직제위원, 강원룡 목사가 교회와 사회위원, 그리고 불초 내가 청년위원이 됐다. 그 정도의 수확은 우리로서는 대단한 것이었다. 결국 이 총회는 아시아인에게 기회를 준 것이라고 생각한다. 이렇게 관계를 맺다 보니 실무자로 오라는 권유를 받았다. 한두 번 교섭이 있었는데, 자신도 없고 그래서 주저하다가 1966년에 제네바에 취임하기로 결심했다. 임기는 3년. 그래서 임기 후에는 예전에 중단했던 공부를 계속할 수 있을 것이라는 기대감이 있었다.

결국 시간이 갈수록 하던 일에서 손을 뗄 수 없게 되고, 계속해서 새로운 도전을 느끼면서 10년이 어느새 지나가버렸다. 10년 동안 많은 것을 배웠다. 청년국에서 2년 반, 세계선교위원회(CWME)에서 나머지 기간을 일했다. 포터(Philip Potter) 총무 같은 상관 밑에서 총애를 받으며 WCC의 내용을 샅샅이 알 수 있게 되었다. 나는 그 기관에 나 같은 행운아는 둘도 없을 것이라고 지금도 생각한다. 이 부서에 나를 데려가는 과정부터가 남달랐다. 갑자기 나를 부르더니 CWME 모임에 와서 4일간 아침 성서연구를 인도하라는 것이다. 나로서는 영광이지만 세계적인 선교학자와 신학자, 그리고 거대 선교단체의 대표들이 모이는 위원회에서 성서연구를 인도한다는 것은 망신당하기 딱 좋은 경우인 것 같았다. 그러나 동시에 놓치기도 아쉬운 기회였다. 나흘 동안 밤잠 안 자고 준비하고 인도했지만 나는 지금도 무엇을 했는지 전혀 기억이 없다. 그러나 포터 박사는 나를 자기 부서에 불러들였다. 최연소자로서 유능하고 진정한 에큐메니스트인 동료들과 배우기며 행복하게 지냈다. 1년 만 책임업무 없이 처음 6개월 동안에 두 가지 숙제를 했다. 하나는 WCC가 도시산업선교 문제에 관여하게 된 역사적, 신학적 입장을 밝히는 것이고, 다른 하나는 WCC의 국제재정지원 시스템, 즉 프로젝트 시스템(Project System)의 기원과 발전을 연구해서 보고서를 직원토론회에 제출하라는 것이었다. 나는 6개월간 WCC의 기록보관소(archive)에 파묻혀서 수없이 많은 문서와 메모들을 검토하고 과거의 논쟁의 줄거리를 정리했다. 아마도 WCC의 기록보관소를 나만큼 아는 사람도 그리 많지 않을 것으로 짐작한다. 그러는 동안에 계속해서 한 일은 WCC를 배우는 차원에서 WCC의 대부분의 부서의 위원회에 참석하는 것이었다. 그러면서 선교학적으로 이를 탐색하는 것이었다. 비싼 월급을 받으면서 대학원 공부를 현지에서 하는 느낌이었다. 타 종교와의 대화, 신앙과 직제부서의 신학적 토론, 제3세계 개발문제, 특히 인종차별문제위원회의 일본의 재일동포 인권 문제와 아프리카 사하라 이남의 13개 지역에서 진행 중인 독립운동조직의 무력투쟁단체와의 접촉, 각별히 무력단체에 대한 인도주의적 지원의 타당성 여부. 특히 이 무력단체의 군사고문 역할은 일괄적으로 북한 정부가 담당하고 있다는 사실들이 나의 관심을 끌었다. 1년 반의 수학을 성공적으로(?) 끝내고 내 담당 업무를 시작했다.

내가 맡은 일은 Ecumenical sharing of personnel이었다. 이 일은 부유한 선교단체의 선교사 파송의 전통적 형태에 대한 문제 제기라고 하면 더욱 적절하다고 하겠다. 오랜 세월 동안 세계를 향한 선교사의 공헌을 과소평가하는 것보다 오히려 변해 가는 세상 속에서 선교사 파송을 재력이 있는 선교단체나 교회가 제3세계의 교화와 재정과 인적 자원을 공유하는 방법을 찾아보자는 것이다.

여러 가지 시도를 지적할 수 있다. 파리 미션(Paris Mission)은 자매 교회와 충분한 토의 끝에 모든 교회가 합의할 수 있는 새로운 공동체를 구성했다. Communaute Evangelique D'action Apostolique(CEVAA). 이 공동체는 모든 것을 공유한다는 원칙에 합의했다. 모든 결의는 공동체 차원에서 이루어진다. 이와 같은 공동체는 더 있지만 지면상 언급을 하지 않겠다. 중요한 것은 진정으로 하나님께서 우리에게 위탁하신 모든 자원을 참된 나눔의 정신으로 더불어 관리한다면 세계교회는 새로워 질 것이라는 것이다.

이 과정에서 폭탄이 하나 터졌다. 동아프리카 장로교의 총무가 어떤 회의에서 제1세계와 제3세계 교회가 참된 교회다운 관계를 유지하기 위해서 5년간의 모라토리엄(moratorium)이 필요하다고 주장해서 세계적 관심이 되었다. 의존성을 탈피하고 정신적, 물질적으로 자립할 수 있는 교회를 세우려면 5년의 모라토리엄이 필요하다는 것이다. 이 토론이 어느새 세계로 확산되면서 열띤 토론이 계속되었다.

그만큼 세계교회는 진정한 나눔의 관계, 크리스천 공동체의 자주성 등 교회의 본질적인 문제에 대한 진정한 토의가 시작되었다.

6.

1966년에 열린 '교회와 사회 세계대회(church and society conference)'는 WCC가 창립 이후 세계경제 현실에 대해 구조적으로 연구한 제3세계의 급격한 변화에 초점을 맞췄다. 이 대회를 이어서 1968년 웁살라(Uppsala) 총회에서는 청년학생의 혁명적 분위기에서 정의와 평화 문제가 중요하게 토론되었다.

이제 청년들은 세대의 특유한 문제에만 사로잡혀 있기보다는 세계의 위기 상황에서 자신들만의 분별력을 가지고 정의와 평화의 전선에 독자적으로 진출하겠다는 뜻을 확실히 보였다. 총회 후에 WCC의 청년국은 폐지되고 Ecumenical action으로 통합됐다.

이 총회를 계기로 WCC와 바티칸과의 관계가 한층 더 밀접해졌다. 총회에서 예수회 투치(Tucci) 신부의 주제발표는 가톨릭교회가 WCC의 회원이 될 수 있음을 밝힐 정도였다. 바티칸 제2공의회의 영향력은 대단한 것이었다. 바티칸의 내부구조와 활동내용에 대단한 변화가 생겼다. 바티칸의 새로운 구조개편을 배우기 위해서 포터 박사가 직원 10명을 인솔하고 10일간 착실하게 새로 마련한 구조를 심도 있게 시찰하고 환대도 받고 돌아왔다. 그 방대한 조직과 그 역사의 무게를 절실히 느꼈다. 신성로마제국의 그림자를 볼 수 있었고, 지금 단계에서 교황이 없는 가톨릭교회는 상상하기 어렵다고 생각하게 되었다.

반드시 기억해야 할 일이 하나 있다. WCC는 한국의 민주화 운동과 한국 교회의 통일에 관한 노력에 깊은 관심을 기울여왔다. 특별히 한국의 민주화를 지원하는 해외 교회와의 협력관계가 성립된 데는 WCC의 공헌이 결정적이었다. 1975년 케냐의 나이로비에서 열린 WCC 총회에 참석하게 된 대표들 가운데 NCC 총무 김관석 목사와 한신대 교수 두 분(안병무 박사, 문동환 박사)은 유신 치하의 한국 실정을 청취하고 공동의 지원 전략을 구상하기 위하여 나이로비로 가는 중에 제네바에 들러서 국제회의를 소집했다. 그동안 한국 교회와 에큐메니컬 운동 차원에서 관계를 유지해 오던 각 교회의 책임 있는 실무자 백여 명이 제네바에 모였다. 그러나 불행하게도 마지막 순간에 이 세 분의 여행을 한국 정부가 막았다. 다른 대표들은 나이로비로 직행했다.

2박 3일의 열띤 토론 끝에 한국의 민주화 운동을 지원하는 해외 조직을 결성하게 되었다. 미국, 일본, 캐나다, 독일, 스웨덴, 영국, 네덜란드, 프랑스, 스위스, WCC, CCA 등의 대표들이 조직 결성을 강력하게 주장함으로써 해외에 있는 기독자들이 주도하는 조직을 탄생시켰다. 명칭은 'World Council for Democracy in Korea'로 하고, 의장으로는 김재준 목사를 모시고 WCC 직원인 박상증이 사무국장을 맡았다. 오늘까지 이 조직은 공식적으로 해체되지 않고 있다. 이 조직이 유지된 것은 그 당시 미국 장로교 본부의 이승만 목사, 미국 감리교 본부의 손명걸 목사, 동경의 WSCF 아시아 총무 강문규 선생, CCA 실무자 오재식 선생, 그리고 제네바의 박상증 등 실무자들이 서로 긴밀히 연락을 하면서 운동을 계속해 왔기 때문이었다.

이 조직은 후에 명칭을 기독자민주동지(International Christian Network for Democracy in Korea, ICNDK)로 변경하고 1981년 이후에는 남북통일 문제에도 관심을 기울이게 되었다. 이미 알려진 바 있듯이 지명관 교수가 일본에 체류하면서 일본의 진보적 월간지 『세카이(世界)』에 한국통신(韓國通信)을 연재하면서 한국의 문서를 국외로 반출하는 역할을 민주동지가 맡았다. 국내에서 여러 동지가 문서를 수집하고, 주로 외국인이 한국을 방문하면서 문서를 비밀리에 반출했다. 동경에서는 주로 오재식 선생이 그 일을 맡았다. 문서를 보관하고 기밀을 지켜주는 일에 일본 동지들이 많은 수고를 아끼지 않았다. 문서의 관리도 필요해지고 영문으로 한국 내의 소식을 국제적으로 전달하기 위하여 이인하 목사를 이사장으로 모시고 민주동지의 문서 센터를 동경에 설치했다.

그 문서들은 김대중 정권 당시에 한국으로 반입하고 국사편찬위원회에 위촉하여 분류, 정리했다. 위원회는 이 작업을 무료로 제공했다. 그 분량은 42만 페이지이며 인덱스(index)가 1만 5천 개다. 이것이 유일하다면 유일한 가시화된 민주동지의 업적이라 하겠다.

7.

WCC의 강한 권유에도 불구하고 많은 아쉬움을 남긴 채 제네바를 떠나기로 했다. 이제 나이도 들고 어려서 생각했던 학자의 길은 이세 늦은 것 같고, 10년 동안 에큐메니컬 관료 생활을 하다 보니 학자 같은 모습이나 습관이 달라진 것 같았다. 그러나 자식들의 교육을 위해서라도 미국행이 바람직하게 느껴졌다. 신학교육자금에서 2년분 펠로십을 쇼키고(Shoki Coe) 박사가 마련해 주어서 에모리 행을 결정했다.

한국에서부터 친구인 레니(James Laney) 박사가 신학부 학장을 지냈고 내가 도착한 후 얼마 있다가 대학 총장으로 승진했다.

나는 편안하게 대학 가까이에서 큰 부담 없이 독서나 하고, 가능하면 선택해서 강의라도 들으며 쉬는 시간을 가지고 싶었다. 그리고 천천히 장래에 대한 구상도 해야겠다고 생각했다. 그러나 레니의 입장은 학위과정에 들어가라는 것이었다. 그래야 좀 더 적극적으로 성실하게 독서도 하게 된다는 이야기였다. 대학원에 등록을 하고 강의를 듣기 시작했다. 박사과정의 학생들은 대부분 20대의 젊은 사람들이었다. 한 학기가 지나갈 무렵 총장이 신학교에서 강의를 할 것을 요청해 왔다. 두 과목을 가르치라는 것이었다. 다행이 많은 학생들이 등록을 했다. 참 오랜만에 강의를 하게 되니 진짜 공부를 하는 느낌이었다. 한 과목은 아시아 기독교사였고, 다른 과목은 내가 준비한 에큐메니컬 운동의 열 가지 이슈를 선정하여 강의하는 것이었다. 총장의 배려에 감사했다. 또 하나의 경험은 이 학교에 인혁당 사건 때 한국에서 추방된 미국 감리교 선교사 조지 오글(George Ogle) 목사가 와 있었던 것이다. 그는 신학교에서 목회학 박사과정의 담당 책임자였다. 이 과정은 현직 목회자를 위한 과정이기 때문에 미국 남부 지역에서 월요일마다 집중강의를 한다. 오글 목사의 부탁으로 때때로 다른 미국 남부 도시에 가서 모인 교역자들에게 강의하는 기회도 가졌다. 현장감을 느낄 수 있는 좋은 기회였다.

그러면서도 내 과정에 대한 준비도 게을리하지 않았다. 2년의 과정을 마치고 종합시험도 통과했고 학위 논문 제목도 승인받았다. 이런 과정에서 나의 아내 이선애는 우리 둘째가 불어권에서 영어권으로 옮겨오면서 일상 학업에 뒤처지지 않도록 교과서를 영어에서 불어로 매일 번역하는 수고를 5개월간 계속해야 했다. 그리고 나서야 중학생인 둘째는 혼자서 사전을 보며 학교과정을 따라갈 수 있었다. 그리고 나서 아내는 자기도 신학교에서 목회학 석사(master of divinity) 공부를 시작했다. 원래 국문학과를 졸업하고 미국에서 기독교교육 석사 공부를 했었다. 제네바 시절에는 여성학에 관심을 기울였고 몇 편의 논문이 국제기독교기구의 잡지에 게재되면서 서양 여성운동계에서는 어느 정도 알려진 존재였다. 이제 본격적으로 여성신학을 연구할 기회를 얻은 것이다.

과정이 끝나서 떠날 때가 됐다. 기금도 끝나고 이제 직장이 있어야 할 때가 됐다. 제네바 시절의 동료인 미국 친구에게 지원을 요청했다. 당분간 한국의 민주화 운동을 돕는 일, WCC 시절부터 시작했던 일을 미국에서 계속하고 싶다는 취지였다. Disciple of Christ 교단의 선교부장인 노팅엄(Nottingham) 박사는 여러 가지 준비를 마친 다음에 우리 가족을 정중히 인디애나로 초대해 주었다. 그때였다. 총장이 우리 집에 찾아와서 대학에 3년 자기와 같이 있자고 친절하게 요청을 해왔다. 분명히 좋은 기회였다. 다른 친구에게 신세를 지는 것보다는 좀 더 체면이 서는 상황이었다. 하지만 먼저 약속한 친구를 배신하는 것도 그렇고 이미 민주동지 일을 계속하기로 결심한 이상 총장의 친절한 초대를 받아들기 어려웠다. 미안했지만 나는 옳은 결정이었다고 생각한다.

한국 여권도 마감이 되고 미국 교환비자도 끝나가게 될 때다. 여권을 연장할 수 없다는 영사관의 통보를 받았다. 이제 곧 우리 가족은 무국적자가 된다. 인도주의적 미국에서 체류 문제는 어떻게 되려니 하는 막연한 희망을 가지고 있었다. 미국 내에서의 민주동지운동은 많은 동지들의 협조로 이미 있는 일들을 할 수 있었다. 특히 미국 교단의 직극적인 지원은 우리의 기대를 초월하는 놀라운 것이었다. 그러나 문제는 있었다. 해외에 자리 잡은 교민들 가운데 적지 않은 수의 사람들이 선(先)통일론을 주장하면서 민주동지의 활동에 적지 않은 문제를 일으켰다. 이 문제는 오늘에 이르기까지 우리의 문제로 남아 있다.

궁금증을 풀기 위해서 한마디 해야겠다. 우리 가족의 체류 문제다. 결국 내가 일본 태생이므로 일본 이민 쿼터로 쉽게 영주권을 획득할 수 있었다. 재외국민 여권은 별문제 없이 발급됐다.

8.

아시아교회협의회의 부름을 받고 다시 한 번 무대를 옮겼다. 이번은 아시아다. 싱가포르에서 새 출발을 하게 됐다. 두 아들은 이미 대학생이다. 우리는 막내만 데리고 부임했다. 옛날 청년위원 시대의 친구들, 더욱이 제네바 시절부터 관계를 맺어왔던 동료들과 어울린다는 것은 참 즐거운 일이다. 부총무 4년, 총무 5년 등 9년을 봉직한 다음 1990년도에 귀국했다. 이선애와 나는 미국에 있는 동안 안수를 받고 목사가 됐다. 이선애 목사는 자신의 여성론을 맘껏 펴나가지는 못했지만 아시아를 다니며 교회 여성들을 장려하면서 자신들의 경험을 글로 표현하도록 권유했다. 그리고 지금은 세상에서 알려진 *In God's Image*라는 계간 잡지를 시작했다. 그 잡지는 현재 인도네시아 여성들이 주관하고 있다. 아시아 여성들이 이 일을 중단하지 않고 꾸준히 계속하고 있다는 것은 참 자랑스러운 일이다.

CCA를 떠난 지도 벌써 20여 년이 되었다. 고맙게도 CCA는 5년마다 있는 총회에 전직 총무들을 초대해 주기 때문에 나는 주기적으로 아시아 친구들을 만날 수 있는 행운을 누리고 있다. 옛 친구들 중에는 세상 떠난 분들이 더러 있지만, 새로운 젊은 지도자들을 만날 때면 아시아 교회에 대한 새로운 희망을 품게 된다.

CCA의 역사에서 가장 극적인 사건은 CCA를 싱가포르 정부가 불법 단체로 고발을 하여 국외로 추방한 사건일 것이다. 1988년 연말에 전격

적으로 CCA를 폐쇄하고 2주일 내에 퇴거할 것을 명했다. 나는 그 사건
이 일어났을 때 인도 NCC 총회에 참석차 출장 중이었다. 급히 서둘러
돌아와 보니 사무실은 폐쇄되고 무장경찰이 24시간 경비 중이었다.
CCA는 싱가포르 정부 전복을 음모했고, 아시아에 해방신학을 전파했으
며, 반란 세력에 자금을 지원했다는 등 언어도단의 이유로 국외로 강제
추방됐다는 것이다. 싱가포르의 회원 교단은 즉시 탈퇴하고 우리의 안
부를 묻는 사람도 하나 없었다. 더욱 가소로웠던 것은 싱가포르 주재 한
국대사관은 이와 같은 어려움에 처해 있는 자국의 시민의 안녕에 대한
관심이 없을 뿐만 아니라 전화도 받지 않는 형편이었다. 국제기구가 제
한적인 상식적 치외법권을 누릴 수 있어야 한다고 나는 생각한다. 그렇지
못하면 국제조직이 완전히 호스트 국가의 절제되지 않은 임의적 혹은 부
당한 제재를 받을 수가 있다는 사실을 발견한다. CCA가 추방됐을 때에
구체적으로 법적 보호를 받을 수 있는 제도의 필요성을 간절히 느꼈다.

9.

1988년에 CCA는 싱가포르에서 철수했다. 외국인 실무자들은 가족과
함께 본국으로 철수해서 6개월간 본국 교회에 CCA의 사정을 보고하고
다음 단계에 대한 실행위원회의 결정을 기다리도록 했다. 싱가포르 정
부가 개인 은행계좌는 손대지 않았지만 CCA의 자산은 전부 압류했기
때문에 아무 일도 할 수 없는 형편에 10여 년 거래하던 여행사마저도 외
상으로 표를 줄 수 없다고 하는 기가 막힌 상태였다. 사무실이 폐쇄된 마
당에 현지 사무원과 비서들에게는 퇴직금을 지불해야 하는데, 일단 액
수에 대한 교섭을 하고 싱가포르 노동법에 의거해서 될 수 있는 대로 후
하게 정산하도록 지시해 놓았다. 들은 바에 의하면, 그들은 대단히 고맙
게 생각하고 CCA에서 일했던 사실을 자랑스럽게 생각하며 결별을 아쉽

게 생각했다고 한다.

내가 가족과 함께 공항에서 출국할 때에 경찰의 보호를 받으며 비행기에 탑승했다. 비행기에 탑승하기 바로 전에 그동안 압류해두었던 여권을 경찰이 승무원에게 주었다. 그리고 승무원이 다시 우리에게 전달했다. 특별대우인지 중범죄자 취급인지, 우리는 그렇게 싱가포르를 떠났다. 다시 보고 싶지 않은 곳, 그곳이나 우리나라나 경제성장에 눈이 어두워 인간의 존엄성을 깨닫지 못하는 정권, 그럼에도 저항 세력이 성장할 수 없는 나라. 저주와 연민의 심정이 교차함을 느꼈다.

나는 도중에 홍콩 소재 인권 담당 간사와 도시산업선교 간사를 만나기 위하여 하루를 홍콩에서 체류했다. 막내와 이 목사는 서울로 직행했다. 그리고 그들은 도착 즉시 서울대학병원으로 향했다. 그날 저녁 늦게 우리 모친은 세상을 떠나셨다. 불효자식은 하루 뒤에 영전 앞에 섰다. 사실 해외에 오래 머물다 보니 아들로서 평생 고생하신 어머니를 잘 모시지도 못했다. 납치된 남편의 생사도 확인하지 못한 채, 가난했지만 목사 부인으로서 장한 어머니 대통령상을 받으신 분답게 마지막까지 존경을 받으시고, 엄하지만 자상한 권위를 유지하신 채 돌아가셨다. 이런 훌륭한 어머니의 아들인 것을 새삼 감사한다.

CCA는 간사들을 일단 아시아의 네 곳에 분산 배치했다. 마닐라, 치앙마이, 홍콩 그리고 오사카에 배치했다. 오사카 사무실이 본부 역할을 했다. 한때는 본부를 홍콩으로 옮겼다가 현재는 치앙마이에 정착하고 있다. 결국 아직 아시아는 여러모로 민간 국제기구를 설치하기 어려운 곳이라는 사실에 주목할 필요가 있다. 이런 의미에서 CCA는 아시아의 현실 속에서 기독교 국제기구를 운영해 가면서 개척자의 역할을 하고 있다.

그 후에 나는 동료들과 후배들의 권유로 기독교사회문제연구원 원장으로 취임했다. 20여 명의 유능한 운동권 연구자들이 많은 일을 했다.

서경석 목사가 원장직을 맡았을 때 이념적 갈등으로 분규가 생기더니 드디어 1년 이상의 농성 끝에 연구원 전원과 원장이 자진 사퇴했다. 퇴직금 등으로 재정은 바닥이 났던 모양이다. 박종화 박사가 잠시 와 있다가 학교로 돌아간 다음에 아무런 설명도 안 듣고 오로지 고마운 마음으로 취임했다. 출근한 첫날이 월급날이었다. 연구실장 서진한 씨가 와서 월급날이라고 그러기에 바로 주라고 했더니 돈이 한 푼도 없다는 것이다. 놀라운 일이었다. 이사회가 있고 책임 있는 일을 해오던 기관이 은행에 돈이 한 푼도 없는 상태에서 원장을 초청한다는 사실이 무엇을 의미하는 것일까? 민주화 투쟁을 하는 많은 용기 있는 분들을 위하여 감사하는 마음으로 우리는 해외에서 열심히, 정말 열심히 모금운동을 했다. 그런데 기사연에 돈이 하나도 없다고 한다. 참 기막힐 노릇이다. 계획 없이 재정집행을 했거나 무슨 특별한 사연이 있었겠지 하면서 설명을 강요하지 않고 형식적인 사무 인계를 거쳐 우선 급하게 돈을 꿀 수 있는 데까지 꾸어서 첫 달 월급은 지급했다. 이제 와서 이런 이야기를 해서 무슨 소용이 있을는지 모르겠으나 이런 행태가 운동권 전반에 파급된 분위기였다면 문제는 심각하다고 당시 나는 생각했다. 사실 파악은 못했지만 내가 아시아를 돌 때 수많은 외원(外援)에 의존하고 있는 소위 NGO의 부끄러울 정도로 부정에서 헤어나지 못하는 상황을 너무도 많이 봤기 때문에 이런 말을 하는지 모르겠다.

하여간 유능한 연구원들과 같이 지낸 6년은 나에겐 한국 기독교의 사회적 책임에 대해 깊이 성찰할 수 있는 기회였다. 그러나 기사연이 외원으로 그 돈을 받고 시작했는데 결국 안 주겠다고 고집하는 외원 단체를 설득할 수밖에 없었던 일, 그리고 한국 교회의 자발적인 지원을 끌어내지 못한 일은 아쉬움으로 남는다.

"뭐니 뭐니 해도 머닙니다." 대형교회 목사의 이야기다. 정말 머니 (money)가 무엇인지 알 것 같다. 이 시대에 나는 목사로서 하나 해야 할 일이 있다고 생각했다. 그래서 이 목사와 의논해서 은평구 갈현동에 작은 지하 교회를 개척했다. 다행히 이 교회는 문을 닫지 않고 오늘까지 존재하지만 대형교회의 꿈은 꾸지도 못한다. 아마도 영원히 작은 교회로 남아 있을는지 알 수 없다. 나는 그 교회에서 성가대원으로 봉사하고 있다.

참여연대의 운동가들과의 10년은 한국 시민운동 역사의 중요한 부분을 경험하는 시기였고, 아름다운재단 12년은 경제성장과 더불어 확산하는 기부문화의 건전한 발전을 위한 선구적 역할에 동참했다는 점을 가장 자랑스럽게 생각한다.

은퇴한 사람의 단조로운 생활은 항상 어김없이 반복된다. 4년째 들어가는 클라리넷 레슨과 우리 세 제자의 트리오, 몇 달 전에 다니기 시작한 고양시 YMCA의 유화교실. 이렇게 나는 소일한다.

『철학과 현실』(2013년 봄)

박상증 아름다운재단 명예이사장, 국민통합시민운동 공동대표. 미국 애즈베리 신학교(Asbury Theological Seminary) B.D., 프린스턴 신학교(Princeton Theological Seminary) M.Th이며, 에모리대학교 대학원 박사과정을 수료했다. CCA 총무, 참여연대 공동대표, 한국기독교사회문제연구원 원장을 역임했다.

역사의 격랑을 넘고 넘어

정 옥 자

1. 유년의 뜰

나는 1942년 5월 24일(양력) 강원도 춘천에서 태어났다. 아직 음력이 강세였던 시대에 양력으로 호적에 올랐고 이름은 일본식으로 자(子)가 되었다. 우리 집안 딸들의 돌림자는 옥(玉)이었는데 내가 태어난 때가 일제의 창씨개명기여서 내게 '자' 자가 붙여진 것이다. 내 또래 대부분의 여자 이름 끝자가 자(子)로 된 것을 보면 그 시대배경을 알 만하다.

나는 춘천에서 중학교까지 다니고 서울의 고등학교에 진학하면서 춘천을 떠났다가 50년 만에 귀향하였다. 고향 춘천은 언제라도 달려올 수 있는 거리였지만 현실적으로 그리 쉽지 않았다. 그래서 춘천은 언제나 추억 속의 고향으로 머릿속에서 맴돌았다. 지금도 옛 모습이 많이 남아 있는 춘천은 여전히 봉긋한 봉의산을 등에 업고 유유히 흐르는 소양강을 옆에 끼고 앉아 유년의 향수를 불러일으키곤 한다. 춘천에 있으면서도 옛 춘천이 그림같이 떠오르며 그리워지니 나이 탓인가 보다.

봉의산(鳳儀山)은 높이가 300미터밖에 안 되는 춘천의 진산이다. 봉의산의 봉(鳳) 자가 봉황이라는 것은 누구나 알 수 있겠지만 의(儀) 자에 춤춘다는 뜻이 있다는 것은 잘 알려져 있지 않다. 따라서 봉의산의 글자 풀이는 '봉황이 춤추는 산'이다. 실제로 남춘천 쪽에서 보면 봉의산은 새가 춤추는 모습이다. 봉황이 있는 곳에는 용이 있기 마련이라 춘천의 좌청룡은 대룡산인데 봉의산보다 훨씬 크다.

뒤뜰로 불리던 후평동에는 우리 과수원이 있어서 엄마 손에 이끌려 복숭아를 따러 갔다. 앞뜰은 이제 이름조차 없어졌지만 전평리로 표기되었다고 한다. 앞뜰엔 춘천시민의 채소 공급지이던 채마밭이 있었다. 자전거에 빨간 토마토를 한 광주리 가득 실은 아빠를 따라 즐겁게 집으로 돌아오던 추억이 있다. 그리고 앞뜰에 가르마같이 난 신작로를 따라 춘천역으로 오갔다.

어린 시절 추억 속의 춘천은 곳곳에 언덕이 있어서 나무가 우거지고 집집마다 나무와 화초를 가꾸던 쾌적한 공원도시였다. 그 속에서 부유함까지 누렸던 나의 유년의 뜰은 남부러울 것이 없었다. 딸만 넷에 맏딸이었기에 동생들에게 의젓한 언니 노릇을 했던 것 같다. 다섯 살에 한 살 위 옆집 친구가 유치원에 가는 것을 보고 나도 가겠다고 우겨 유치원을 2년 다녔다. 유치원에서 기억에 남는 것은 봄가을 학부모들 앞에서 벌인 재롱잔치에서 춤추고 노래하고 연극하던 일, 신식 결혼식에서 아기 들러리를 서던 일과 화동 노릇이다. 특히 화동 노릇은 그 대상이 귀순용사였기에 어린 마음을 흔들었다.

그때는 공산당이나 공산주의자뿐만 아니라 북한과 관련된 모든 이들을 빨갱이라 불렀다. 춘천은 38선과 가까워서 밤사이에 북한군이 귀순해 오는 일이 잦았다. 그래서 귀순용사 환영회가 자주 열렸는데, 처음 꽃다발을 들고 빨갱이는 온몸이 새빨간 도깨비가 아닐까 두려워 발발 떨며 환영회에 가서 두 손으로 꽃을 바치는 그 순간에 바라본 용사의 늠름하고 잘생긴 얼굴에 넋이 나갔던 기억도 있다.

집안은 늘 사람으로 북적거렸다. 열 명 이하가 밥을 먹은 적이 없었으
니 날마다 잔치였다. 나는 돌아가며 오던 친척 아저씨나 오빠들에게 옛
날이야기를 졸랐다. 옛날얘기 좋아하면 가난하게 살게 된다고 엄마한테
야단맞으면서도 새 친척이 오면 어김없이 이야기보따리를 풀어놓게 하
였다. 뒤에 보니 거의 조선 후기 역사 이야기가 아니면 소설류, 귀신 이
야기였다.

1950년 춘주초등학교 3학년이 된 봄 학예회가 열렸다. 5월로 기억되
는데, 보라색 한복 차림으로 춤을 추던 아홉 살의 나는 행복의 절정을 찍
었다. 학교 운동장에 있던 정원의 등꽃도 보라색으로 만발해 있었다. 그
러나 다음 달 6월 25일 일어난 6·25 전쟁으로 나의 행복했던 유년의
뜰은 처절하게 박살났다.

2. 6·25 전쟁과 가족의 죽음

38선 부근에서는 총소리가 콩 볶듯이 들려오는데, 라디오에서는 "국
민들은 안심하고 생업에 종사하라"는 이승만 대통령의 목소리만 들렸
다. 어른들은 어찌해야 할지 몰라 갈팡질팡하다가 피난민들이 물밀듯이
춘천으로 쏟아져 들어오고 총알이 마당에 떨어지고 나서야 피난을 떠났
다. 미숫가루 등 간단한 먹을거리만 챙기고 우리 네 자매는 제일 좋은 옷
으로 갈아입혀졌다. 아마도 피난을 잠깐 시골에 여행 가는 정도로 착각
한 것이 아닐까 싶다.

두 살짜리 갓난아기와 네 살, 여섯 살의 어린 동생들을 데리고 나선
부모님의 피난길이 오죽했으랴! 아홉 살이던 나는 차라리 어른 취급을
받으며 잘도 걸었다. 대로는 인민군의 추격을 받기 쉽다고 하여 소로를
택하여 가던 피난길은 그야말로 녹음방초 성하고 온갖 새들의 지저귐으

로 한여름의 향취를 한껏 뿜어내고 있었다.

청평 호숫가 솔이(송산리) 마을에 도달하자 서울이 점령되었다는 소식이 들려왔다. 춘천은 이미 점령되었으니 갈 곳이 없었다. 서울을 경유하여 남쪽 외가로 가려던 피난길이 막혔던 것이다. 게다가 떠도는 유언비어가 흉흉하기 그지없었다. 인민군이 남자를 만나면 손을 내밀라고 해서 손바닥에 못이 박혀 있으면 그냥 보내주고 아니면 노동자를 착취한 악질 반동분자라고 하여 그 자리에서 총살해버린다는 것이었다.

아버지는 후자에 속했다. 본인도 젊어서는 고생깨나 하셨지만 자수성가하여 공장을 운영하고 있었고 재산을 꽤 모았기 때문에 그들에게는 틀림없는 반동분자로 분류될 처지였다. 더 이상 서울로 가는 것이 무의미해진 저녁, 아버지는 함께 피난 가던 친척과 친지들을 위하여 최후의 만찬을 준비하셨다. 숙박하기로 한 동네 학교 교실에 모인 일행은 닭백숙과 하얀 쌀밥으로 오랜만에 포식하였다. 보슬비가 내리던 교정에 피어 있던 황금색 금잔화의 꽃무리가 아직도 눈에 선하다.

다음 날 배를 한 척 세내고 뱃사공까지 거느린 아버지는 힘들어서 더는 걷기 어려우니 배로 강물을 거슬러 올라가 춘천으로 가자고 하셨다. 일행은 스무 명쯤 되었고 우리 가족은 배 한편에 자리 잡았다. 배가 청평 호수의 가운데쯤 왔을 때 아버지는 갓 난 동생(옥경)을 안아보겠다고 하셨다. 내가 엄마에게서 동생을 받아 아버지에게 건네자 엄마는 뱃전으로 돌아앉아 방금 뺀 기저귀를 강물에 빨고 있었다. 그때 네 살짜리 동생(옥진)이 "아버지 나두." 하면서 안기고 여섯 살배기 동생(옥인)이 "아버지 나두." 하면서 안기자 아버지는 "그래, 둘 안자. 셋 안자." 하시면서 세 아이를 안아 올리는가 싶더니 뱃전으로 기우뚱하며 넘어가는 것이 아닌가.

나는 순간적으로 엄마를 부르며 악을 썼다. 엄마가 뒤를 돌아보았을 때는 동생의 분홍 치맛자락이 나풀거리며 사라졌다고 한다. 엄마는 비로소 사태 파악을 했는지 나를 끌어당겼다. 나는 엄마에게 끌려가면 죽는다는 것을 본능적으로 알아차리고 엄마의 겨드랑이 밑으로 빠져나오면서 울었다. 그때서야 다른 사람들은 일가족이 여섯 명에서 두 명만 남은 것을 보고 다가와 엄마를 붙들었다. 엄마는 실신하고 말았다.

아버지의 준비는 철저했다. 본인은 술을 못 마시면서 뱃사공에게 술을 권하는 것이 이상하였다고 나중에야 사람들이 말했다. 아버지가 투신한 곳은 호수에서 가장 깊은 스물네 길이나 된다는 호심이었다. 술 취한 뱃사공이 구출 작업할 엄두도 내기 어려운 곳이었다. 아버지가 앉아 있던 구두 밑에는 명함에 쓴 유서가 있었다. "철모르는 어린것들은 내가 데리고 가니 남은 재산으로 맏이 하나라도 잘 가르쳐라"라는 요지였다.

우리 일행은 그곳에서 제일 가까운 동네로 가 며칠 묵으면서 시체를 찾기로 했다. 낮에는 죽은 듯이 누워 있던 엄마는 밤이 되면 나를 깨워 강가로 향했다. 죽긴 해야겠는데 나를 두고 갈 수는 없었다는 거였다. 내가 소리쳐 울면 친척들이 쫓아 나와 불침번을 섰다. 아무리 사람을 사서 강물을 뒤져도 시체를 찾지 못하자 우리는 춘천으로 돌아왔다. 시체를 찾으면 꼭 연락해달라고 신신당부하며 나머지 엄마의 패물을 팔아 노잣돈을 맡기고서….

열나흘 만에 소식이 왔다. 처음 출발한 동네로 시체가 나란히 떠 왔다는 것인데, 아버지는 갓난아이를 팔에 끼고 엎어진 상태이고 두 여동생은 아버지 양옆에 누운 상태로 네 명이 고스란히 함께 왔다 한다. 대개 시체들은 따로 발견되는데 참 이상한 일이라고 사람들이 말했다. 또 남자가 물에 빠져 죽으면 엎어진 상태로 떠 있고 여자는 누워 있는 상태로 떠 있다는 사실도 처음으로 알았다. 나는 어리다 하여 가지 못하고 어른들만 가서 강가에 가매장을 하고 왔는데, 돌아온 엄마의 얼굴은 흙빛이었다. 휴전 후 중학교 2학년 때 내가 가서 화장하였다.

3. 피난살이

춘천에서 인민군 치하의 생활은 그야말로 아비규환이었다. 날마다 미군 폭격이 이어져 남아 있던 건물들도 모두 사라지고 사람들은 무더기로 죽어나갔다. 살아 있는 사람들은 부역에 끌려갔다. 나는 비행기 소리만 들리면 방공호로 피신하면서 하루 종일 부역에 끌려간 엄마를 기다렸다. 어느 날 엄마가 돌아와 보니 내가 없어져 온 집안을 찾아도 안 보이더란다. 방공호가 폭격에 무너지면서 거기 파묻혀버렸던 것이다. 조금만 늦었어도 살아나지 못했을 것이라 했다.

9·28 수복으로 국군이 돌아왔다고 기뻐하던 것도 잠깐, 불과 석 달 만에 1·4 후퇴(1951년)로 군민이 한 트럭에 타고 서울로 후퇴하였다. 군용 트럭이다 보니 산에서는 빨치산들이 민간인 구별 없이 총을 쏘아대고 뒤에서는 인민군이 쫓아오는 상태에서 천신만고 끝에 겨우 서울에 도착하니 중공군이 참전했다는 소식이었다. 다시 피난길을 서둘러 신갈리까지 갔는데 중공군이 뒤쫓아왔다. 밤이면 중공군의 심리전이라는 구슬픈 피리 소리 때문에 잠을 잘 수가 없었다.

다시 폭격이 시작되었다. 중공군들이 하얀 앞치마를 두르고 위장 전술을 하는 바람에 애꿎은 민간인들이 수없이 폭격을 맞아 하얀 눈 위에 피를 흘리며 쓰러졌다. 그해 겨울은 지독한 배고픔으로 기억된다. 어른들은 하루 한 끼, 아이들은 두 끼를 먹었는데, 그나마 죽도 아니고 미음이었다. 잠은 칼잠이었다. 똑바로 눕지 못하고 옆으로 자야 하는데 변소라도 다녀오면 자리가 없었다. 그때에 길든 습관인지 나는 지금도 옆으로 자야 잠이 온다.

지독한 겨울이 가고 봄이 왔다. 밭에 나가니 파뿌리 몇 개가 보여 캐다가 소금을 넣고 끓였더니 세상에서 제일 맛있는 국이 되었다. 지금까지 그 팟국의 맛을 잊지 못하고 있다. 중공군도 물러가고 어른들은 헌옷

가지를 가지고 신갈읍내 장터에서 양식을 구할 정도가 되었다. 모여 있던 일가친척은 각자도생(各自圖生)하기로 했는지 엄마와 나는 충남 서산에 있는 외가로 가기로 하였다.

신갈리부터 걷다가 지나가는 차를 얻어 타기도 하면서 몇 날 며칠을 걸려 서산 외가에 도착했다. 가는 길이 멀었지만 아직 인심이 살아 있어서 가는 곳마다 우리 모녀를 재워주고 먹여주는 이들이 있었다. 봄비가 촉촉하게 내리던 날 시골의 어느 집에 다다랐다. 제법 규모가 큰 집 둘레에는 복사꽃을 비롯해서 온갖 꽃이 피어 있었다. 나는 엄마에게 "엄마 이 집 참 좋다"고 하자 엄마는 "이 집이 바로 네 외가란다." 하시는 게 아닌가.

그날부터 시작된 외가에서의 생활은 경이, 바로 그것이었다. 봄이면 동네 처녀들과 나물 캐러 들에 가고 여름이면 버섯 따러 숲에 들어가거나 새참 조수가 되어 막걸리 주전자를 들고 올케를 따라 논에 나갔다. 가을이면 알밤 주우러 새벽부터 밤나무 숲을 돌았다. 겨울이면 살조개 껍데기로 윷을 놀거나 골무를 만들고 수를 놓았다. 춘천에서는 듣도 보도 못하던 새로운 세계가 거기 있었다. 외할아버지는 3년 전에 돌아가시고 유품인 고서들만 사랑방을 가득 채우고 있어서 내 호기심을 자극하였다.

3년 동안의 농촌 체험은 내 인생의 소중한 자산이 되었다. 주위에 널려 있는 온갖 동식물의 이름을 배우고 손으로 만지고 관찰할 기회가 생겼으니 제대로 격물치지(格物致知: 물건을 두드리고 만지면서 앎에 이르는 과정)를 하였던 것이다. 그리고 친척이 촌수라든지 명칭을 저절로 알게 되었으니 보학(譜學)의 기초도 이때 익혔던 것이다. 나아가 밥상에 수저 놓는 법부터 시작된 예의범절도 이때 익혔다.

1953년 드디어 휴전이 되어 춘천으로 돌아왔다. 나는 외가에서 학교 사정상 3학년을 재수하고 5학년에 다니다 왔으므로 5학년에 들어갔다.

종합학교에서 몇 달 보내고 드디어 전쟁 전에 다니던 낙원동의 춘주초등학교가 문을 열어 거기로 가서 졸업하였다. 흙바닥에 칸막이는 판자로 된 임시 교사였지만 학교에 다닐 수 있어서 고마웠고 행복하였다. 이동도서관에서 빌린 책을 밤새도록 읽기 시작한 것도 이 즈음이었다.

4. 폐허 위의 소녀시절

아버지의 유산으로 어느 정도 생활이 안정되는 듯싶었는데 엄마는 새로운 인생을 시작하기로 결심하셨다. 내게 "엄마를 따라 갈래? 여기 네 집에 남을래?" 하시는 것이 아닌가. 나는 주저 없이 남겠다고 대답했다. 아홉 살에 아버지를 비롯하여 동생 셋의 죽음까지 겪은 나는 조숙해져 있었다. 이미 열세 살이 되어 '애어른'이 되어 있었나 보다.

그 후 친척들이 야금야금 재산을 빼돌리는 눈치를 알면서도 어찌해볼 수 없었다. 석사동에 있던 춘천사범학교 병설 중학교(병중)에 다녔다. 지금은 아파트촌으로 번성하고 있지만 당시 석사동은 야산과 논밭으로 된 전형적인 농촌 마을이었다. 낙원동에 있던 집에서 학교까지는 십 리 길이었다. 등교시간에 맞추어 버스를 타면 어김없이 선생님들과 한 버스를 타게 되어 불편하고 또 몇 푼 차비라도 아껴야 할 처지라 학생들은 대부분 걸어 다녔다.

급할 때는 먼지 풀풀 날리는 신작로로 갔다. 직선거리이고 운 좋으면 군인들의 차를 얻어 탈 수도 있었다. 춘천은 이미 군인도시가 되어 있었다. 군인 천지였고 군인 차량으로 넘쳐났다. 그래서 우리는 군인들과 친했고 실제 그들은 우리를 누이동생처럼 차에 태워주었다. 또 하나의 길은 대룡산에서 흘러내리는 공지천을 따라 오가는 뚝방길이었다. 봄가을 이 길을 애용했는데 시원한 바람이 불어오고 철따라 야생화가 피고 지었다. 연분홍 패랭이꽃은 우리가 유난히 좋아하던 꽃이다.

또 하나의 길은 산길이었다. 애마골이라고 하는 동네를 지났는데 지금은 개발되어 잘 가늠이 안 된다. 작은 내를 건너 버드나무 아래 쉬기도 하고 무덤가에 핀 할미꽃을 따서 족두리를 만들며 놀았다. 좀 시간이 있을 때는 토끼풀을 뜯으며 이야기꽃을 피웠다. 나는 학교 도서관의 책을 학기 초에 다 읽어버리고 언니나 오빠가 있는 친구에게서 책을 빌려 하룻밤 사이에 읽고 돌려주는 것을 일과로 삼고 있었다. 그래서 전날 밤에 읽은 소설을 요약해서 들려주는 일을 즐겨했다. 친구들이 재미있어 하니까 더욱 신이 났다. 돌이켜보니 3년 동안 병중에 걸어 다닌 것이 내 건강의 원천이 된 듯싶다.

문예반에 들어가 시를 쓰고 시낭독회에도 참여했다. 처음 쓴 시의 제목은 「코스모스」였는데, 내용은 생각나지 않으나 영물시(詠物詩)였다. 시낭독회에서 읊은 시는 이육사의 「청포도」였다. 아마도 나의 문학에 대한 꿈은 이때 생겨난 것이 아닌가 싶다. 적어도 대학에 입학하기 전까지 나는 문학소녀를 자처하고 문학을 전공하리라 확신하고 있었으니 말이다.

학교 운동장은 턱없이 넓었다. 잘 다듬은 아래 운동장은 공식 운동장 노릇을 했지만 위에 있는 운동장은 잡초가 우거져서 가을이면 황금빛으로 출렁거렸다. 어느 가을날 친구와 그 잡초 사이에 누워 새파란 가을 하늘을 바라보며 이야기에 빠져 시간 가는 줄 모르다가 수업시간에 늦은 적도 있었다. 운동장 옆 실습장에는 은사시나무가 줄지어 서서 바람결에 하얀 잎을 흔들어대던 아름다운 풍경도 꿈처럼 떠오른다. 꿈 많은 소녀시절은 그렇게 흘러갔다.

춘천 시내는 조금씩 재건되어갔다. 비록 수돗물은 공동수도에서 배급받았고 화장실은 공동변소를 이용하여 불편을 감수해야 했지만 시내 곳곳에 있던 레코드 가게에서는 밤낮으로 유행가가 흘러나왔다. 「홍콩 아가씨」나 「페르시아 왕자」 같은 유행가는 이국적인 흥취를 불러일으켰다. 여성 국극단도 자주 들어와서 지금의 시청 앞에 있던 소양극장에서 공연하였다. 임춘앵 여성국극단이 제일 유명하였고 나는 무슨 수를 써서라도 구경을 갔다. 거북당의 빵도 당시의 춘천을 대표하는 명물이었다. 지금의 명동에 있던 거북당의 단팥빵과 크림빵의 맛은 잊지 못할 춘천의 추억 중 하나다.

수돗물이 워낙 귀하던 때라 빨래는 주말에 소양강에 가서 했다. 그때 소양강물은 마셔도 될 만큼 깨끗했고 강변의 백사장은 넓었다. 도시락을 싸가지고 아침에 소양강에 가서 흰 빨래부터 하여 양잿물에 삶아주는 곳에 맡겼다. 나머지 빨래를 하고 점심을 먹고 나서 삶은 빨래를 헹구어 모래사장에 널고 나면 휴식시간이었다. 모래밭에 누워 유유히 흘러가는 흰 구름을 바라보다가 스르르 낮잠이 들기도 하고 그러다 보면 저녁때가 되어 마른 빨래를 걷어 툭툭 모래를 털어내고 차곡차곡 개어 이고 집으로 돌아왔다. 빨래 가기는 일종의 소풍이었다.

5. 서울 유학: 4 · 19 혁명

고향 춘천에서의 생활은 중학교로 끝났다. 서울의 고등학교에 유학 가라는 친척들의 권유가 과연 순수한 것인지 따질 겨를도 없이 내게 서울 유학은 매력적으로 다가왔다. 마침 사촌언니가 동덕여고에 다니고 있었으므로 그 학교에 진학하기로 정해졌다. 그런데 담임선생님이 반대하셨다. "사범학교를 나오면 선생이라는 직업은 떼어 놓은 당상인데 왜 어중간한 학교로 가느냐?"는 거였다. "서울에 유학한다면 당연히 대학 진학을 전제로 할진대, 더 좋은 여고에 가야 좋은 대학에 갈 수 있지 않겠느냐?"는 거였다.

1학년부터 2년 반을 담임하신 이정순 선생님은 나에 대하여 속속들이 알고 계셔서 내 서울 생활의 앞날을 어느 정도 예측하고 계셨던 것이 아

닌가 싶다. 가정방문까지 하면서 반대 의견을 내셨던 선생님의 주장은
"남의 가정사에 당신이 무슨 상관이냐?"는 친척들의 말에 일축되고 말
았다. 나를 "타고난 선생"이라고 하시면서 만류하시던 선생님의 사랑에
지금도 가슴이 찡해 온다. 다행히 동덕여고에 수석 합격하여 선생님께
일말의 위로가 되었다. 그 학교 50여 년 역사상 타교생이 일등을 한 선
례가 없다고 하여 나는 특대생이 되었고 3년 동안 학비 면제라는 특전을
받았다.

　동덕여고에서의 학교생활은 넉넉하였다. 공부에 매달리지 않고 특별
활동을 많이 할 수 있었던 것도 행운이었다. 목련꽃 흐드러지게 핀 봄날
합창반에서 「사월의 노래」를 소리 높여 부르고 미술반에서는 마치 세잔
이 된 듯 건너편 돌산을 그렸다. 미술대회에 쫓아다니며 상도 탔다. 그러
나 가장 매력적인 특별활동은 문예반에서 이루어졌다. 매달 작품을 써
서 담당 선생님으로부터 품평을 받는 일은 문학에 대한 나의 열정과 신
념을 부추겼다. 이화여대가 주최한 백일장에서 「길」이라는 시제로 장원
도 했다. 담당 선생이던 윤병로 선생님은 당시 문단에서 문학평론가로
알아주던 신예였기에 더욱 희망에 부풀었는지도 모르겠다.

　양풍이 불던 그 시절 유교적 교풍을 지닌 그 학교는 흔들림 없이 '현
모양처'를 양성하는 것을 교육목표로 하였다. 조동식 교장선생님의 훈화
도 유교 경전을 쉽게 풀어내어 설명하는 내용이었다. "공부만 잘하면 무
엇 하나. 사람이 되어야지." 하면서 학생들을 대학입학이라는 목표를 향
해 몰아대지 않았다. 여유로운 여고시절을 보낼 수 있었고 좋은 선생님
들이 많았던 것도 축복이었다. 지금 생각해도 동덕여고에 간 것이 다행
이다 싶다. 그렇게 순풍에 돛 단 듯이 여고시절이 끝나는 줄 알았는데 그
게 아니었다.

　1960년 4월 고 3에 올라가자마자 터진 4·19 혁명은 내 일생에서 잊
지 못할 사건이 되었다. 동덕여고는 동대문 밖 숭인동에 있어서 고려대

학교 영향권에 있었다. 4월 18일 제일 먼저 고려대학교 학생들이 구호를 외치며 물밀듯이 동대문으로 달려오자 우리 여학생들도 격동하기 시작하였다.

나는 그때 학생회장이었다. 고려대 학생회장의 연락을 받고 5월부터 아무것도 모르면서 불려 다녔다. 회의에 참석하기만 하면 되었다. 대학생들도 별 기대를 안 하는 눈치였다. 철부지 여고생을 참 딱하다는 듯이 바라보곤 그냥 내버려두었다. 그들에겐 여고생도 참여하고 있다는 명분과 머릿수 채우는 일이 더 중요했는지도 모른다.

정작 괴로운 일은 학교 내부에서 일어났다. 그동안 억눌려 있던 학생들의 요구가 물밀듯이 분출하였다. 그 요구도 각양각색이었다. 어느 교과목 선생님을 교체해달라는 것부터 같은 건물에 들어 있던 동덕여대를 밖으로 내보내달라는 것까지, 학교 개혁이라는 거창한 구호도 있었고 학교생활을 규제했던 엄격한 규율(머리카락 길이 등)을 완화해달라는 요구까지, 지금은 일일이 다 기억이 나지 않는다. 나는 그 요구 중에서 감정이 섞였다고 판단되거나 불합리하다고 생각되는 것을 회의를 통해 걸러내고 학교 측에 전달하였다. 이렇게 시작된 학교 내 학생운동은 걷잡을 수 없이 번져갔다. 급기야는 동맹휴업까지 이르렀고 대학생들까지 거들려는 태세가 되었다. 사태가 악화되느라고 유언비어가 난무하고 협박 편지까지 날아들었다. 내용은 학생들의 사상이 불온하다는 것이었다. 어떤 편지에는 아예 내가 빨갱이들의 사주를 받고 있다고 하였다. 억울하였지만 어쩔 수 없었다. 내가 시작한 일이 아니었는데 나는 어느덧 호랑이 등에 올라타고 있어서 달리는 수밖에 없었다.

10월 어느 날 학교에서는 교장선생님 이하 모든 선생님들이 참석한 가운데 전교생 앞에서 발언할 기회를 내게 주었다. 학교에서 원한 것은 사과와 함께 운동 종료를 선포하라는 뜻이었을 것이다. 나는 이왕 멍석을 깔아준 마당이다 싶어 일의 경위와 경과 그리고 결과에 대하여 보고 형식으로 하고 싶은 말을 다 하였다.

나는 이단아로 낙인찍혔다. 유교적 교풍의 학교 분위기에서 있을 수 없는 일이 일어났다 하여 나에게 모든 책임이 전가되었다. 그 분석도 가지가지였다. 타교생이기에 학교의 훈도를 제대로 받지 못한 별종이라는 것 외에 가정환경까지 거론되었다 한다. 세 번이나 교무회의에서 나의 퇴학에 대한 논의가 있었지만 부결되었다 한다. 나의 문제는 시작이 있으면 끝이 있어야 한다는 강박증에 있었던 것 같다. 이 일은 사회정의에 대한 최초의 각성이었다. 그 후 3개월 동안 나는 죽을 듯이 공부에 열중하였고 원하던 대학에 들어갔다. 내 인생의 중대 위기가 지나갔던 것이다. 대학입시 후 졸업식엔 고려대학교 학생회장이 꽃다발을 들고 찾아와 축하해 주었다. 여고시절은 이렇게 씁쓰레한 뒷맛을 남기고 끝났다. 그런데 이 일이 20년도 훨씬 지나서 1980년대 교수생활에서 학생들을 이해하는 열쇠가 될 줄 누가 알았으랴.

6. 문리대 시절(나의 청춘)

대학 진학을 놓고 고민 안 해본 사람은 없겠지만 나의 개인적 환경은 몇 년 사이 열악해져 있었다. 나를 서울로 유학 보내놓고 친척들은 마음 놓고 아버지 유산을 탕진하고 있었다. 사업 자금을 만든다거나 건물을 짓는다거나 온갖 구실로 땅을 팔고 아무 직업도 없이 수십 명의 식구들이 파먹으며 곶감 꽂이 빼어 먹듯 재산을 축내고 있었다. 엄마가 집을 나갈 때 "유학꺼지 시기겠다"고 한 약속은 물서품이 되었고 나는 결국 가출을 결심했다.

국문과로 진학하려던 꿈은 국어선생님의 "국문과에 간다고 문학 할 수 있는 게 아니다. 문학평론가 되기 십상인데 남의 작품 비판하는 평론가가 그리 좋은 건 아니다"라는 충고로 방향을 바꿨다. 미술선생님은 내게 응용미술과를 권했다. "여자가 무슨 학문이냐. 결국 좌절하고 말 거다. 실기가 부족하지만 너는 탁월한 색채 감각이 있으니 응용미술과에 가서 산업미술 쪽으로 파고들면 30년 안에 그 분야의 대모가 되어 명예와 돈을 다 얻을 수 있을 것이다." 나는 솔깃하여 담임선생님과의 진학 상담에서 이야기를 꺼냈다가 호되게 야단을 맞고 말았다. "학교에서 특대생으로 키운 네가 학교 명예는 생각하지 않고 응용미술과라니 가당치도 않다." 서울대 문리대에 가야만 한다는 것이었다. 문사철에서 문학 빼고 역사와 철학 중에서 선택하려니 결국 역사로 낙착되었다. 역사가 문학의 사촌쯤 된다고 생각하고 있던 나의 순진한 생각도 한몫 거들었다. 그러나 막상 서울대학교 문리과대학 사학과에 입학해 보니 나의 순진한 기대는 여지없이 무너졌다.

우선 재미가 없었다. 실증사학이 대세여서 고학년에 올라갈수록 자료 연습만 하였다. 역사 고증이라는 기초 훈련에 집중하는 교과 체제였다. 그래서 다른 과의 강의를 신청하기도 하고 청강도 하였다. 고고학과, 철학과, 국문과, 중문과, 지리학과 등 타과 강의의 섭렵은 결과적으로 내 학문의 폭을 넓히는 밑거름이 되었다.

문리대 생활은 내게 아주 낯선 느낌으로 다가왔다. 무엇보다 인간관계에서 '만날 때는 언제나 타인'인 낯섦이었다. 실존주의 철학이 풍미하던 때라서 더욱 그랬는지도 모르겠다. 거세게 불던 양풍의 진원지가 바로 문리대가 아니었나 싶기도 하다. 대학 입학의 기쁨도 얼마 못 갔다. 교수님들의 여성에 대한 편견에 좌절하고 입주 가정교사 생활로 힘들었다.

그러나 문리대의 고풍스러움은 지친 영혼을 달래주었다. 봄이면 라일락 향기 머금고 보랏빛으로 가득했던 교정, 가을이면 해묵은 은행나무에서 바람에 날리며 떨어지던 노란 은행잎의 군무, 키 큰 마로니에의 커다란 잎들이 너울대며 그늘을 만들어주던 정다운 샛길, 그 풍경 속에는 언제나 도서관 앞 벤치가 있고 그 벤치 위에 앉아 친구와 나누던 정담이 있다.

교수님들은 휴강을 밥 먹듯이 하였다. 외부 회의니 해외 출장이니 하면서 우리를 강의에서 해방시켜 주었다. 우리는 만세를 부르면서 조조 할인 영화를 보러 영화관으로 달려가거나 도서관에 가서 책 속에 파묻히거나 그것도 아니면 벤치에 앉아 이야기꽃을 피웠다. 휴강에 대한 불만은 눈곱만치도 없이 자유 시간을 만끽하였다. 그 여유로운 대학생활이 우리에게 생각할 시간을 많이 주었던 게 아닌가 싶다.

4학년이 되자 졸업논문을 쓰는 일이 최우선 과제가 되었다. 사학과에서는 졸업논문을 제대로 못 써서 졸업하지 못하는 경우도 있었기 때문에 긴장할 수밖에 없었다. 나는 문리대에 있던 중앙도서관 고도서실(규장각의 전신)에 부지런히 들락거렸다. 거기에는 사학과 대학원생들이 많이 있었고 교수님들도 계셨다.

나는 사범학교 병설 중학교를 다녔기에 다른 학교보다 한문 시간이 상대적으로 많았고 고등학교도 유교 학교로 분류될 수 있는 학교를 다니면서 한문을 익힐 기회가 비교적 많았다. 대학교 입학시험의 제2외국어도 한문을 선택하였기에 딴에는 한문 원전을 읽을 수 있을 거라고 생각하였다. 그러나 그야말로 오산이었다.

초기 개화운동기의 여러 정부 시책 중에서 1881년 일본에 신문물을 시찰하기 위하여 파견한 신사유람단(일본 시찰단)을 논문 주제로 선택한 것까지는 좋았는데 아무도 손을 대지 않은 자료를 해독하기가 여간 어렵지 않았다. 게다가 기본적으로 시간이 없었다. 어름빙엄에 내상의 독사를 정하고 자료를 읽기 시작하였지만 개학을 하자 논문을 들여다볼 여유가 없었다.

그런데 한일회담 반대운동이 거세지자 정부는 계엄령을 내렸고 학교는 휴학하였다. 어떻게 하면 도서관에 들어갈 수 있을까 살피고 있자니

교수님과 조교들이 뒷문으로 드나들고 있는 것을 목격하였다. 문리대 앞엔 센 강이라고 별명을 붙인 개천이 있었고 인도와 학교는 이 개천을 사이에 두고 있었다. 내가 아침마다 이 길을 왔다 갔다 하는 것이 경비대장에게 알려졌는지 하루는 나를 불러 무슨 사연이냐고 물었다. 사정을 이야기하자 학생증을 확인하고는 학교에 들여보내주었다.

중앙도서관의 고도서실에 가보니 교수님들이 열심히 연구하고 계셨다. 나는 무엄하게도 거기 끼어들어 자료를 뽑고 모르는 것은 염치 불고하고 선생님들에게 여쭈어보면서 논문을 진척시켰다. 계엄령이 내 논문을 살렸으니 아이러니다. 규장각 도서와의 첫 인연은 이렇게 시작되었다.

난산 끝에 「신사유람단고」라는 논문을 완성시키고 나니 그 성취감은 컸다. 더구나 지도 교수님이신 한우근 선생님의 칭찬까지 듣고 『역사학보』 27집에 실리고 나니 하늘을 나는 듯 기고만장하였다. 그러나 기쁨도 잠시, 생활 전선에 뛰어들어야 했고 곧이어 결혼하였다. "여학생은 길러야 소용없다"는 선생님들의 탄식을 뒤로한 채….

7. 결혼생활 그리고 대학원

졸업이 다가오자 선배의 추천으로 체신부 우정사편찬위원회에서 일하게 되었다. 선배들이 주축이 되었던 그 기관에 나는 졸업 전에 최연소로 들어가 자료 수집 업무를 맡았다. 이 일은 뒤에 돌이켜보니 내가 학자로 성장하는 데 있어 연습 기간으로서 중요한 의미를 갖고 있었지만, 당시는 맡은 업무량을 채우느라 다른 생각은 할 겨를이 없었다.

그 기간 중에 결혼을 하였다. 나는 막연히 결혼 같은 건 하지 않는 것이 좋을 거라는 생각을 하고 있었다. 그러나 현실의 벽 앞에서 떠밀리듯이 결혼하였고 직장생활을 끝냈다. 명륜동에서 셋방으로 시작한 결혼생활은 정릉으로, 다시 광장동으로, 그리고 암사동에 작은 은행 주택을 마련하는 것으로 이어졌고, 그 사이 나는 아들 연년생을 낳았다.

암사동에서의 전원생활은 내 결혼생활 중 가장 안락하지 않았나 싶다. 집은 작았지만 마당이 비교적 넓어서 아이들에게 모래밭과 그네를 장만해줄 수 있었다. 마당에는 앵두나무 등 유실수를 심어 가을이면 풍성한 결실을 즐겼다. 비석산으로 불리던 뒷산은 아이들의 좋은 놀이터가 되어주었다. 아들들은 유년기를 여기에서 보냈다. 나 역시 안정된 주부생활을 영위하였지만 신문 한 장 읽을 새 없어서 잠을 실컷 자보는 게 유일한 소망이었다.

생활이 안정되자 회의가 밀려왔다. 장학금 등 남의 도움을 받으며 공부한 것이 부채처럼 다가왔다. 그때 내 머리를 맴돈 것이 초등학교와 중학교 담임선생님들이 "너는 타고난 선생이야." 하시던 말씀이었다. 나는 중등교원양성소에 등록을 하고는 남편에게 양해를 구했다. 그런데 남편은 "당신 학교 선생보다 공부를 원했지 않아? 대학원에 들어가서 공부하는 게 어때?" 하는 게 아닌가. 결혼식 때 다이아 반지도 사양하고 나중에 공부하는 것이 소원이라고 했던 말을 유념하고 있었던 것이다.

10여 년의 전업주부생활 끝에 1974년 대학원에 들어갔다. 그 전에 태동고전연구소에서 임창순 선생님께 3년 동안 한문을 배운 끝에 다시 공부할 수 있다는 자신감이 들어서 한 선택이었다. 졸업논문을 쓴 경험과 그 성취감은 다시 학교에 돌아와 공부하게 된 중요한 동인이 되었다. 10여 년 소시민의 삶은 화려하지는 않았지만 소박한 생활인의 안정된 삶이었기에 6·25 전쟁 이후 고달팠던 내 삶에 휴식이기 위안이었고 재충전기였다.

대학원생활은 녹록하지 않았다. 전업주부에 대한 편견과 무시, 남들이 안 가는 길을 선택한 자에 대한 비웃음과 조롱을 참아내야 했다. 아들 둘을 좀 키워놓았지만 대학원에 들어가 딸을 낳은 것도 큰 짐이었다. 1970년대가 혹독한 정치의 계절임을 실감하지도 못할 정도로 개인적 삶의 무게가 버거웠다. 그 와중에서 석사를 하고 박사과정에 들어갔다.

그제야 내 학부 졸업논문이 1960년대 화두였던 '근대화'와 관련이 있음을 깨달았다. 사람은 누구나 시대를 비껴가지 못한다는 말이 나에게도 적용되었지 싶다. 그래서 서세동점의 19세기 외세에 대한 대응 이전 조선 문화의 정수와 순기능을 찾아 떠나는 길고도 험난한 여정을 선택하였다. 18세기 조선 후기 문예부흥기로 거슬러 올라가 조선왕조의 본질에 다가가려는 연구를 시작하였다.

그 길목에서 규장각의 고서들이 훌륭한 안내자가 되어주었다. 조선왕조실록 등 연대기는 물론 문집 등 수많은 고서들을 섭렵하면서 비로소 조선왕조의 실체에 접근하였다. 그 바탕에는 식민사관으로 얼룩진 조선왕조의 역사를 바로 세워야 하겠다는 일념이 깔려 있었다. 이러한 방향 전환은 4·19 이후에 불어 닥친 민족주의 열풍과도 관련이 있는 역사학계의 변화와 맞물려 있었다. 전쟁사관인 식민사관을 극복하고 문화사관과 평화사관을 구축해 가는 과정이었던 셈이다.

8. 서울대 교수생활

1981년 7월 1일부로 서울대학교 인문대학 국사학과에 전임으로 부임하였다. 내 인생에 새로운 장이 시작되었던 것이다. 이 해는 공교롭게도 신군부가 출범한 해였다. 이후 10여 년 민주화 운동의 함성 속에 자고 깨면 최루탄 가스로 자욱한 교정에서 고통의 나날이 계속되었다. 같이 점심 먹을 동료도 없이 굶기를 밥 먹듯 하면서 학생들의 이야기를 들어주는 것이 그나마 보람이었다고나 할까.

한창 아름답게 꽃피어야 할 학생들의 청춘이, 젊음이 민주화의 대의 앞에 무참하게 밟히는 것을 수수방관해야 하는 현실이 너무 안타까웠다. 과대표 한다고 잡혀간 학생의 부모와 함께 진정서를 써 들고 법원에 가고 문제학생의 집에 가정방문 가서 그 부모님과 어색한 대화를 나누는 것은 약과였다.

1984년은 지독한 기억으로 남아 있는 해다. 교정에서 경찰과 돌멩이로 싸우던 일단의 학생들이 건물로 피해 들어오자 경찰이 교실에까지 쳐들어왔다. 인문대와 사회대의 디귿 자형으로 된 건물군을 에워싸고 아래층부터 4층 교수연구실까지 샅샅이 뒤지면서 올라와 교수방에 있던 학생들까지 무차별로 잡아갔다. 학생들 표현대로 굴비 두름 엮듯이 팔을 뒤로 비틀어 뒷사람이 앞사람을 잡도록 하여 길게 줄을 만들어 끌려가는 학생들의 모습을 바라보던 심정을 무어라고 표현해야 할지.

이 일로 교수들까지 깊은 상처를 입었다. 그 꼴을 보면서도 제자들을 위하여 아무것도 할 수 없었다는 무력감에 시달렸다. 돌아온 학생들을 보기가 부끄러웠다. 부끄러움을 무릅쓰고 강의실에 들어서니 학생들은 나를 보자 "앙!" 하고 울음을 터뜨렸다. 그리곤 "국립호텔에서 국비로 MT 잘하고 돌아왔다"고 하였다. 나는 아무 말도 못하였다. 24년 전 4·19 때의 고통이 떠올라 그들에게 동병상련의 아픔을 느낄 뿐이었다.

이후 대학 전체에 반정부 분위기가 팽배하였고 교수사회까지 동요시켜 1986년 민주화 운동의 싹이 되었다. 그해 4월 서울대 교수서명운동에 서명한 교수는 49명에 불과하였지만 대부분 연구실에서 공부만 하던 젊은 교수들이었다. 참새도 죽을 때 '쨱'하고 지렁이도 밟힐 때 '꿈틀'한다는데 이렇게 살 수는 없다는 절박한 심정이 되어 있었다.

학생들을 마구잡이로 잡아갈 뿐만 아니라 군사정권을 연장시키려는 의도가 곳곳에서 탐지되는 미심에 디는 침을 누 없었던 것이다. 이에 대한 대학 당국의 졸렬한 대응에 대해서는 차라리 언급하지 않는 게 좋겠다. 어려운 일을 당해야 그 사람의 참모습을 알 수 있다는 말도 실감이 났다.

훗날 내가 처음 교수생활을 시작할 때 입학하여 "우리는 동기"라고 농담하는 제자와 진지한 대화를 나누는 자리에서 그는 "선생님은 한 번도 진보니 민중이니 하는 말을 입 밖에 내지 않았는데 우리는 왜 선생님을 좋아했는지 가끔 의문이 들었습니다. 그런데 이제야 알 것 같습니다. 선생님의 휴머니즘이 우리의 진보논리보다 더 크기 때문이었습니다." 하는 것이 아닌가.

1990년대 우리 사회가 민주화의 단계에 접어들자 학생운동도 한풀 꺾이고 진정기로 접어들었다. 그리하여 나는 규장각에 드나들며 공부에 열중할 수 있다. 학문 후속 세대를 제대로 키워야겠다는 각성도 들었다. 나의 학문도 중요하지만 후생을 키우는 일은 국가백년대계가 아니겠나 싶어 강의에 주력하였다. 아마도 가장 결실이 많았던 시기였다.

1999년엔 규장각 관장직을 맡아 2003년까지 연임하며 평생 규장각에 진 빚을 갚을 기회도 가졌다. 규장각은 내 학문의 요람이었다. 지금도 규장각이란 말만 들어도 가슴이 뛴다. 몇 백 년의 세월에도 어제 만든 것 같이 생생하고 격조 높은 서적들, 규장각에서의 행정 경험과 노하우가 뒤에 국사편찬위원회 위원장직을 수행하는 데 많은 도움이 되었다.

9. 정년과 귀향, 국사편찬위원회 위원장

2007년 8월 정년을 맞았다. 재직 동안 나는 정년을 하지 못할 것이라는 예감에 시달렸다. 스스로 생각해도 바른말을 너무 많이 하였고 "모난돌이 정 맞는다"는 속담도 잘 알고 있었기에 도둑이 제 발 저렸나 보다. 그래서 무사 정년을 자축하며 싱글벙글 웃고 다녔다. "정년이 되면 모두 처량해지고 우울해지는 것이 정상인데 어떻게 기쁘다는 말이 나오느냐?'고 핀잔을 받기 일쑤였다.

나는 "끝을 잘 맺자"는 신조를 갖고 살았으므로 정년을 맞아 남에게 폐는 끼치지 말고 거욕(去慾)하자고 다짐하였다. 가급적 모임 자리를 사양하고 3사학과(국사, 동양사, 서양사) 후배 교수들에게 "그동안 너무

바른 소리를 하며 괴롭혀 미안하다"는 뜻을 전했다. 내 후임 자리는 내 것이 아니므로 관행처럼 굳어진 '내 사람 박기'의 욕심을 버렸다. 정년을 하면서 가장 마음에 걸린 일이 제자들 문제였다. 석사만 하고 박사학위를 못한 제자들이 20여 명에 가까웠으니 걱정이었다. 내 전공이 조선시대 문화사, 사상사이므로 그 분야 전공자로 능력 있는 사람을 뽑아달라는 부탁밖에 달리 할 말이 없었다.

그런데 정년에는 형식이 필요했다. 정년논총을 만드는 일이 우선 과제로 떠올랐다. 제자들이 스승의 정년을 송축하기 위하여 논문집을 내서 기리는 풍습은 좋은 일이다. 그러나 그 좋은 뜻도 세월의 때가 묻어 학계의 공해가 되고 있었다. 방대하게 내는 것이 영광이라도 되는 듯 당사자가 나서서 옛날 수업시간에 받은 리포트를 고쳐오라고 하는가 하면, 아무 주제도 없이 온갖 잡동사니 논문들을 모아 무거운 책을 양산하고 있었다. 더구나 정년논총은 전통에도 없는 일제의 유산이다.

나는 그 폐습을 잘 알고 있었기에 정년논총을 사양하겠다고 선언하였다. 그러나 관습의 굴레에 묶인 제자들의 입장은 달랐다. 스승에 대한 도리도 모르는 의리 없는 인간으로 낙인찍히기 싫다는 거였다. 그래서 밖으로 넓히지 말고 내게서 석사나 박사 학위를 받은 사람으로 한정하여 원하는 사람만 논문을 쓰고 나도 한 편 쓰는 것으로 하여 묶어낸 책이 『조선시대 문화사』(상·하, 일지사, 2007)이다. 일단 사양은 했지만 책을 내느라 수고한 제자들이 대견하고 고마웠다.

간단한 논문 증정식을 마련하려는 제자들의 성의를 순순히 따랐지만 가족은 참석하지 않았다. 남편은 중풍으로 10년 이상 거동을 못하고 있는 상태였으니 아들들과 딸만 참석시키는 것도 남편에 대한 예의가 아니라고 생각했기 때문이었다. 제자들은 다행히 잘 이해해 주었고 조촐한 의식을 치르는 것이 내 분수에도 맞아서 무사히 끝났다.

나는 정년을 대비하여 고향에 작은 서실을 마련하였다. 내가 살던 낙원동에서 제일 가까운 봉의산 자락의 아파트다. 춘천의 옛 지도에 있는 문소각(聞韶閣)에서 차용하여 문소재라 이름을 붙였다. 문소각은 춘천의 봉의산에 제의를 행하던 곳이다. 소(韶) 자는 동양의 이상적 평화시대였던 요순 삼대의 음악을 뜻한다. 글자 그대로 풀면 '평화의 음악을 듣는 집'이다. 봉황이 춤을 추기 위해서 음악이 필요한 것이다.

다음 해인 2008년 3월 초 국사학과 대학원 강의를 하러 상경하니 국사편찬위원회를 맡으라는 연락이 왔다. 조금 망설였지만 "아직 70세도 안 되었으니 좀 더 일하라는 뜻이 아니겠느냐"는 주위의 격려에 힘입어 '국가를 위한 마지막 봉사'라고 마음먹고 국편에 부임하였다. 2010년 9월까지 꼭 30개월 일했다. 제10대 위원장으로 이때도 규장각을 맡을 때처럼 '최초'의 여성 위원장이라는 수식어가 붙었다.

10. 낙향, 그리고 현재

이제 고희도 훌쩍 넘은 나이다. 시중의 유행어로 7호선 2번 출구에 와 있다. 옛 시인도 인생칠십고래희(人生七十古來稀)라 읊었듯이 사람이 70까지 사는 일은 그리 흔하지 않은가 보다. 아홉 살에 6·25 전쟁이 나 집안이 풍비박산이 난 후 60년 넘는 세월을 정신없이 앞만 보고 달려왔다. 열심히 살았다고밖에 달리 할 말이 없다.

사실 서울대학교에서 정년퇴임하면서 이제부터는 얽매이지 않고 좀 자유롭게 대중적인 글쓰기를 하며 지내려는 각오였다. 그런데 뜻하지 않게 국사편찬위원회 위원장을 맡게 되어 3년여 더 일하였다. 역시 책임을 벗은 것은 잘된 일이라 생각된다. 무엇보다 홀가분한 이 자유의 기분이 좋다. 남편은 2008년 가을 유명을 달리하였다. 남편의 장례에는 국편 여러분들의 도움이 컸기에 감사할 따름이다. 이제 귀향이 아니라 낙향이라 표현하고 싶다. 어느 노작가가 말했듯이 심심하게 살아보는 맛도 괜찮을 듯싶다. 국사 관계 중요자료는 춘천시립도서관에 기증하여 부담을 덜었다.

먼 젊음의 뒤안길에서 이제는 돌아와 거울 앞에 선 느낌으로 돌아보니 옛 성현의 말씀이 새삼스럽게 피부에 와 닿는다. 종심소욕불유구(從心所欲不踰矩)라는 구절이 유독 머리에서 떠나지 않음은 무슨 이유일까? 내 마음 하고 싶은 대로 해도 상식에 어긋나지 않는 상태는 얼마나 편안한 경지일까? 아마도 70이 되면 그런 경지에 이르도록 끊임없이 노력하라는 충고일 것이다.

작년 말 『지식기반 문화대국 조선: 조선사에서 법고창신의 길을 찾다』(돌베개)를 펴내었다. 국편위원장 재임 중이던 2009년 12월부터 2010년 1월까지 다섯 번에 걸쳐 한국연구재단이 마련한 '석학과 함께 하는 인문강좌'에서 강연한 내용을 책으로 묶은 것이다. 처음부터 책을 내기로 계약했기에 오랜 숙제를 푼 기분이었다.

이 책이 내 평생 천착해 온 연구과제들을 돌아보는 계기가 되었다. 30대 중반에 학문의 길에 들어서 당시 유행하던 사회경제사의 주류에서 벗어나 홀로 문화사를 선택하였을 때의 모험이 그 후 내 학문의 이정표가 되었다. 조선의 역사는 문화사로 보아야 제대로 보일 것이라는 막연한 생각에서 시작한 공부가 이제 와 보니 제대로 왔다 싶지만 위태로웠던 것도 사실이다. 주위에서 "그런 공부 하다가는 망한다"는 충고인지 협박인지 모를 말까지 들었을 땐 괴롭고 힘들었다.

어찌 보면 10여 년 주부생활이 내게 새로운 역사에 대한 시각과 자유를 주지 않았나 싶다. 취직이나 성취보다는 내가 하고 싶은 공부를 해보겠다는 열망이 컸다. 대학원에 진학하여 서울대 규장각의 방대한 고전 자료를 접하자 10여 년 전 학부 졸업논문을 쓰면서 빙산의 일각으로 그 자료들을 만져보았던 감동이 피부로 전해져왔다. 그 느낌은 저 큰 산을 넘으면 내게 뿌듯한 성취감을 안겨주리라는 기대감이어서 가슴 설레는 것이었다.

그 자료들을 섭렵하면서 문화사관에 입각하여 식민사관을 걷어내고 도덕과 자존, 평화를 지향하는 문치주의 전통을 찾아내어 조선시대가 지식에 기반을 둔 문화국가임을 밝히는 데 주력하였다. 자료에 나오는 '문치주의(文治主義)'라는 용어에 주목하게 된 것도 큰 소득이었다. 조선왕조의 기본성격을 탐색하여 그 윤곽을 그려나가는 작업은 만만치는 않았지만 학문의 깊이와 비례하는 일이었고 내 학문의 토대를 다지는 일이었다.

결론적으로 일제가 가장 심하게 평가절하한 조선 후기 역사를 문화사적으로 재정립하여 왕도(王道)정치와 덕치(德治)를 중심으로 하는 문치주의의 본질을 파악하고 문화국가의 실상을 밝혔다. 나아가 시대에 따라 전개된 역동적인 자기극복의 모습을 단계적으로 밝혀냄으로써 음지에 묻힌 조선 후기 역사를 양지로 끌어내었다.

나아가 제국주의의 시대가 가고 다가오는 평화의 미래사회에 평화와 안정을 최고 가치로 하던 붓의 나라이자 선비의 나라이던 조선왕조의 지식기반 문화대국으로서의 전통이 법고창신(法古創新)의 기틀을 마련할 수 있다는 미래 전망을 제시했다.

『철학과 현실』(2013년 여름)

정옥자 서울대학교 명예교수. 서울대학교에서 문학 박사학위를 받았다. 국사편찬위원회 위원장, 서울대학교 규장각 관장을 역임했다. 저서로『朝鮮後期 文化運動史』,『朝鮮後期 文學思想史』,『朝鮮後期 知性史』,『조선후기 역사의 이해』,『조선후기 조선중화사상 연구』,『정조의 수상록 일득록 연구』,『정조의 문예사상과 규장각』,『우리가 정말 알아야 할 우리 선비』,『조선후기 중인문화 연구』,『지식기반 문화대국 조선: 조선사에서 법고창신의 길을 찾다』,『역사에세이』,『역사에서 희망읽기』,『오늘이 역사다』,『한국의 리더십, 선비를 말하다』 등이 있다.

영원한 아마추어

이 명 현

1.

1992년 10월 5일 모스크바 볼홍가 14번지에 자리 잡고 있는 과학아카데미 철학연구소 5층 세미나실에는 한국에서 온 철학교수 다섯 명이 나란히 앉아 있었다. '과학기술의 진보와 문명의 미래'라는 주제를 놓고 러시아와 한국의 철학자들이 한데 모인 학술 세미나가 이곳에서 열리고 있었다. 김태길, 차인석, 김영진, 엄정식 그리고 나, 다섯 명의 한국 교수가 열한 시간 동안 아에로플로트 러시아 항공기를 타고 '북방의 곰'의 나라의 권부(權府)를 찾아온 것이다. 과학아카데미 철학연구소로 말할 것 같으면 얼마 저까지만 해도 공산권의 이데올로기 세삭의 총본산이었다 해도 지나친 말이 아니다. 그 당시에는 우리같이 한국 땅에서 온 사람들은 이런 곳을 근접하는 것조차 상상할 수 없었다. 더구나 이곳의 철학자들과 마주 앉아 철학적 문제를 놓고 이러쿵저러쿵 담론을 벌이는 일은 불가능에 가까운 일이었다. 그런데 그런 불가능이 오늘에 와서는 눈앞의 현실로 우리 앞에서 벌어지고 있지 않은가. 변화치고는 너무나 엄청난 변화다. '격변'이니, '지각변동'이니 하는 말들이 동원되지 않을 수 없는 상황이다. 참으로 대단한 변혁이다. 세기를 가름하는 변화인들 이보다 더 엄청날 수 있을까.

만일 이 연구소에 우리와 같은 한국 학자들이 1945년 전후쯤에도 오늘처럼 드나들 수 있는 상황이었다면, 지금부터 내가 이야기하려는 나의 삶의 역정(歷程)은 아마도 존재하지 않았을 것이다. 미국과 소련이 이데올로기의 적수로 대결하는 상황이 없었다면, 우리가 지난 반세기 동안 앓아온 역사의 중병(重病)인 분단의 비극과 6·25 전쟁은 존재하지도 않았을 것이다. 그 분단의 비극이 없었다면 나는 전혀 다른 인생의 계단을 오르내렸을 것이다.

한번 엎지른 물은 다시 어쩔 수 없다. 역사에 있어서 '만약'은 단순한 상상력의 기동훈련일 뿐이다. 러시아의 이곳저곳에 서 있는 레닌의 동상과 레닌의 초상화는 이제 하나의 역사, 지나간 옛이야기로 역사의 뒤안길로 침전되어 가고 있다. 지금 모스크바의 골목에는 맥도날드 햄버거의 상징 밑에 그려진 레닌의 모습이 '맥레닌(MCLENIN)'이라는 활자로 희화화되고 있다. 누구의 말처럼 "너무 애썼다"는 말밖에 레닌에게 할 말이 없는 것 같은 모스크바 사람들의 표정들이다. 70여 년 전에 상트페테르부르크에서 시작된 레닌과 그의 동료들의 거대한 변혁의 몸짓은 소련과 동구 제국의 사람들의 삶에만 변화를 가져온 것이 아니었다. 한반도에 몸담고 살고 있는 모든 사람들의 삶에 막대한 영향을 끼쳤다. 나는 그 많은 사람들 가운데 한 사람이다.

황해도 해주에서 개성으로 가는 대로를 대낮에 40대 중반의 부인이 손에는 전깃줄로 엮어 만든 '가고'에 채소를 조금 사들고 소학교 2학년짜리 어린이와 조그마한 유아를 데리고 남쪽을 향해 걸어가고 있었다.

두 남자 아이들은 대로를 걸어가면서 길 위에 있는 돌을 발로 톡톡 차면서 서로 장난을 치며 중년 부인의 뒤를 쫓아가고 있었다. 얼마쯤 걸어갔을 때 앞으로 고갯길이 보였다. 그리고 고갯길 바로 넘기 전에 우측으로 초소가 있었는데, 거기에 군인으로 보이는 몇 사람이 총을 메고 서성거리고 있었다.

그들이 고갯길까지 도착했을 때 초소에 있던 사람들은 초소 가까운 곳에서 벌어지는 마을 사람들의 싸움 구경에 정신이 팔려 있었다. 그러는 사이에 중년 부인과 두 남자 아이들은 고갯길로 접어들어 파수꾼들의 시선에서 벗어났다. 부인과 두 아이들이 고갯길을 얼마쯤 넘어갔을 때 표지판이 길을 가로막고 서 있는 것을 발견했다. 그 표지판에는 '38선'이라고 붉은 글씨로 쓰여 있었다.

그 붉은 글씨를 발견한 순간 어쩌면 골인선을 코앞에 둔 올림픽 마라톤 선수 못지않은 뜨거운 감정에 휩싸였다. 드디어 '38선' 표지판이 세워진 구획을 넘어섰다.

서로 쳐다볼 뿐 아무 말을 하지 않은 채 얼마 동안을 걸어갔다. 어떤 중년 남자가 풀을 베고 있었다. "야, 너희들 어디 가느냐?" 아이들 둘이 합창이라도 하듯 "삼촌 집에 가요"라고 얼른 대답했다. 고향인 신의주를 떠나기 전 집에서 훈련시켜 준 대로 한 대답이었다. 중년 남자는 혼자 말하듯 "삼촌 집?" 하고 내뱉었다.

앞장 선 중년 부인은 걸음을 재촉했다. 그 뒤를 따라가는 두 어린애들도 흥분을 애써 감추며 총총걸음으로 남쪽으로 마냥 걸어갔다. 1킬로미터쯤 갔을까 했을 때 신길이 끝나사 마을이 눈앞에 드러났다. 그제야 중년 부인은 입을 열었다. "야, 명섭아, 명현아, 여기가 이남(以南)인 모양이다." 두 꼬마들은 입을 모아 말했다. "오마니, 이남인 것 같애요." "그런데 만일 여기가 아직도 이북이면 큰일이니까, 저 나이든 노인에게 한번 물어보자." "네, 그래요."

초가집 앞에 서성거리는 노인 앞으로 다가서서 낮은 목소리로 말했다. "여기가 어디입니까? 이남인가요, 이북인가요?" 노인은 오래 떨어졌던 혈육이라도 만난 듯 손을 꽉 붙잡으며 이렇게 말했다. "여기는 이남입니다. 여기는 38선 이남이에요. 방금 38선을 넘은 모양이군요. 걱정마세요." "고맙습니다. 잘 알았습니다. 참 고맙습니다."

불과 30분도 채 못 되는 시간 사이에 이북으로부터의 탈출 작전은 성공을 거둔 것이었다. 백주에 해주에서 개성으로 뚫린 국도를 활보하여 38선을 넘은 것이다. 허허실실(虛虛實實)이라, 38선 초소병의 허를 찌른 너무나 당돌한 거사(擧事)였다. 이런 대담한 작전은 스스로 낫 놓고 기역자도 제대로 모른다고 무식을 자처하는 우리 어머님께서 단독으로 짜낸 계획에 의해 조금의 차질도 없이 성공적으로 수행된 것이었다. 또 어떤 사람들은 신의 섭리가 있어야 한다고 말한다. 우리 어머님은 신의 섭리를 믿는 분이었다.

1947년의 대낮에 남북으로 통하는 국도를 활보하여 38선을 넘었다는 사실, 그것은 기적에 속하는 일이다. 1947년경에는 38선 경계가 만만치 않던 시절이다. 심야 산을 타고 월남하다가도 잡히기 십상인 때였다. 그래서 당시 '안내자'라는 전문가(?)에게 돈을 주고 월남을 시도하다가도 북한 당국에 잡혀 곤욕을 치른 경우도 허다했던 때였다.

우리 어머님은 서울에 우리 두 형제를, 먼저 단독 월남해서 혼자 살고 있던 9형제 중 장남에게 맡겨놓고, 북한 신의주 집에 남겨놓고 온 우리 누님(당시 20세가량)과 둘째형(당시 13세) 그리고 우리 집 어린애기 막내를 데리고 월남하기 위해 38선을 넘어 북으로 가시다가 북한 당국에 붙잡혀 곤욕을 치른 후 고향 신의주로 갔다. 밤에 안내원의 지도에 따라 38선을 넘어갔는데, 북쪽 감시원에게 붙들린 것이었다.

어머님은 고향에 가서 얼마 지내다가 남은 세 식구들을 거느리고 3차 38선 탈출을 시도했다. 두 번이나 실패했다. 야간을 이용해서 산간 지역을 이용한 탈출 계획이 두 번이나 실패한 것이었다. 물론 두 번 잡혔을 적마다 곤욕을 치렀다. 우리 누님은 첫 번째 잡혔다가 석방될 때 가족분산계획에 따라 혼자 먼저 석방되어 고향으로 가는 기차에 태워 신의주로 가는 바람에 오늘까지 이산가족이 되고 말았다. 지금 생존했으면 65세 가량 되었을 것이다. 생존해 있다면 당시 20세 처녀가 지금 무덤 가까이 다가선 노인이 되었겠으니, '다시 돌이킬 수 없는 무정한 세월'이나 탓을 해야 할까. 우리 집 막내를 어머니처럼 길러주던 누님이었다. 지금도 눈에 선한 것은 사시장철 콸콸 올라오는 약수 우물에 물 길러 가던 우리 누님의 모습이다. 그리고 우리 남동생들의 손톱에 봉숭아 꽃물을 들여주기도 했던 그 누님이 지금 살아 계실 것인가. 지금 살아 계신다 하더라도 서로 알아볼 수 없게 달라졌으니, 남북 왕래가 자유롭게 되는 날이 오더라도, 우리 누님을 만날 수 있을는지 모르겠다.

어머님은 혼자 북에 두고 온 시집 못 간 딸을 못내 애석해하시다가 세상을 떠나고 말았으니, 무엇을 탓해야 할까. 돌이킬 수 없는 시간일까, 사람들의 허망한 생각일까.

사실 나로 말할 것 같으면, "내가 38선을 탈출했다"고 말하는 것이 적절치 않다. 정확히 표현하면, 어머님 손에 끌려 38선을 넘어왔다. 그러면 우리 어머님은 왜 어린 자식들을 이끌고 그 엄청난 모험을 두 차례나 감행했을까?

어머님이 전하는 말씀에 따르면, 아버님의 유지(遺志)에 따라 월남했다는 것이다. 신의주에 있는 우리의 옛집 뒷산(우리 집 뒷산이 우리의 선산이다)에 묻혀 게신 아버님께서 들이가실 때 두 가시 말씀을 남기셨는데, 첫째는 "예수를 믿으라", 둘째는 "38선을 넘어 이남에 가라"였다는 것이다. 어머니께서는 남편이 남긴 이 유지를 그대로 실천에 옮겼던 것이다. 그래서 우리 형제들은 어머니를 따라 교회에 가게 되었으며, 어머니를 따라 38선을 넘은 것이다.

지금도 내가 궁금한 것은 무엇 때문에 우리 아버님께서 그런 유언을 하시게 되었을까 하는 것이다. 우리 아버님은 양반을 자처하며 유학적 세계관을 굳게 신봉한 사람이었으며, 그렇다고 김일성 체제 밑에서 대단한 숙청이라도 당할 만큼 많은 토지를 가진 사람도 아니었다. 겨우 입에 풀칠이나 할 정도의 농토밖에 가진 게 없는 사람이었다. 그런데 예수는 왜 갑자기 들먹였으며 또 김일성의 세상을 떠나라고 해야 할 까닭은 무엇이었을까?

나는 다음의 추론적 해답으로 그 의문에 스스로 답하고 있다. 평안북도는 조선시대 변방 지역으로, 중심에서 쫓겨 나온 사람들이 쓸쓸하게 살아가는 곳이라 볼 수 있다. 조선 초에 이성계의 아들 방원(芳遠)이 집권하여 태종이 되자, 그는 자기 아버지의 옛 군사 동료의 아들들을 가능적 정적(政敵)으로 느낀 나머지 평안북도로 유배를 보냈던 모양이다. 평안도로 유배되기 전 우리 조상들은 고려조의 장군으로 이성계의 동료였으나, 이성계가 쿠데타로 고려조를 붕괴시킨 후 조선을 건설할 때 그의 동지가 되지 않았던 모양이다. 그것이 그 후 화근이 되었던지 그 후손의 유배로 귀결되었던 것 같다.

이러한 그늘진 지역에 유학의 전통과는 색다른 이단(異端) 사상인 기독교가 쉽사리 정착되기에 이르렀던 것이 조선 말기의 현상이다. 우리 아버님은 바로 이때 어린 시절을 보낸 사람이다. 어릴 때 같이 놀던 친구들 가운데는 기독교에 입문하여 서양사상과 학문에 눈 뜬 사람들이 적지 않았다. 그의 마음속에는 유학의 전통이 이미 명(命)을 다했다는 생각이 마음속 깊이 스며들어 있었는지도 모르겠다. 그러나 그는 그의 일생 동안 유교의 가르침을 따라 조상 모시는 일에 열과 성의를 다했다. 그래서 풍수지리(風水地理)도 열심히 공부하여 우리 동네에서 알아주는 '아마추어 명풍수'까지 되었다. 그는 우리 집안의 장손으로서 우리의 조상 묘를 모두 소위 '명당(明堂)'에 모셔놓았다. 그리고 그는 자신의 묘지까지

장만해 두었다. 물론 최고의 명당을 잡아놓고 자신이 죽으면 그곳에 묻어달라는 주문까지 해놓으셨던 분이다. 물론 그 후 그 주문은 분부대로 시행되었다.

그가 죽기 전 마음에 깊이 사무친 것은 무엇이었을까? 자기가 필생에 걸쳐 그렇게 공들여온 유교식 조상 모시기가 과연 무슨 의미가 있는가? 서양의 지식과 서양의 과학이 동양을 엄습해 오고 있는데, 더구나 서양의 과학의 한 귀퉁이를 먼저 배운 일본이 그토록 우리를 업신여기며 종노릇시켰는데, 아직도 옛 학문을 그냥 붙들고 '좋은 세상' 오기만 기다려도 되는 것일까? 주위 친구들을 보면 서양학을 배워 뻐기고 다니는 판에 자기만 유학의 포로가 되어 일생을 살아왔던 게 아닌가? 자기 인생은 이제 그렇게 살아왔거니와, 자기의 후생(後生)도 그렇게 자기처럼 살게 해야 할 것인가? 죽음 앞에서 그는 간단한 해답에 도달했던 것 같다. 유교에서 기독교로! 동양에서 서양으로! 역사의 새 물결을 타야 자식들이 새 세계에서 제대로 제 길을 제대로 찾아갈 수 있을 것이다. 그래서 예배당이라고는 근처에도 안 가본 우리 아버님이 "나 죽거든 아이들 데리고 교회에 나가시오"라고 우리 어머님에게 마지막 말씀을 남긴 것이 아닌가 하고 나는 상상적 추론을 해보는 것이다.

그러면 또 월남은 무엇 때문에 하라고 했을까? 우리 아버님이 생존해 계실 적에 늘 들먹거린 것은 '해방'이요, 그 해방을 위해 고군분투하는 독립운동가들 가운데 가장 아끼시던 분은 김구 선생이었다. 그의 강한 민족에 대한 사랑에 우리 아버님은 크게 공감하셨던 것 같다.

김구 선생이야말로 '자기 발로 굳게 선 민족의 지도자'라는 소박한 신념을 우리 아버님은 가지고 있었던 것 같다. 그 당시 김구 선생은 서울에 계셨다. 그러니 김구 선생이 계신 곳 근처에 가서 자식을 데리고 살라고 38선을 넘어가라는 마지막 말씀을 남긴 것이 아닐까 하고 나는 추리해 본다.

물론 이런 추론적 해답은 나 혼자만의 생각으로 끌어낸 해답은 아니다. 그 당시 우리 아버님의 생각을 많이 들었던 우리 형님들도 나의 이런 추론이 정당하다는 것을 확인해 주었다.

　'적수공권(赤手空拳)'이라는 말이 있다. '빈손 맨주먹'이라는 뜻이겠는데, 우리야말로 신의주 옛집에 모든 것을 고스란히 남겨놓고 38선을 넘어왔다. 채소 몇 조각 넣은 장바구니 ― 그 당시 말로 '가고' ― 를 손에 들고 38선을 넘어왔기 때문이다. 장바구니에 채소 몇 조각 사 넣은 것은 38선 부근에 사는 동네 사람으로 보이게 하기 위한 '위장 도구'에 불과했다. 정말 우리는 아무것도 손에 쥔 것 없이 남쪽으로 왔다.

　그러나 정작 찾아온 남쪽에서 우리를 기다리는 것은 아무것도 없었다. 집은 말할 것도 없었으며, 이부자리, 숟가락 하나 마련된 것이 없었다. 문자 그대로 빈손 맨주먹으로 서울에 떨어진 것이다. 서울 사람들은 우리같이 38선을 넘어온 사람들을 가리켜 '이재민'이라 불렀다. '재난을 당한 사람'이라는 말이다. 한마디로 우리는 알거지였다. 알거지가 학교인들 어떻게 다닐 수 있겠는가. 목구멍에 거미줄 틀지 않도록 하기 위해서 할 수 있는 일은 다 해보아야만 했다.

　어쩌다가 우리는 신촌 와우산 남쪽에 있는 창전동 빈 건물에 가마니로 칸을 막고 남쪽에서의 생활을 시작하게 되었다. 우리 가족 전체가 총동원되어 쓰레기통에 버린 썩은 냄새가 코를 찌르는 헌 헝겊 조각을 대충 물에 행군 다음 말려서 그걸 가지고 바늘로 꿰매서 걸레를 만드는 일을 했다. 만들어놓은 헌 걸레 개수에 따라 우리 집의 수입은 결정되었다. 지금 그때 수입이 돈으로 얼마나 되었는지 기억이 없다. 한 가지 분명한 것은 그렇게 해서 우리가 굶지는 않았다는 사실이다.

　그때 우리는 땔감을 구하러 걸어서 당인리 화력발전소엘 가곤 했다. 화력발전을 하느라고 석탄을 때고 남은 찌꺼기를 한강 쪽으로 버렸는데, 그 남은 찌꺼기 가운데는 석탄이 채 타지 않은 채 남아 코크스가 된 것이 있었다. 그걸 주워다가 풍로에 넣고 바람을 불어 불을 피워 밥을 해 먹는 것이었다. 그 코크스를 줍느라고 산같이 쌓인 석탄 잿더미 위를 오르락내리락 하다 보면 콧구멍은 말할 것도 없고 얼굴이 그야말로 깜둥이 같이 새까맣게 되는 것이었다. '숯 굽는 놈같이' 새까맣다는 말이 있는데 우리야말로 이런 표현에 꼭 들어맞는 꼴이 되곤 했다. 썩은 냄새가 코를 매섭게 찌르는 헝겊 조각을 적당히 바늘로 꿰매서 걸레를 만드는 일, 자루 하나 들고 당인리에 가서 코크스를 주워가지고 깜둥이가 되어 돌아오는 일, 그리고 어머니를 도와 풍로 불을 피워 밥을 짓는 일, 그것이 우리 형제들의 공부이자 삶의 전부였다.

아직도 나는 가끔 빵집엘 가면 나의 시선이 먼저 향하는 곳이 있다. 아무리 멋있고 맛있는 케이크가 놓여 있다 하더라도 나의 시선은 제일 먼저 '도나츠(도넛)'에 응고된다. 내가 서울에 와서 제일 먼저 먹은 음식이 바로 '도나츠'이다.

개성 이재민 수용소에 한 달가량 머물러 있다가 기차를 타고 서울역에 도착한 것은 어둠이 짙게 깔린 초저녁이었다. 서울역 넓은 광장에는―그 당시 나의 눈에는 너무나 넓은 광장이었다―어둠 속에 비가 내리퍼붓고 있었다. 그 빗줄기 사이로 자동차의 헤드라이트 불빛이 번쩍이고 있었다. "아! 서울이구나!" 신의주 촌놈이 처음 보는 서울의 야경이다.

지금도 나는 서울의 옛 풍경이 머리를 스치고 지날 때면 무엇보다도 그때 처음 본 비 내리는 서울역 밤 풍경이 떠오른다. 비를 맞으며 서내문 경찰서를 찾아가서 우리 큰형님의 소재를 알아보았다. 형님은 이미 혼자 월남하여 밥 먹을 곳을 찾아 '국방경비대'라는 군정시대의 경찰이자 군인이었던 기관에 들어갔다. 얼른 소재 파악이 되지 않았다. 그래서 우리가 보내진 곳은 여자경찰서였다. 거기서 비를 흠뻑 맞은 채 저녁을 굶은 빈 배로 잠에 곯아떨어졌다. 누가 깨워 일어나 보니 아침이 되었는데 큰형님이 와 있었다. '뻐꾹이'라고 내가 놀려대던 큰 형님이 나타난 것이다. 큰형님 이름이 '명국'인데, 어린애기에 불과했던 나는 '뻐꾹이'라고 불렀다. 그때 형님이 꺼내놓은 것이 '도나츠'였다. 굶주렸던 배에 무엇이 맛이 없었으랴마는, 그때 내가 먹은 '도나츠' 맛은 '세상에서 최고로 맛 좋은 떡'이었다.

그 후 나는 서대문 모퉁이에 있던 빵집을 지날 때면, '도나츠'를 창문을 통해 들여다보며 한없이 침을 흘리곤 했다. 더구나 그 빵집에서 멋있는 음악소리까지 흘러나왔다. 그때 나는 꿈을 꾸었다. 내가 이다음에 크면 이런 '도나츠' 주인이 되었으면 하고 말이다.

그리고 서울 와서 먹은 것 가운데 놀라운 것은 '아이스케키'였다. 막대기에 붙은 달짝지근한 얼음덩이를 빨아보는 재미가 그게 아니었다. 내 기억에 그 당시에 내 돈으로 아이스케키를 사본 적이 없다. 어머니가 사 주신 기억도 없다. 마포 전차 종점에서 아주머니의 치맛자락을 붙잡고 전차를 타고 서대문까지 가서 서울역으로 가는 전차를 갈아탄다. 물론 나 혼자 가는 것은 아니다. 몇 아이들이 한데 어울려 다니며 공짜 전차를 타는 방법으로 아무 부인이나 꽁무니에 붙어서 전차에 오르면 그 부인의 아이로 알고 차장들이 아무 말 하지 않는다.

서울역에서 전차에서 내려서 우리는 남산으로 갔다. 남산 위에는 지금 서울음대의 전신에 해당하는 작은 건물이 하나 있었는데, 거기서 피아노 소리를 난생처음 들었다.

그런데 거기까지 올라가려면 수백 개의 계단을 올라가야 했는데 — 지금은 그 계단이 모두 없어졌다 — 올라가는 동안 우리 가운데 '부자' 급에 속하는 녀석이 '아이스케키'를 하나 사면, 돌아가면서 얼음 막대기를 입에 잠시 넣어 빨아댄다. 이 얼마나 '맛있는 얼음 막대기'인가. 나는 지금도 그 얼음 막대기를 잊지 못한다. 그래서 가끔 그것을 사서 입에 물어

보지만, 그 옛날의 황홀한 맛은 없다. 그 황홀한 맛은 도대체 어디로 사라진 것일까?

'도나츠'도 마찬가지다. 요즈음 나는 저 나를 전율케 했던 '도나츠'의 맛을 동경하며, 빵집에 들러 가끔 한두 개 사서 입에 넣어보지만, 역시 그 옛 맛은 간 곳이 없다.

잃어버린 고향과 함께 잃어버린 도나츠와 아이스케키의 맛이다. 맛이 달라진 것일까? 입이 달라진 것일까? 여하튼 지금 그 맛은 간 곳이 없다.

내가 6·25를 맞이한 것은 초등학교 3학년 때다. 제주도 고산초등학교 3학년 때였다. 제주도 고산초등학교에는 2학년으로 처음 입학했다. 별로 공부한 것도 없이 2학년에 입학했으니 책을 제대로 읽을 수 없었다. 나를 2학년에 입학시킨 것은 '실력'이 있어서가 아니라, 나이가 그렇게 되었기 때문이었다. '가나다라' 정도는 외워가지고 들어갔는데, 받침이 붙어 있는 글자를 읽을 수가 없었다.

하루는 형님들을 따라 나무하러 갔다 오는 길이었다. 작은 어깨에 잔뜩 나무(땔감)를 걸머지고 오다가 하도 힘들어 쉬고 있었다. 그때 불현듯 나의 머리를 스치고 지나는 것이 있었다. "가자기역 각, 가자니은 간, 가자디귿 갇, 가자리을 갈, … 그리고 나자기역 낙, 나자니은 난, … 다자기역 닥, …" 이렇게 해서 드디어 "하자기역 학, 하자니은 한, …"까지 이르렀다. 나는 혼자서 환호했다. "문제없다. 한글을 이젠 모두 읽을 수 있다." 나는 혼자서 기뻐서 어쩔 줄을 몰라 했다. 그 이후 나는 학교에 가서 자신이 생겼다. 다른 아이들처럼 책을 읽을 수 있게 되었으니 말이다.

말하자면 나는 한글 발음 속에 있는 그 어떤 '규칙성'을 깨달은 것이다. 그런데 또 문제가 생겼다. 받침이 둘 있는 것이 문제였다. 잘하는 친구에게 읽어보라고 했다. 거기서 나는 하나의 요령을 또 깨달은 것이다.

첫째 받침으로는 소리 나는 대로 읽고 둘째 받침은 그 다음 글자에 끌어다가 붙여 발음하면 된다는 사실을 나는 깨달았다. 여기서 나는 한글의 발음이 주는 속박으로부터 해방되었다. 이제는 자유의 몸이 되었다. 아무것이나 읽을 수 있었다.

이렇게 어렵게 시작한 제주도에서의 나의 초등교육은 5년을 다님으로써 졸업을 했다. 그 사이에 3학년 때 6·25가 터져 제주도에는 '육지 사람'들이 물밀듯 밀려왔으며, 제주도 모슬포에는 육군 훈련소가 생겨 군인들이 모여들게 되었다. 심심치 않게 내가 살던 고산리 이곳저곳에서 큰 잔치가 벌어졌다. 군 입대 전야제 잔치였다. 집에서 기르던 돼지를 잡고, 떡을 만들고, 술을 빚어 온 동네 일가친척, 이웃이 모여 '최후의 만찬'을 벌이곤 했다. 그것은 예사로운 잔치가 아니었다. '비장한 잔치'였다. 그 당시에 제주도 사람들이 해병대에 많이 나갔는데 전쟁터에 나갔다 하면 집에 돌아오는 사람이 그리 많지 않았다. 그러니 세상에 태어나서 한 사람이 차려 먹는 온갖 잔치의 총화를 한꺼번에 치르는 격이었다. 결혼잔치, 환갑잔치, 그리고 사자(死者)를 위한 마지막 잔치가 한데 어우러져 있는, 희비의 온갖 감정이 모두 얽혀 서려 있는 그런 잔치였다.

잔치가 한창 고조에 달하면 울음소리가 곳곳에서 터져 나온다. 그런가 하면 군가를 부르며 개선장군을 연상케 하는 한판의 춤바람이 벌어지기도 했다.

그 풍경은 어린 나에게 말할 수 없는 비감으로 나의 뇌리에 깊이 새겨져 있다. 그때 나 혼자 이렇게 중얼거렸던 기억이 있다. "내가 군대에 가야 할 만큼 어른이 되었을 때는 통일이 되고 평화가 찾아오겠지." 그 죽음을 각오하고 부모형제들의 울음바다 속에 집을 나서는 젊은 아저씨들의 모습에서 나는 무서운 전쟁의 공포를 읽었던 것이다.

내가 훗날 대학을 졸업하고 공군 장교 후보생으로 대전 공군기술교육단에서 나에게 가장 어려운 훈련이었던 장거리 구보 훈련을 받았을 적에 나는 어린 시절 제주도에서 경험했던 그 이상야릇한 잔치의 장면을 연상하곤 했다. 내가 어른이 되면 평화가 찾아와서 군대에 갈 필요가 없을 것이라고 생각했는데, 그때로부터 상당한 시간이 지났음에도 통일은커녕 전쟁의 위기가 날로 고조되어 가는 것을 보며, 어린 시절의 나의 생각이 얼마나 허망한 꿈이었는가를 다시 되새겨보곤 했다.

내가 초등학교를 졸업했을 때 나를 빼놓은 우리 집 식구 모두가 서울로 올라가 있었다. 나 홀로 외로운 섬에 남아 있었던 것이다. 그 당시 우리 전체 식구에게 할당되었던 피난민 배급을 혼자 타서 먹었기에 생계에는 지장이 없었다. 한 놈이라도 걱정 없이 먹고사는 방법을 가지고 있다는 것은 너무나 복된 일이라고 생각하던 우리 집 식구들은 나를 혼자 제주도에 남겨놓은 것을 매우 다행스러운 일로 여겼다.

초등학교를 졸업하자, 나는 얼마 전까지만 해도 고산고등공민학교였던 학교가 정식으로 중학교가 된 고산중학교에 입학시험을 쳐서 들어갔다. 수석 입학이라 해서 입학금도 월사금도 면제해 주어 '홀로서기'에 지장이 없었다. 그러나 1학년 첫 학기로 고산중학교의 생활은 끝나고 말았다. 내가 자진 퇴학을 하고 서울로 올라오는 길을 택한 것이다. 밥 먹을 보장도 없는 서울로 무조건 상경한 것이었다. 어머니나 어느 형제에게도 상경한다는 말 한마디 없이 제주에서 목포로 가는 뱃삯과 목포에서 서울 가는 기차표 값 정도를 꾸어가지고 고향과 같이 정든 고산을 떠난 것이었다.

이유는 간단하다. 고산중학교에 다녀봐야 아무 소용이 없었기 때문이었다. 이런 생각을 나에게 촉발시킨 것은 그 당시 긱 도별도 실시된 '학술경시대회'에 고산중학교에서 나를 참가하라고 보낸 데서 발단이 되었다. 제주시에 가서 시험에 응시해 보았더니, 고산중학교에서 배운 정도 가지고는 풀 수 없는 문제들이 너무나 많은 것이었다. 제주시에 있는 오현중학교에서 온 친구들은 매우 자신 있게 시험을 치렀다는 투였다. 여기서 나는 보따리를 싸들고 서울로 가기로 마음먹었다.

"야, 너 정신 있어. 여기 뭐 하러 올라왔어. 너 제주에 있으면 밥걱정 없이 먹고 학교에 잘 다닐 수 있는데, 여기 와서 무얼 하겠다고 불쑥 올라온 거냐. 야, 이 병신 같은 놈아!" 하며 뺨을 후려갈겼다. 오랜만에 만난 둘째 형과의 첫 대면 장면이었다.

어머니는 아무 말씀이 없었다. 왜 소리 없이 왔느냐고도 묻지 않으셨다. 나는 자초지종을 어머니와 형님들에게 말했다. 한마디로 세상 무서운 줄 모르는 하룻강아지 소리라는 반응이었다. 사치스러운 이야기라는 것이었다. 서울에서는 지금 목구멍에 풀을 어떻게 칠하느냐가 화급한 문제인데, 공부의 질이 어떻고 하는 말이 어디 씨알이나 먹히는 소리였겠는가. 내가 분수를 몰라도 이만저만 모르는 것이 아니었다.

서울은 6 · 25 전쟁은 휴전되었으나 온통 잿더미뿐이었다. 여기서 죽지 않고 목숨을 이어간다는 일이 우리 집 식구들에겐 지상의 과제가 아닐 수 없었다.

우리 집 식구들은 그때 노량진 본동에 살고 있었다. 그래서 우리 어머니는 노량진교회에 출석하고 계셨는데, 나는 그 교회 전도사님의 소개로 노량진 수원지 근처에 있는 목욕탕에 '보이'로 취직하는 행운을 얻게 되었다. 새벽 다섯 시부터 손님을 받아야 했으며, 저녁 열한 시까지 영업하고 나면 열두 시가 되어서야 겨우 잠자리에 들 수 있었다. 기껏 잘 자야 다섯 시간 정도. 어린 소년에게는 너무나 짧은 수면시간이었다. 하는 일이라곤 손님이 오면 갈고리 같은 큰 열쇠를 가지고 다니면서 옷장 문을 열어주며 또 목욕탕 안에서 손바닥을 크게 쳐서 부르면, 잠자리채 같은 것을 들고 들어가서 목욕탕 물 위에 둥둥 떠 있는 때를 건져내어 터는 일이었다.

그리고 가끔 주인이 자리를 비우면 접수대에 앉아 목욕 값을 받는 일도 했다. 그런데 접수대에 앉아 있는 것은 손님으로부터 목욕 값을 받는 돈 주무르는 특권만 누릴 수 있는 자리가 아니었다. 말하자면 미국의 라스베이거스에 가서나 비싼 돈을 내고 구경할 수 있는 멋진 스트립쇼를 무료로 구경할 수 있는 매우 특수한 자리였다. 그 목욕탕의 접수대는 남탕 입구와 여탕 입구의 가운데 위치해 있어서 남자가 접수를 볼 때는 남탕 쪽에 앉아서 작은 커튼 밑으로 손만 내밀어 돈을 주고받고, 여자가 접수를 볼 때는 여탕 쪽에 앉아서 돈만 또 커튼 밑으로 주고받게 되어 있었다. 그런데 마음만 먹으면 양쪽을 마음대로 볼 수 있다. 커튼만 조금 움직이면 보고 싶은 대로 볼 수가 있었다.

매일 새벽 눈만 뜨면, 눈에 보이는 것은 남녀의 발가벗은 몸이며, 그 몸에서 떨어져 나온 때를 그물로 건져내며, 저녁 끝날 무렵이면 때로 매질되다시피 되어 끈적끈적한 목욕탕을 씻어내야 했다.

이런 일 외에는 아무것도 할 수 있는 시간이 전혀 없었다. 밥 먹고 다섯 시간 정도 자고 나면 늘 해야 하는 일은 그런 것뿐이다. 그래도 다행이랄까 괜찮은 편에 속하는 것은 대부분의 사람들이 그때는 겨울에 땔 것이 넉넉지 않아 부들부들 떨며 새우잠을 자야 하는 판이었는데도 나는 뜨끈뜨끈한 곳에서 잘 수 있었다. 목욕탕 보일러실 근처에 만들어놓은 방 아닌 방에서 잤기 때문이다. 나는 그런 곳에서나마 따뜻하게 잘 수 있었던 것을 너무나 다행스럽게 여겼다.

요즈음에는 목욕탕에 가면 때를 건지는 사람이 아니라 때를 미는 사람이 있다. 그때는 한겨울 동안 한두 번 정도 목욕탕에 가는 사람들이 많았던지, 목욕탕 물속에 그냥 앉아 있기만 해도 저절로 때기 뭉치로 떨어져 나와 마치 탕 속은 이끼가 잔뜩 낀 작은 호수와 엇비슷했다. 그래서 때를 건지는 그물로 만들어진 채가 필요했으며 때를 건지는 나와 같은 목욕탕 종업원이 필요했다.

아버지의 유언에 따라 어머니께서는 우리를 데리고 교회에 꼬박꼬박

다니셨다. 그런 습관은 나에게 교회 출석은 식사처럼 필수적인 것이라는 생각을 갖게 해주었다. 그래서 나는 제주에서 혼자 살 때는 그 습관을 늘 지켜왔다.

그런데 어찌된 일인가. 이 목욕탕에 들어온 후 첫째 수요일 저녁이 되었는데 주인이 교회 보내줄 생각도 하지 않았다. 그 후 3일이 또 지나 주일이 되었는데도 낮에도 밤에도 조금도 자유시간을 주지 않았다. 그래서 교회에 갈 수 없었다. 그 후 또 3일이 지나 수요일 저녁이 되었는데 역시 마찬가지로 교회에 갈 틈을 주지 않았다.

그 이튿날 아침 일어나자 나는 주인에게 말했다. "내가 이 목욕탕에 온 후 열흘이 지났는데 한 번도 예배당에 갈 수 없었습니다. 나는 교회 전도사께서 소개해 주었기에 교회는 보내줄 것이라 생각했는데 그렇지 못했습니다. 나는 더 이상 이 집에서 일할 수 없습니다. 그래서 오늘로 나는 그만두겠습니다." 이렇게 말하고는 아무런 품삯도 받지 못한 채 그냥 집으로 걸어오고 말았다.

어머님께 자초지종을 말씀드렸더니 역시 아무 말 없으셨다. 내 판단에 수긍이 가신다는 기색이었다. 나는 말하자면 서울의 '뜨거운 맛'을 모르는 철부지였던 셈이다. 밥만 잘 먹으면 됐지 그 외에 무슨 잔소리가 필요하냐. 이것이 현실인 것은 틀림없었다. 그러나 나는 그것을 참아낼 수가 없었다.

목욕탕에서 나온 후 나는 그 당시 꽤나 위세를 떨치던 나운몽 장로의 산골기도원으로 들어가면 어떨까 하고 생각해 보았다. 거기 가서 밥 짓고 청소해 주고 또 심부름 해주면 먹여주고 재워는 줄 것이고, 또 기도원이니 최소한 예배를 드릴 수 있게 해줄 것이 아닐까 하고 생각했기 때문이다. 그러나 그 꿈은 끝내 이루어지지 못했다. 그 다음 나에게 새로운 일자리가 하나 나타났기 때문이다.

지금의 제1한강교를 바로 건너오면 노량진 전차 종점이 있었는데 그곳에서 전차표 파는 일이 나에게 새로운 일자리로 다가왔다. 물론 얼른 응낙했다. 통 속에 하루 종일 들어앉아서 조그마한 창문 밑으로 돈과 표를 맞바꾸는 일이다. 혼자서 잠시도 자리를 떠나지 못하고 표를 팔아야 하는 자리였다. 전차는 표가 없으면 탈 수 없었다. 내가 잠시라도 자리를 비우면 전차가 와도 손님이 표를 구할 수 없기 때문에 전차는 손님을 태우지 못한 채 그냥 떠나야 하는 판이었다. 새벽 전차가 운행하는 이른 새벽부터 밤늦게 막차가 끝나는 순간까지 통 속에 혼자 꼬박 박혀 있어야 했다. 세상에 이런 감옥이 어디 또 있을까.

부득이한 생리작용이 있어도 그 안에서 해결해야 하고 또 배가 고파도 그 안에서 해결해야 한다. 감옥 중의 감옥이다. 교대를 할 수 있으면 얼마나 좋으랴! 내가 즐길 수 있는 것이 있다면 자그마한 구멍 밑으로 창밖에 오가는 선남선녀들의 시시덕거리는 모습이 전부였다. 책을 볼 수도 없었다. 한 줄 읽을라치면 구멍 속으로 돈을 들이미는 손가락이 보인다. 어떤 때는 매우 화급한 일을 보다가 전차가 도착하여 표 팔라고 아우성치면 일을 제대로 끝내지 못하는 때가 한두 번이 아니었다. 최소한의 생리작용까지 편하게 끝낼 수 없는 이 통 속의 수인생활을 나는 만 1개월 만에 끝장내고 말았다.

그 다음 내가 찾은 일은 신문 배달이었다. 용산우체국 부근에 동아일보를 배달하는 일이었다. 추운 겨울에 얼음판에 미끄러지기도 하며 이집 저 집 창구멍으로 신문을 집어넣거나 담 너머로 신문을 던져 넣는 일은 그렇게 어려운 일이 아니었다. 추운 겨울에는 한참 뛰고 나면 몸에 땀이 촉촉이 날 정도여서 겨울 운동치고는 괜찮은 편이다. 좋은 운동에다가 돈까지 버니 꿩 먹고 알까지 먹는 셈이다.

그런데 고약한 것은 비 오는 날이다. 비 맞은 옷은 갈아입으면 그만인데, 신문이 젖으면 야단이다. 비가 억수같이 쏟아지는 날 온몸에 비를 흠뻑 맞으면서 신문을 겨드랑이에 끼고 뛰다가 물구덩이에라도 한 번 엎어지는 날이면 그야말로 큰일이다.

그때 무엇보다도 나를 가장 괴롭히는 것은 신문 대금을 수금하는 일이었다. 요즈음처럼 온라인으로 은행에 입금한다면 신문 배달이야말로 해볼 만한 일이다. 더구나 아파트와 같이 한 건물 안에서 수십 장을 뿌릴 수 있는 신문 배달이라면 운동치고는 최고가 아닐까 싶다. 그 당시 문제는 수금이었는데, 신문 대금을 떼먹고 몰래 이사 가는 사람이 한두 사람이 아니었다. 요즈음처럼 주민등록제도가 잘 완비되었다면 추적해서 돈을 받아낼 수 있었겠지만, 6·25 직후였던 그 당시에는 훌쩍 떠나버리면 그만인 때였다. 몇 집만 이사 가버리면 한 달 수고가 헛수고가 되고 만다. 먼저 수금한 것은 지국에 입금시키고 나머지 몇 부 대금을 자기의 임금으로 갖게 되어 있었는데, 그 나머지 몇 부가 도망가 버리면 한 달이 허탕 친 셈이 되고 만다.

생존이라는 필요는 새로운 지모(智謀)를 산출하는 모양이다. 누가 신문 값을 떼먹고 갈 인물인가를 판독하는 능력이 이런 상황에서 가장 절실한 생존을 위해 필요한 능력이다. 나는 그때 상당한 수준의 관상술에 도달해 있었다. "신문 값 언제 줄 수 있습니까?"와 같은 물음을 물으면서 몇 번의 신뢰성 테스트를 하며 표정의 움직임을 잘 관찰하면 십중팔구는 '불성실한 인간'을 구별하는 데 성공했다. 그래서 그런 사람들에 대해서는 특별한 대책을 강구했다. 옆집에다 부탁해서 언제쯤 이사 갈 것인가를 미리 정보(?)를 입수해서 그냥 줄행랑칠 수 없도록 만들었다. 이런 신문 배달을 약 반년 정도 했다.

내가 대학에 들어간 것은 1960년 봄이었다. 대학에 입학한 지 3주가 채 되기도 전에 4·19 학생혁명이 일어났다. 대학에 들어가자 학교 친구들이 너는 어느 고등학교를 졸업하고 대학에 들어왔느냐고 물으면, 나는 이렇게 말하곤 했다. "내가 교장으로 있는 학교를 졸업했다." 그러면 어떤 친구는, "그런 학교가 어디 있는데?" 하며 히죽 웃는다.

나는 초등교육 6년, 중등교육은 모두 합해서 2년 동안을 학교에서 교육받은 후 자습해서 검정고시를 거쳐 대학에 들어갔다. 서울대학교 문리대학 철학과에 1960년에 들어가기 전까지 나는 학교 급사로 일하기도 했으며, 중병으로 한 2년 고생도 했다. 또 그 사이에 학교도 제대로 다니지 못한 주제에 남을 가르치는 가정교사 노릇도 했다.

서울대에 합격통지를 받은 후에도 나의 손에는 입학금을 지불할 돈이 한 푼도 없었다. 세상에 죽으라는 법은 없는 법. 마침 박용운(朴龍雲)이라는, 자수성가해서 당시에 명동 사채시장에서 돈깨나 주무르던 사람이 연합신문에 장학생을 구한다는 기사를 냈다. 그 기사를 읽은 우리 옆집에 사는 아저씨가 나에게 그 정보를 주어 나는 그 길로 연합신문사에 찾아가서 박용운 선생으로부터 입학금을 얻어 서울대에 납부함으로써 서울대학교 학적부에 내 이름이 등재되게 되었다.

대학생활 4년 동안 내가 겪은 중대한 사회정치적 격변은 4·19 학생혁명과 5·16 군사 쿠데타였다. 이 두 역사적 사건들은 지난 30여 년 동안 나의 내면세계의 고통의 주체가 되어왔으며, 또 이 땅의 사회정치적 갈등의 두 줄거리가 되어왔다.

1960년 4월 19일, 나는 아홉 시부터 시작하는 권중휘 교수의 '현대 영미 단편소설(Modern English Short Stories)'이라는 강독 시간에 참석하기 위해 노량진에서 한 시간 동안 전차를 타고 종로 5가에서 하차했다. 하차하자마자 나의 시선에 밀려온 것은 고등학생들과 경찰의 난투 장면이었다. 정확히 말하지면, 고등학생들을 경찰이 붙들고 곤봉으로 내리치며, 또 차량에다 끌어서 넣는 장면이었다. 한 학생의 귀가 곤봉에 맞아 조금 떨어져 피가 좌악 흘러내리는 장면도 나의 시선에 잡혔다.

난생처음 보는 대결투의 장면이었다. 나는 그 장면을 보며 그 어떤 분노가 북받쳐 오르는 것을 마음속으로부터 느끼며 동숭동 문리과대학으로 걸어왔다. 문리대 정문에는 긴장감이 서린 얼굴로 상기된 학생회 간부 학생들이 서성거리고 있었다. 나는 권중휘 교수의 강의가 있는 제7강의실로 들어가 앉았다. 강의 시작 후 몇 분이 지났을 때 창밖으로부터 군중의 구호소리가 들려왔다. 창밖을 내다보니 고등학교 학생들이 구호를 외치며 혜화동으로부터 종로 5가 쪽으로 뛰어가고 있었다. (나중에 확인한 것은 그들은 동성고등학교 학생들이었다. 그리고 종로 5가에서 전차에서 내려 내가 본 격투하던 학생들은 대광고등학교 학생들이었다.)

권 교수도 잠시 강의를 중단했다. 그런데 문 밖에서 또 큰 소리로 누군가 외쳐대는 소리가 들려왔다. "문리대 학생들, 모여라. 부정선거 다시 하라." 계속 외쳐대는 소리로 강의를 계속할 수 없었다. 강의실에 웅성거리는 소리가 나면서 학생들이 하나씩 둘씩 일어나기 시작했다. 맨 뒷자리에서 앉아 있던 나는 가방을 들고 강의실 밖으로 나갔다. 중앙도서관 남쪽에 플래카드를 들고 학생들을 규합하는 학생들이 수십 명 정도 웅성거리고 있었다. 중앙도서관에 있는 철학과 사무실에 책가방을 두고 나와 나도 플래카드를 든 학생 뒷줄에 섰다. 금세 수백 명의 학생으로 불어났다.

어디선가 "자, 나가자!" 하는 고함소리가 들리더니 교문 밖으로 대열이 이동했다. 대열은 금세 스크럼을 짜고 이화동 쪽으로 구호를 외치며 전진했다. 우리의 대열이 이화동 네거리 가까이 이르자, 이화동 네거리에서 대기하고 있던 기마경찰을 앞세운 진압 경찰들이 곤봉을 휘두르며 우리를 향해 진격해 왔다. 금세 난장판이 되었다. 기마대의 말발굽에 깔린 학생, 곤봉에 맞아 쓰러진 학생, 경찰에 발길로 얻어 차이며 수송 차량으로 끌려가는 학생, 학생 대열이 급하게 후진하는 바람에 서로 붙들고 길바닥에 깔려 넘어지는 학생들….

4·19 대학생 데모의 첫 장면은 대충 이러했다. 몇 시간 후 광화문 근처는 학생들과 시민들로 입추의 여지가 없게 꽉 차 있었다. 드디어 학생

시위대는 당시 자유당 정권의 최고권부였던 경무대로 이동해 갔다. 경찰의 발포가 있었고, 사상자가 속출하였다. 나는 경무대를 향하는 데모 대열에 끼어 있었으며, 통의동 근처에서 난생처음 최루탄으로 눈물을 흘려보았다. 그리고 길바닥에 납작하게 엎드리지 않았더라면 지금 이런 글을 쓸 수 없게 되었을지도 모른다.

며칠 후 교수단 데모가 있었으며 그 뒤를 이어 이승만 대통령의 담화가 발표되었다. "국민이 원한다면 하야(下野)하겠다." 무리한 개헌과 부정선거를 통해 장기집권을 시도했던 자유당 정권은 시민 저항에 부딪혀 좌초하고 만 것이다.

탐욕은 범죄를 낳고 범죄는 사망을 낳는다는 진리를 탐욕에 빠진 사람은 망각하는 모양이다.

그 후 우리는 새생활운동을 한답시고 다방과 극장에 다니며 양담배 안 피우기 운동, 커피 안 마시기 운동 같은 일을 하고 다녔으며, 야간에는 무학성 등 고급 댄스홀을 습격(?)하여 남편 몰래 춤추는 부인들을 망신시키는 일을 도덕운동이라는 명분으로 열성을 다해 수행했다. 지금의 기준으로 보면 말도 안 되는 아이들 장난이라고 말할 사람도 있겠지만, 보릿고개 타령으로 생존의 위협을 매일 느끼며 살아야 했던 당시의 상황 아래에서는 새생활운동은 도덕적 운동으로 인식될 수 있었다.

댄스홀에서 손으로 얼굴을 가리며 도망치는 여자들을 향해 학생들은 분노의 음성으로 "푹푹 썩은 년!"이라고 외쳐댔다. 양담배와 커피를 탐닉하는 것도 매국의 행위로 규탄되었다.

그 후 민주당 정권이 들어섰다. 그러나 민주당이 신구파로 나뉘어 사리다툼을 하는 어수선한 틈을 타서 총을 들고 나와 도탄에 빠진 민생고를 해결한다는 깃발을 들고 나온 일단의 군인들에 의해 4·19의 민주대혁명의 대의(大義)는 역사의 장막 뒤로 사라지고 말았다.

1961년 5월 16일 이른 새벽, 노량진 한강다리 근처에서 울려 퍼진 총소리는 단잠을 자고 있던 나를 깨웠다. 총소리 몇 발로 세상이 변한 것이다. 박정희 소장이 이끄는 군사정권이 수립되었다. 그리고 각 학교와 직장에서 '혁명공약'이란 걸 낭송하게 했다.

2년 동안의 군정이 끝나면 병영으로 돌아간다는 내용의 '혁명공약'을 일반 국민에게까지 강제로 선서케 했던 그 공약(公約)은 텅 빈 헛소리 공약(空約)이 되고 말았다. 그 사이에 이 땅에는 군사통치와 거기에 반대하는 대학생들 사이에 끊임없는 싸움이 벌어져왔다. 나의 여태까지의 삶은 그 고통의 현장에서 학생과 선생이라는 신분을 바꾸어가며 숨 가쁘게 살아온 삶이다. 물론 그러한 삶은 유독 나에게만 할당된 고통의 쓴잔은 아니었다.

2.

"이명현 교순가요?"
"예."
"그런데 이 교수는 왜 여태껏 결혼은 안 하고 지내는 겁니까?"
"…"

1980년 7월 중순경 당시 보안사라고 불리던 기관에서 대공과장이 나에게 던진 질문이다. 1980년 5월 18일 새벽을 기해서 힘깨나 쓴다는 정객들과 바른 소리깨나 하고 곧은 글깨나 쓴다는 먹물들은 보안사 요원들의 체포망에 포위되었다. 나는 그날 아침 전국 계엄령이 발동되었다는 소식을 듣고 아침 일찍 근처에 사는 동료 교수의 집에 가서 앞으로 닥칠 '총칼의 회오리바람'을 걱정하는 이야기를 두 시간 나누다 집에 돌아왔다.

혼자 아파트 방에 조금 앉아 있으니까, 누군가 벨을 계속 눌러댔다. 대답을 하지 않은 채 그냥 있으니까, 그 다음엔 문을 계속 두들겨댔다.

그래도 가만히 있었다. 이윽고 수군거리는 소리가 나더니 잠잠해졌다.

"기어이 올 것이 왔구나. 기관원들이 나를 잡으러 온 것이 틀림없다." 혼자 마음속으로 생각했다.

이불을 꺼내서 다시 잠을 청했다. 두서너 시간 낮잠을 자고 난 후 허줄한 잠바 차림으로 집을 떠났다. 주머니에 10만 원짜리 수표 서너 장을 넣은 것 이외에는 아무것도 가진 것 없이 말이다. 옷가게에 들러 난생 처음으로 블루진 바지를 하나 샀다.

이로부터 나의 '도망자의 삶'은 시작되었다. 이 친구 저 친구의 집을 전전했다. 그 사이에 나의 아파트와 나의 직장인 서울대 철학과에는 보안사 요원들이 들락거리며 나의 행방의 추적에 열을 올리고 있었다. 쫓고 쫓기는 숨바꼭질이 계속되었다. 나의 집에는 "자수하라"는 수사기관의 권유가 전해지기도 했다. '자수(自首)'라, 도대체 무엇을 잘못했기에 머리를 스스로 숙이고 나타나라는 것일까?

친구의 집을 이 집 저 집 찾아다니다 보니, 정말 못할 짓을 한다는 느낌이 너무나 들었다. 그래서 '편한 곳'을 내 발로 찾아가는 게 좋겠다는 생각이 들었다. 무료 국립 숙박업소에 들어가는 것이 얼마나 편하겠는가! 드디어 나는 블루진 입은 도망자의 삶을 청산하기로 했다. 몇 년같이 느껴진 시간이었으나 달력을 들춰 보니 한 달밖에 안 되었다.

그래서 나는 수사기관의 권유에 따라 자수를 했다. 보안사 대공과장만 왜 결혼하지 않았느냐고 물은 게 아니었다. 그래서 나는 당시 보안사 합동수사단장에게 수사관들이 미혼을 추궁하는 까닭이 뭐냐고 물어보았다.

"그건 수사의 기본에 속하는 사항입니다. 위험인물로 일단 보는 거지요."

"아, 무슨 말씀인지 이제는 알겠습니다. 브레이크 안 달린 자동차로 보시는 모양이군요. 마누라 브레이크도 없고 새끼 브레이크도 없는…."

"허허, 그런 셈이지요."

'위험한 인물'이라, 그럴 법한 이야기다. 나 자신이 전혀 의도하지도 않은 상태에 내가 놓여 있는 셈이다. 나는 세상에 도움이 되는 사람이 되어보려는 생각은 많이 해보았으나, 세상에 해를 끼치는 위험한 존재가 된다는 것은 정말 꿈에서조차도 생각해 본 적이 없다. 나는 초등학교에 다닐 적에 "품행이 방정하고 성적이 우수하여 타의 모범이 되어 …"라고 쓰인 상장을 학교 다니는 5년 동안 학기마다 빼놓지 않고 받았다. 그 이후에도 간간이 다녔던 학교에서 그 비슷한 상장을 받았다. 그리고 나는 공군의 기간 장교를 양성하는 공군사관학교에서 교육하는 일에 내 인생의 노른자위에 해당하는 젊은 시절의 4년을 보냈다. 더구나 지난 30년간의 개발 연대에 정부는 출산이 죄악이라도 되는 듯 산아제한정책을 강력하게 펴왔는데, 독신자야말로 정부 시책에 '적극 협력한 자'로 표창이라도 받아야 할 사람이 아닌가!

가끔 학생들이 내 방에 찾아와 철학 공부에 관한 이야기 끝에는 "실례지만" 하며 이런 질문을 던진다.

"선생님, 왜 결혼은 안 하세요, 독신주의자입니까?"

"독신주의자라고 할 수 있을지도 모르지. 플라톤, 성 아우구스티누스, 성 토마스 아퀴나스, 버클리, 칸트, 쇼펜하우어, 니체, 비트겐슈타인, 그리고 뉴턴, 베토벤, 이런 사람들 독신으로 산 것 모르나? 나도 독신으로 살아서 그런 위대한 사람들 흉내라도 좀 내보려는데…. 나는 진짜 철학은 못하니, 철학자 흉내라도 좀 내야 되지 않겠나."

내가 죄가 있다면, 바로 철학은 제대로 못하고 철학자 흉내 내보려고 독신으로 버텨온 죄가 있다. 그런데 하필이면 그 죄를 신이나 염라대왕이 아니라 보안사가 문책하려는 것일까? 보안사가 전지전능한 존재였기 때문일까?

대학 4학년 때 일이다. 청파동의 어떤 변호사 댁에 가정교사로 처음 부임(?)하던 날이다. 그 집의 인척으로 머물고 있던 젊은 여인이 내게 이렇게 말했다. "선생님예, 철학 공부한다면서예." "예, 그런데요." "그럼 제 사주 좀 보아주이소." "못 보는데요." "아니 졸업은 안 했지만, 그래도 조금은 볼 것 아닙니껴." "아…, 그럼 보아드리지요. 그런데 저는 복채가 적으면 절대 안 보는데요." "그래요, 복채 없인 안 됩니껴." "하하, 물론이죠."

1960년 4월에 서울대 문리과대학 철학과에 입학했다. 대학지원서 지망학과 란에 나는 1지망도 2지망도 철학과만 적어 넣었다. 철학과 이외에는 관심이 없었던 모양이다. 나는 검정시험으로 대학에 들어갔기 때문에 나에게 철학과를 적어 넣으라고 진로 상담을 해준 학교 선생님도 안 계셨을 뿐 아니라, 우리 집의 어느 누구도 나에게 철학과를 가라고 이야기해 준 사람이 없었다.

내가 대학 들어가기 전에 좋아서 읽던 잡지가 하나 있었는데 『사상계』가 바로 그것이었다. 잡지 이름이 말해 주듯이 그 책에는 사상의 대가들에 관한 글이 많이 실렸다. 그 글들을 읽고 나는 사상의 세계로 안내되었다. 그래서 러셀이 쓴 『서양철학사』도 읽고 각종의 사상 서적을 읽게 되었다. 사실 나는 어려서 신의주 고향집을 등지고 빈손으로 어머니를 따라 남한으로 도망쳐온 후 6·25 전쟁을 겪으면서 소년기를 보내고, 6·25가 남기고 간 폐허의 서울에서 목욕탕 보이, 전차표 팔이, 신문팔이, 사환 등을 하면서 사춘기를 보냈다.

이런 삶의 따끔한 현장에서 나에게 엄습해 오는 질문들이 있었다.

"나는 왜 고향집을 버리고 떠나야 했는가?"

"우리는 왜 서로 피를 흘리며 싸우고 있는가?"

"왜 우리는 이렇게 찢어지게 가난한가?"

"우리나라는 왜 이렇게 엉망인가?"

"어떻게 하면 좋은 나라를 만들 수 있는가?"

"도대체 좋은 사회, 좋은 나라는 어떤 것인가?"

"사람은 도대체 어떤 존재인가?"

"진리란 무엇이며, 정의란 무엇인가?"

내가 『사상계』를 읽으면서 알게 된 것은 이런 나의 질문들과 비슷한 문제들을 주로 다루는 사람들에게 '철학자'라는 이름이 붙어 있다는 사실이었다. 그 물음은 어쩌다가 한 번 나의 머릿속을 스쳐 지나가는 물음들이 아니었다. 그 물음들에 대한 그 어떤 해답을 얻은 다음에야 내가 무엇이든 할 수 있을 것같이 여겨졌다. 그래서 나는 대학에 '철학과'라는 팻말이 붙은 골목을 들어갔던 것이다. 그 당시 나에게는 철학과를 졸업해서 무슨 직업을 가지고 먹고사느냐 하는 것은 논외의 문제였다. 말하자면, 나는 세상에서 입에 풀칠하고 산다는 것의 엄중함을 아직도 미처 깨치지 못한 풋내기 인생에 불과했다.

내가 철학과에 들어갔을 당시에 우리나라 지식인 사회에는 실존철학의 미풍이 불고 있었다. 카뮈와 사르트르의 문학에서 시작하여 키에르케고르, 니체 그리고 하이데거와 야스퍼스가 대학가의 관심의 전면에 떠올라 있었다.

나도 당시의 세류의 흐름에 따라 실존주의의 바람을 타고 대학 1-2학년을 보냈다. 키에르케고르와 니체의 책을 손에 잡히는 대로 읽었다. 파스칼과 도스토예프스키도 나의 마음을 사로잡았다. 이 시기에 나는 시인이 되고자 하는 헛된 꿈을 꾸어보기도 하였다.

대학 3-4학년에 접어들어 나는 당시 우리 철학계의 주된 관심사였던 칸트와 헤겔의 책에 접하게 되었다. 철학과의 강의 제목이 무엇이건 실제 가르치는 내용은 칸트와 헤겔이 그 대부분을 이루고 있었던 때였다.

칸트에서는 인간 인식의 한계가 무엇인가에 대한 그 어떤 통찰 같은 것을 느낄 수 있었다. 그러나 헤겔에 있어서는 그가 애지중지하는 '현실

(Wirklichkeit)'이라는 말에도 불구하고 현실의 긴박감과 생생함을 느끼기에는 말놀이가 너무 지나치다는 느낌을 저버릴 수가 없었다. '전문적 철학'은 내가 파묻혀 있을 수 있는 나의 마음의 고향일 수 없다는 생각이 나를 사로잡았다.

이때 우연히 만난 것이 루트비히 비트겐슈타인과 그의 책 『논리철학논고(Tractatus)』이다. "말할 수 없는 것에 대해서는 침묵을 지켜야 한다"는 『논고』의 마지막 말은 전문적 철학의 미로(迷路)로부터 탈출하고자 하는 나에게 하나의 탈출구를 보여주는 신선한 언어였다. 그래서 비트겐슈타인의 『논고』를 학사 졸업논문(「Tractatus의 중심 사상」)의 주제로 삼았다. 나는 이 논문을 끝으로 전문적 철학으로부터 결별하기로 마음먹었다. 그러나 내가 철학으로부터 멀리 떠나려는 움직임을 강하게 하면 할수록 철학이라는 늪 속으로 더욱 깊이 빠져들어 가고 있는 자신을 발견했다.

철학으로부터 결별하기로 마음먹고 내가 첫 번째 한 일은 경제학과에 학사 편입 시도였다. 대학 졸업 후 군에 입대하라는 한 장의 징병 통지서가 어느 날 나에게 날아와서 그 시도를 좌절시키고 말았다. 그래서 나는 육군 이등병 대신에 공군 소위가 되는 길을 택했다. 내가 배속된 곳은 공군사관학교 철학 교관실이었다. 여기서 나는 만 4년의 세월을 보냈다. 이렇게 해서 철학과의 인연은 계속될 수밖에 없었다. 그때 나는 4년여의 군대생활을 끝내고 다시 학사과정에 편입학하여 경제학을 공부한다는 것은 너무나 나이에 걸맞지 않는 일이라고 여겼다. 그래서 일단 미국의 몇 개의 대학교에 대학인 과정을 위한 원시글 세출했다. 브라운대학교로부터 펠로십(fellowship)을 주겠다는 연락을 받았다. 철학과 같은 분야에 펠로십을 받는다는 것은 '불가능에 가깝다'고 말하던 때인지라, 나로서는 그것을 나의 운명처럼 받아들이지 않을 수 없었다.

"비행기를 타고 한국을 향해서는 오줌도 싸지 않는다." 이런 기괴한 말이 유학생들 사이에 나돌던 때 나는 미국행 비행기를 탔다. 한국 사람만 300여 명 싣고 가는 TWA 전세기를 타고 새벽에 LA 공항을 통해 미국 땅에 첫발을 디뎠다. 이른 새벽에 X레이 흉부 사진 필름을 한 장씩 들고 늘어선 300여 명의 한국인 대열 속에 끼어 선 나, 말할 수 없는 비애가 나를 온통 사로잡았다. 대부분의 입국자들이 여권만 들고 들어가는 판에 우리 한국 사람들만 별도 취급하는 뜻을 헤아려볼 수 없었던 것은 아니지만, 우리가 그럴 수밖에 없는 딱한 처지에 놓여 있는 사람이라는 것을 또렷하게 느끼게 되었을 때 참으로 그 참담한 심정을 가눌 길이 없었다.

'지긋지긋한 한국'을 떠나 '지상천국과 같은 미국'을 찾아갔으나 미국은 그 지긋지긋한 한국을 잊지 않고 거기에 상응하는 '적절한(?) 대접'을 하고 있는 셈이었다. 요즈음 정부의 과잉 규제니 뭐니 하지만, 그때는 구청에 가서 호적등본 한 통 떼려 해도, 기약 없이 "내일 오시오, 다음에 오시오." 하는 판이어서, 급행료를 내지 않으면 여간한 고생을 감수하지 않으면 안 되는 때였다. 미국 유학 수속을 하려면 서류를 한 지게 걸머지고 외무부에 3년을 드나들어야 한다는 말까지 있었으니, 비행기 트랩을 올라서는 순간 마음속으로 "잘 있거라, 한국아. 나는 간다"고 읊조리며, 한국을 향해 오줌도 싸지 않으려 한 것도 무리가 아닌 그런 때였다.

미국 땅에 들어섰을 때, 내가 갑자기 벙어리와 귀머거리가 되었음을 발견했다. 다행히도 장님은 아니었다. 영어라는 말밖에 통하지 않는 세상에서 영어를 말할 줄도 모르고 들을 줄도 모르니 그럴 수밖에 없었다. 나는 중고등학교를 제대로 못 다녔기 때문에 눈으로 문법책만 보고 배운 영어인지라 그럴 수밖에 없었다. 벙어리와 귀머거리가 온전한 정상인과 경쟁을 해야 하는 지경이니, 그 고통은 말할 필요도 없었다. 개학이 되어 학교에 나가보니 나만 빼놓고는 영어가 모국어가 아닌 학생은 없었다.

'펠로십'은 학업 우수생에게 주는 장학금인데, 도대체 게임이 성립될 수 없는 판이었다.

"파인(fine)"과 "땡큐(thank you)"만 내뱉으면 하루를 무사히 보낼 수는 있었다. 그러나 그것만 가지고는 학업이 무사히 이뤄질 수는 없었다. 영어만이 문제되는 것이 아니었다. 내가 한국에서 배운 철학 실력 가지고는 이해할 수 없는 강좌 제목이 수두룩했다. 도대체 무얼 다루는 강좌인지조차 가늠할 수가 없었다. 그래서 유학생들 사이에선 "한국에서 배운 것은 빨리 잊어버릴수록 공부를 더 잘할 수 있다"는 말이 격언처럼 나돌기도 했다. 나는 그저 '알몸'으로 이국땅에 내던져져 있는 존재에 불과했다. 무언가 조금 가지고 있다는 것(지식)이 오히려 제대로 배우는 데 방해만 될 뿐이었다.

첫 학기가 끝났을 때 1964년 봄과 여름에 걸쳐 4개월간 받은 장교 기본 군사훈련 시절이 머리에 떠올랐다. 그 사이에 무언가 공통점이 있었던 것 같다. '눈코 뜰 사이 없이 정말 혼났다'는 것이 그것이다.

한때 세상을 법석 떠들게 했던 북한군 특공대, 세칭 '김신조 사건'이 일어났던 1968년에 시작한 나의 미국에서의 수업을 끝내고 1973년에 고향땅으로 나는 돌아왔다. 홀몸으로 가서 홀몸으로 돌아온 것이다. 공항에서 짐 조사할 때 나의 여행 가방에서 나온 것은 내가 서울을 떠날 때 우리 어머님께서 사주신 메리야스 몇 조각들이었다. 더 보태진 것은 손에 들고 온 싸구려 전동타자기 한 대와 5년이나 쓴 20달러짜리 헌 라디오, 그리고 선편으로 부친 철학책 몇 백 권이 그 전부였다.

한국을 떠날 때는 홀몸이었으나, 미국에서 짝을 얻고 지식까지 데리고 귀국하는 친구들은 예외 없이 커다란 짐 트럭 한 대나 두 대에 가득 채운 재산 더미를 가지고 돌아오던 때였다. 내가 미국 대학에서 받은 돈으로 말할 것 같으면, 나도 나의 친구들 못지않은 재산 더미를 축적할 수 있었다. (한 달에 240달러를 받았는데, 100달러면 침식을 해결할 수 있었다.) 그러나 홀몸에 남는 것은 아무것도 없었다.

플라톤이 일찍이 이상국가론을 구상하고 있었을 때, 국가경영자는 홀
몸이어야 한다고 말했는데, 그 말의 속사정을 헤아려볼 수 있을 것 같다.
"토끼 같은 새끼와 여우 같은 마누라"가 축재의 동인(動因)이라는 것이
동서고금의 진리임은 틀림없는 모양이다. 탐욕은 모든 부정의 원천이므
로, 치자(治者)는 탐욕의 근원으로부터 자유로워야 한다. 그러니 홀몸이
어야 한다. 이 플라톤의 통찰은 나의 경험적 사실에 의해 확증된 셈이다.

미국에서 내가 얻은 것은 무엇인가? '두려움'이 제거되었다는 것이다.
우리는 왜 비굴해지는가? 한마디로 두려움 때문이다. 어떤 힘 있는 것과
권위에 대한 두려움 때문에 우리가 비굴해진다. 노예근성이란 무엇인
가? 비굴함이다. 비굴한 자는 자기의 가능성을 믿지 않는다. 기가 빠진
자, 기세에 눌린 자는 비굴해질 수밖에 없다.

내가 1960년에 서울대학교 문리과대학에 들어갔을 때 학생들은 '원
서'란 걸 끼고 다니면서 우쭐대며 기고만장했다. 원서(原書)란 무엇인
가? 외국어로 된 책이다. 서양 숭배가 대단하다는 말이다. 그런가 하면
원서 가운데서도 세계적 석학이 쓴 원서면 대단했다. 그런 책을 옆구리
에 끼고 다니는 것만으로도 잘난 체할 수 있었다.

나는 미국에서 공부하는 동안 세계적 석학들을 직접 만나 강의를 듣
고 대화도 나누었다. 그리고 교실에서 강의되었던 내용이 새로운 철학
이론으로 등장하는 것도 보았다. 그리고 나도 머리만 잘 쓰면 그런 석학
들의 이론도 논파할 수 있다는 경험을 했다. 대학원에서의 공부는 기존
하는 이론이 어디에 잘못이 있는지 비판적으로 검토하는 일에 초점이 맞
추어져 있었다. 이러한 훈련을 통해서 내가 얻은 것은 쓸데없는 두려움
이 내 마음에서 제거된 것이다. 무조건 엎드리기만 하려는 굴종의 자세
로부터 내가 해방된 것이다. 지적 자유의 넓은 세계가 내 앞에 펼쳐지기
시작한 것이다. 내가 미국에서 공부하는 동안 교실에서 교수들한테서

강의 들은 것 가운데 지금 기억되는 것은 거의 없다. 우선 귀머거리가 되어 잘 알아듣지 못한 때문도 있지만, 나는 노트에 꼼꼼히 적어 외우는 데매우 게으른 습성을 가지고 있기 때문이다. 암기 중심의 교육의 관점에서 보면 나의 미국 대학 수업은 낙제 판정을 받을 수밖에 없다.

내가 미국에 있는 동안 나를 매우 슬프게 했던 두 가지 큰 사건이 한국에서 일어났다. 그 하나는 개인적인 사건이요, 다른 하나는 국가적인사건이다. 어머니가 갑자기 타계(他界)하신 사건과 유신체제가 도입된사건이다. 이 두 사건은 그 이후 오랫동안 나를 매우 우울하게 만든, 나에게 매우 안타까운 사건이었다. 나의 어머님은 내가 미국을 떠난 후 몇달 후에 세상을 떠났으나 우리 형제들은 나에게 그 사실을 알리지 않았다. "모르는 것이 약"이라는 진리를 우리 형제들은 실천에 옮겼던 것이다. 그 당시에는 현실적으로 한국에 다녀가는 것이 거의 불가능했을 뿐아니라, 알고 나서 얻는 마음의 상처가 학업 수행에 큰 차질을 빚을지도모른다는 우려 때문이었다.

몇 년 후 우연히 어머님의 타계를 알게 되었을 때 나는 며칠을 두고쏟아지는 눈물을 주체할 길이 없었다. 30년에 가까운 세월이 흐른 지금도 어머님의 기구했던 삶에 생각이 미치면 북받쳐 오르는 느낌을 어이할수가 없다. 지금도 기억나는 것은 김포비행장에서 마지막 작별의 인사를 하면서 손만 내저을 뿐 눈물 한 방울 안 흘렸던 나의 어머님의 모습이다. 그 당시에는 언제 다시 돌아올지 모르는 유학을 떠나는 자식을 이별하면서 대부분의 어머님들은 통곡을 했다. 그래서 김포비행장 송영대는'통곡의 바다'가 되곤 했다. 지금은 싱싱하기 어려운 장면이 벌어진 것이다. 우는 자가 건강하다는 말이 있다. 울 수 있는 자는 행복한 사람인지도 모른다. 너무 기가 막힌 사람은 울 수조차 없다.

"철학을 그만두어라. 특히 철학교수직을 그만두어라. 그래야 정직하게 살 수 있다." 이것은 비트겐슈타인이 그의 제자들에게, 특히 말콤에게 간곡히 한 말이다. 내가 학부 졸업 때 말장난의 사변으로부터 탈출을 권고한 비트겐슈타인의 책을 읽고 감명받았다는 이야기는 앞에서 이미 말했다. 내가 미국에서 박사학위 논문으로 택한 주제도 비트겐슈타인이었다. 사실 내가 공부했던 브라운대학교 철학과는 비트겐슈타인을 몹시 싫어했던 치좀(Chisholm) 교수가 왕초 노릇을 하던 학교였기 때문에 비트겐슈타인 논문을 쓰기에는 매우 부적합한 곳이었다. 더구나 그 방면에 지도할 교수도 없었기 때문에 혼자서 연구하는 길밖에 없었다. 그 당시 대학원 지도교수였던 슈미트 교수는 나의 딱한 사정을 감안해서 "내가 형식적인 지도교수의 이름은 빌려주겠으나, 실질적인 논문 지도는 할 수 없으니, 너 혼자 논문을 쓸 수 있으면 해보라"고 했다. 그렇지 않으면 논문 주제를 바꾸라는 것이었다. 나는 슈미트 교수의 친절한 제안을 받아들여 혼자 논문을 쓰기로 했던 것이다. 내가 이토록 불리한 여건 속에서 비트겐슈타인을 주제로 논문을 쓰게 된 마음의 숨은 동기가 있다면, 그것은 아마도 철학을 위한 철학, 전문적 직업으로서의 철학교수를 혐오했던 비트겐슈타인에게서 깊은 공감을 느꼈기 때문인지도 모른다.

나는 미국에서 대학원 공부를 하면서 공부가 끝난 후 철학의 전문 세계로부터 자유로울 수 있는 몇 가지 선택지를 고려하고 있었다. 그 가운데는 수도원으로 들어가는 것도 포함되어 있었다. 귀국해서 내가 하고 싶었던 것은 김삿갓처럼 자유로운 사람으로 사는 일이었다. 프리랜서는 현대판 김삿갓이리라. 그러나 그런 자유에의 길은 나에게 주어지지 않았다. 한국에 돌아오자마자 출근을 기다리고 있는 직장이 있었다. 외국어대학교에 은사이신 김준섭 선생님께서 미리 자리를 마련해 놓으셨기 때문이다. 이렇게 해서 나의 궤도 이탈의 욕구는 또 좌절된 셈이다.

새것을 배우고 돌아왔다고 귀국하자마자 여기저기서 여러 가지 주문이 쇄도했다. 멋도 모르고 이리 뛰고 저리 뛰어 다녔다. 강의만 해도 이

대학 저 대학의 요청에 응하다 보니 주당 30시간에 육박했다. 한 대학에서 강의를 끝내고 다른 대학 강의 시간에 맞추다보면 점심까지 걸러야 하기도 했다. 거기다가 '잡문'까지 겹치고 보면 만성 피로권에서 헤어나기가 어려웠다. 외대에서 3년 반을 보내고 1977년에는 직장을 서울대로 옮겼다. 서울대는 이미 1975년부터 전임 시간(3과목)을 맡아 가르쳐왔다. 이렇게 해서 철학으로부터의 탈출을 꿈꾸어왔으나 아직까지 그 옛 궤도에서 맴돌고 있을 뿐이다.

지적 호기심은 나를 철학의 세계로 인도하였다. 그러나 나는 직업 냄새 나는 지적 유희로서의 철학적 작업으로부터는 늘 거리를 두기 원했다. 그러나 그 소망은 아직까지 이루지 못했다.

지난 1970년대 나는 교실에서 학생들에게 '선배 발로 차기 운동'과 '뚱딴지 모시기 운동'을 전개하기도 했다. 창조란 옛것으로부터의 탈피를 출발점으로 하여 지금까지 익숙해진 것이 아닌, 낯선 것을 만들어내는 작업이다. 그런 일을 수행하려면 세상으로부터 '뚱딴지'란 수모쯤은 각오해야 한다. 요즈음은 그런 사람을 '튀는 사람'이라고 말하는 것도 같다. 그리고 철학회에서는 '가로되 철학'으로부터 '제 목소리 내는 생동하는 철학'을 하자고 하며, '따지기' 작업인 토론과 대화의 활성화를 위해 노력해 보기도 했다. 이 과정에서 나는 여러 가지 오해를 불러일으키기도 했다. '앙팡 테리블(enfant terrible)'이란 악명도 나에게 붙여졌다. 나는 그걸 나에 대한 우정의 애칭으로 오늘도 고맙게 여기고 있다. 내가 '선배 발로 차기 운동'을 하자는 것을 은유로 이해하지 못한 사람은 나를 '불한당'이나 '깡패' 정도로 오해한 사람이 없으리란 법노 없다.

내가 철학의 길에 들어선 지도 어언 36년이나 되었다. 이제 그 길에서 떠난다고 내가 철학의 굴레에서 벗어날 수가 없다. 나는 이미 철학의 문안에 갇힌 사람이 되어버렸다. "뛰어보아야 부처님 손바닥 안"이라고, 내가 도망간다고 해봐야 결국 철학의 울타리 속일 뿐이다. 이러한 나의 삶에 대해 나는 아무런 후회도 없다. 나는 요즈음에야 비로소 이 길이 바로 나의 길이란 걸 깨닫는다. 내 마음에 더 자유스러운 곳을 나는 찾아보았다. 그러나 놀랍게도 내게 가장 마음 편한 곳은 바로 내가 현재 머물고 있는 곳임을 나는 지금에야 뒤늦게 깨닫고 있다.

삶이란 어차피 아마추어의 서투른 몸짓의 고리로 엮어져 갈 뿐이다. 인생에 있어서 프로는 없다. 그 누구도 프로가 될 수 없다. 첫돌잔치에서부터 마지막 최후의 호흡을 하는 순간까지 모든 것은 처음 해보는 서투른 몸짓이다. 아마추어의 몸짓이다. 대통령도 아마추어일 수밖에 없다. 프로 대통령은 영구집권의 독재자일 뿐이다. 장관도 마찬가지다. 이미 장관을 했던 프로가 늘 장관 자리를 차지하는 세상은 숨 막히는 세상이다.

아마추어는 서투르다. 그리고 아마추어는 오류를 범한다. 그러나 아마추어는 신선하다.

나는 그동안 서투른 아마추어로서 이 골목 저 골목에서 이 짓 저 짓을 해보았다. 이 소리 저 소리도 해보았다. 때로는 욕지거리도 먹었으며, 또 때로는 기특하다는 눈짓도 받았다. 그렇게 살면서 내가 깨달은 진리 아닌 진리가 있다면 그것은 이것이다. "세상에 공짜는 없다." 씹어보면 씹어볼수록, 응용해 보면 볼수록 감칠맛이 나는 처세훈이라고 나는 생각한다. 나는 어려서 카네기의 인생 처세술을 읽고 꽤나 마음에 안 들어 했던 기억이 있다. 너무나 '기름딱정이' 같은 냄새가 난다고 나는 생각했다. 물론 범 무서운 줄 모르는 하룻강아지의 반응의 하나였으리라.

나는 화나면 화내고 좋으면 웃는 사람이다. 말하자면 돌아갈 줄을 모르는 사람이다. 강아지는 강아지답게, 호랑이는 호랑이답게 살 뿐이다. 이것을 거스르는 것은 하늘의 도리를 거스르는 것이라고 나는 생각한다.

살아오면서 여러 사람들을 만나고 헤어졌다. 나의 서투름 때문에, 나의 오류 때문에, 나의 괴팍스런 성미 때문에 마음의 상처를 입은 사람들이 한둘이 아닐 것이다. 가엾은 아마추어에게 용서를 보내주기만 바랄 뿐이다.

나는 요즈음이 나의 인생의 '시작의 순간'이라는 걸 발견한다. 그러나 유감스럽게도 이 발견은 너무나 만각(晚覺) 가운데 만각임을 또한 깨닫는다.

지금 나는 간절한 소망을 하나 가지고 있다. 그것이 너무 간절한 것이기에 이루어지기가 쉽지 않을 것도 같다. '각주 붙지 않은 책 한 권'을 쓰는 일이 그것이다. 그것은 물론 프로처럼 매끄럽게 쓰기보다는 아마추어처럼 질박하게 쓰고 싶다. 그러나 서툴지만 신선한 목소리가 담긴 글을 쓰고 싶다.

그러나 50이 넘은 나이에 20대처럼 신선한 것을 바라는 것은 어디까지나 하나의 '소망'일 수밖에 없을는지 모른다.

『철학과 현실』(1992년 겨울, 1996년 가을)

이명현 계간 『철학과 현실』 발행인, 심경문화재단 이사장, 서울대학교 철학과 명예교수. 2008년 세계철학자대회 조직위원회 위원장, 제37대 교육부장관, 미국 하버드대학교 철학과 Visiting Scholar, 서울대 철학과 교수, 녹일 트리어대학교 연구교수(Humboldt 재단 fellow)를 역임했다. 청조근정훈장을 수상했다. 서울대학교 철학과에서 학사 및 석사 학위를 받았으며, 미국 브라운대학교 철학과에서 박사학위를 받았다. 저서로『이성과 언어』, 『신문법 서설』, 『열린마음 열린세상』, 『길이 아닌 것이 길이다』, 『보통사람을 위한 철학』 등이 있고, 역서로『열린사회와 그 적들』 등이 있다.

꾸불꾸불 걸어온 길: 형성기를 중심으로

유 종 호

나의 살던 고향은

나는 1935년에 출생했다. 충북 진천 외곽에 살았으나 모친이 당시 관습대로 친정에 가서 해산하는 바람에 충주가 내 출생지로 된다. 여섯 살까지 살던 진천 외곽은 전기가 들어오지 않아 흐릿한 석유등잔을 썼고 필요한 경우엔 석유램프를 켰다. 부친이 당시 '호야'라 불렸던 등피를 닦곤 하던 기억이 있다. 기차가 지나지 않는 곳이지만 날씨가 흐리면 먼 기적 소리가 들렸다. 기적 소리가 나면 "비가 오려나 보다"며 모친이 마당 빨랫줄에 널어놓았던 빨래를 부산하게 거두었던 기억이 있다. 조그만 동산 아래 집이 있었고 마당에 나무가 한 그루 서 있었다. 집에서 분꽃나무라 불렀는데 꽃 모양의 기억은 없다. 언어 기억, 청각적 기억에 비해서 나의 시각적 기억의 참담한 취약성을 보여주는 사례다. 집 앞으로 길이 나 있었고 길 건너편에는 꽤 큰 채소원이 있었는데 '청인집'이라 불렀다. 중국인 소유였던 것이다. 그 시절 상상력에 충격을 받은 것은 곡

마단 구경을 갔다가 잃어버린 딸을 찾았다는 소문이다. 모친을 비롯해 동네 아주머니들이 "세상에! 세상에!"를 연발하며 놀라워하였다. 길 잃은 미아나 납치해간 아이를 곡예사로 키운 것일 텐데 1939년의 신문을 찾아보면 기사로 나와 있지 않을까 생각한다.

위로 누이가 있고 나는 장남이었다. 부친은 세상에서 말하는 화락한 가정의 자상한 가장과는 거리가 멀었다. 어린 시절 내내 부친은 내게 아주 무서운 존재였다. 원망과 염오가 부친에 대한 첫 기억이다. 언젠가 부친은 카메라를 빌려 와 사진을 찍어주겠다고 말했다. 나는 뒷동산에 있는 소나무 아래서 찍어달라고 했다. 부친은 집 앞에서 찍자고 했다. 몇 번 요구를 했으나 통하지 않아, 그러면 사진을 찍지 않겠다고 말했다. 부친은 그러면 그만두자며 사진을 찍어주지 않았다. 안 찍겠다고 하면 들어줄 것으로 알았는데, 그러지 않는 부친이 야속하고 싫었다. 그래서 흔히들 갖고 있는 유년기의 사진을 단 한 장도 갖고 있지 않다. 한 장 정도 가질 수 있는 기회가 부자간의 의견 불일치로 깨지고 만 것이다.

여섯 살 때 증평으로 이사 간 직후의 일이다. 처음으로 기차를 타고 모친과 함께 50리 상거한 청주 이모 댁에 간 적이 있다. 은행원이었던 이모부는 당시 유복한 생활을 하는 편이었고 정원이 잘 가꾸어진 집에 살고 있었다. 이모가 우리 모자에게 청요릿집 우동을 시켜주었다. 처음 먹어보는 우동은 기막히게 맛있었다. 그 맛을 잊지 못해 부친에게 우동을 사달라고 조른 일이 있다. 부친은 집에서 먹는 밥이 제일 좋은 것이라고만 했다. 다시 조르자 우동이 뭐 그리 맛있느냐고 되물었다. 국물이 맛있다고 하자 부친은 "그건 구렁이를 잡아서 끓인 것"이라고 핑색하고 말했다. 곧이들은 나는 정나미가 떨어져 더 조르지 않았고, 그 후에도 오랫동안 우동 맛이 구렁이 맛이라고 생각했다. 그 무렵 한반도에 삼한사온 겨울이 오면 호되게 추운 날이 많았다. 아침 등교 때면 처음 시리던 귀가 나중에는 귓속이 아파왔다. 학교에서 보면 동급생들이 토끼털 귀걸이를 걸고 오거나 두 귀가 연결되게 털실로 짠 덮개를 걸고 왔다. 언 귀를 손가락으로 튀기는 장난이 번졌는데 몹시 아팠다. 흔한 토끼털 귀걸이를 사달라고 몇 번 졸랐으나 부친은 냉랭했다. 모든 게 버릇들이기 나름이니 이겨내야 한다, 추위로 귀먹은 사람 보았느냐는 게 반응이었다. 지금 생각해 보면 웬만한 것은 참고 견디는 극기 훈련의 일환으로 그런 것인지도 모른다. 그러나 매사에 그런 부친이 싫었다. 스토이시즘에 내재하기 마련인 사도마조히즘에 대해서 나는 지금도 반대한다. 부친은 또 모친과 달리 칭찬할 줄을 몰랐다. 성적도 괜찮았고 "총기 좋다"는 말로 교사의 교육용 칭찬도 받아보았으나 부친의 칭찬을 받은 기억은 없다. 공부 잘하는 것은 자신에 대한 의무라는 투의 잔소리를 기억할 뿐이다.

대학 2학년 때 이동식(李東植) 선생의 정신분석학 강의를 수강했다. 수강생은 많지 않았고 선생의 연구실에서 수업을 하였다. (여담이지만 이 선생이 생존해 계시고 얼마 전 90 몇 회째 생신을 맞았다는 얘기를 정신분석 전공의 조두영 교수에게 들었다.) 열의 있게 수업에 임하시는 분은 아니었고 무얼 배웠는지 잘 기억나지 않는다. 학기말에 시험 없이 리포트를 작성하게 했다. 리포트 작성 차 도서관에 들러 책을 뒤지던 중 이와나미(岩波) 총서로 나와 있는 36판 양장본 『이상심리학』 책을 발견하고 읽었다. 다 잊어버렸지만 기억에 남아 있는 대목이 있다. 개와 말을 과도히 무서워하는 사람은 부친을 증오하거나 부친과의 관계가 원만치 못하다는 것이었다. 계시적 순간이었다. 나는 개를 몹시 두려워한다. 고쳐보려 해도 무서워서 찔끔하는 것이 예사다. 개를 데리고 산책하는 사람들마저 좋아하지 않는다. 책 진술의 진위는 모르지만 나의 경우엔 맞는 말이란 생각이 든다. 그런 주제를 가지고 뭐라 끼적거려 리포트를 냈는데 B학점이 나왔다. 내 지지리 못생긴 성적표에선 그나마 쓸 만한 점수다. 가르쳐주는 것 없이 흉악한 학점을 주는 것이 관례였던 시절인데 후한 점수를 받은 것은 다룬 주제가 자신과 연관돼 있어 실감이 있다는 착각을 준 때문이 아닌가 생각한다.

　프로이트의 오이디푸스 콤플렉스는 모친을 사이에 둔 부자간의 삼각
관계로 문제를 접근해간다. 이런 접근법에 회의적이다. 아들의 부친 증
오는 널리 퍼져 있지만 성적 계기보다는 부친이 가정경찰이라는 사실과
관련된다고 생각한다. 집안의 군기반장으로 사사건건 간섭하고 제어하
니 어느 아들이 좋아하랴, 경찰 좋아하는 사람 보았느냐 하는 것이 나의
소회다. 중층적 결정론으로 접근하면 프로이트 플러스 가정경찰 플러스
알파의 혼합물이라 생각하는 게 적절할 것이다. 부친은 시골에서는 드
물게 책을 좋아하는 이였고 수시로 책을 보았다. 진천 살 때 평소 등잔을
썼으나 램프를 쓰는 경우도 있었다. 지금 생각하면 부친이 책을 볼 때가
아니었나 생각한다. 소농의 차남이었던 부친은 1920년대에 청주농업학
교를 나왔다. 당시는 4년제였을 것이다. 보통학교도 5년제였으니 모두
합쳐보아야 요즘의 중졸 수준이다. 또 농업학교는 실습 위주의 학교였
다. 호학이라 하더라도 지적 수준에는 한계가 있을 수밖에 없다.

　학교를 나와 1950년대 말 고향의 사범학교에서 가르칠 때다. 정수현
교감은 청주농업과 경성법전을 나온 이였다. 음성인가 주덕인가에서 청
주농업을 기차 통학했다 한다. 농회에 다니던 총각 시절의 부친이 다달
이 역에 나타나 『개조(改造)』란 월간지를 청주에서 사다 달라고 학교 후
배인 자신에게 부탁해서 사다 주었다는 얘기를 들려주었다. 그러고 보
면 어린 시절 집에는 『개조』지가 쌓여 있었다. 고급 지질이어서 그때나
이때나 중질 종이를 쓰는 『문예춘추』와는 대조적이었다. 버나드 쇼의 일
본 방문 때 특집호임을 알리는 표제와 조그만 사진이 나아 있던 표지가
기억난다. 이 좌경 잡지는 식민지의 명민한 청년들을 의식화시켜 해방
이후 많은 이들을 불행으로 몰아넣었다. 대표적인 테제 시인이요 평론
가였던 임화는 좌익의 길을 간 최초의 계기가 『개조』지의 애독이었음을
자전적인 글에서 밝히고 있다. 우리 어릴 적 개통모자라 불렀던 헌팅캡

을 쓰고『개조』지를 옆에 끼고 있으면 갈 데 없는 식민지 마르크스 보이의 초상이 될 것이다. 그래 그런지 집에는 개조사에서 나온 문예부흥 총서란 책들이 여러 권 있었다. 미키(三木淸)의『인간학적 문학론』, 장혁주(張赫宙)의『권(權)이란 사나이』등이 그중의 하나다.

부친의 장서 중 지금껏 내게 남아 있는 것은 30여 권의 시집과 이태준의『무서록』, 주자(朱子)의 해석을 따른『논어전해』등 동양고전 몇 권이 있을 뿐이다. 그러나 6 · 25까지 잘 보관되었던 장서는 다양했다. 최남선의『고사통』, 오지영의『동학사』, 아베(阿部吉雄)의『이퇴계』같은 책이 있었고, 경성대학 교수로 있던 아베(安倍能成)의『청구잡기(靑丘雜記)』같은 호화판 수필집도 있었다. 쉽게 오를 북한산이 있는 서울을 예찬하는 수필이 기억난다. 12권짜리 이쿠타(生田長江) 번역의 니체 전집이 있었는데, 뒷날 "끔찍한 이쿠타 번역"이라는 어느 일본인의 글을 보고 고소를 금치 못했다. 일본 문학은 나쓰메(夏目)의『도련님』, 아쿠타카와(芥川) 단편집 정도였고 한글 소설은 거의 없었다. 임학수가 번역하고 학예사에서 나온『일리아드』2권이 있었는데, 2페이지 읽고 도저히 읽어낼 수가 없어서 중단한 기억이 있다. 부친의 장서가 좀 더 선택적이고 알찬 것이었다면 그의 장남도 조금은 쓸 만한 인사로 성장했을 것이 아닌가 하고 원망한 적이 많다. 시골 월급쟁이 장서치고는 별일이었던 이 책들은 난리 때 모두 없어졌다. 1 · 4 후퇴 때 집을 비운 사이 강원도 피란민들이 모두 땔감으로 처분한 것이다. 한 궤짝 정도 땅에 묻어둔 책만이 분서의 화를 면했다.

아무리 팔을 안으로 굽혀보아도 부친은 명민한 두뇌의 소유자는 아니었던 것 같다. 어렵사리 사 모은 책을 제대로 소화 흡수했다면 대단한 교양인이나 만물박사가 되었을 텐데 그런 느낌을 받은 적은 없다. 즐겨 대화를 나눈 사이가 아니었으니 모르는 구석이 많지만 어쨌건 다행이라 생각한다.『개조』따위를 읽고 그걸 흡수 동화하고 '시대정신' 선도자의 아류가 되어 자신과 가족을 풍파 속으로 내던지는 가정법은 생각만 해도 섬뜩하다. 요즘 강남좌파란 말이 번지고 있지만 그때나 이때나 좌파는 강남좌파가 다수파다. 광복 이전에도 관부연락선 배표를 살 만한 처지가 돼야 좌파가 될 수 있었다. 집에는 하드커버로 된 정가 2원의 호화본 조벽암 시집 『향수』의 저자 증정본이 있었다. 또 한국 최초의 화집인 『오지호 김주경 2인 화집』이 있었다. 조벽암과 김주경(金周經)은 부친과 보통학교 동기생이다. 그래서 하나는 증정을 받았고 하나는 사준 것이다. 둘 다 월북했는데 서울 가서 공부한 소지주 집안 출신이다. 좌파의 길은 가파른 수직적 신분상승과 함께 소농의 아들에게 열려 있는 길은 아니었으니 앞서의 가정도 사실은 부질없는 짓일지 모른다.

눌변에다 붙임성도 없는 부친과 달리 모친은 달변에 사교적이어서 동네 해결사 노릇을 하는 일이 많았다. 초등학교 시절 일본인 여성과 말다툼하는 것을 본 적이 있다. 속사포같이 일본말을 퍼부어대는 바람에 상대방이 끽소리도 못하고 꼬리를 내렸다. 당시는 통쾌하고 자랑스러웠지만 커갈수록 그런 모친이 못마땅해졌다. 집에서 못 가게 하는 것을 개구멍으로 빠져나가 보통학교를 나온 것을 반자랑 반원망 삼아 말하던 모친은 더 배우지 못한 것을 늘 한으로 여겼다. 사용 어휘가 풍부했고 대화 때 속담을 많이 썼다. "배곯아 죽은 귀신은 있어도 배 터져 죽은 귀신은 없다", "똥 싼 주제에 매화 타령", "율모기를 독사 만든다" 같은, 요즘엔 좀처럼 쓰지 않는 속담도 모친에게서 듣고 써먹은 것이다.

욕하면서 닮아간다고 한다. 나 역시 혹은 원망하고 혹은 증오하면서 부친을 닮아온 것이 아닌가 하는 생각이 들면서 사기혐오에 빠지는 때가 많았다. 현재의 직업을 갖게 된 것은 부친 영향일 것이다. 책 읽기를 보고 컸기 때문이다. 책 읽기를 특별히 권하거나 지도한 것은 아니다. 중학 시절 부친은 문학책 읽는 것을 금하며 공부나 하라고 눈을 흘기곤 했다. 여느 학부형과 마찬가지로 영어, 수학 공부나 하라는 뜻이었다. 6·25

이후 특히 그랬는데, 그때쯤엔 묵묵부답 침묵으로 일관하는 불온한 장남에 대한 통제력을 잃은 터여서 효과가 없었다. 졸업 무렵 기자 시험을 볼까 한다는 말에 펄쩍 뛰면서 반대했다. 기자가 되느니 차라리 시골 와서 교사가 되라고 했다. 문과 졸업생에게 열려 있는 길이 교사 아니면 기자였던 시절이다. 부친이 별나게 기자직에 반대한 것은 어떤 친구의 사달과 관련이 있는 것 같다. 해방 전 신문지국을 하다가 해방 후 상경해서 큰 신문사에 취직한 후 호된 풍파를 겪은 방(方) 아무개란 이를 얘기한 적이 있으니 말이다. 술을 안 하는 것도 그러고 보면 부친을 닮았다.

외가에는 해방 전 무슨 운동을 한답시고 나라 안팎과 큰집을 들락날락한 이가 있었다. 10년 엄포에 6년인가 콩밥을 먹었는데, 남이 보기에는 큰일이 아니지만 집안에 패가망신의 화를 가져온 사달이었다. 당사자의 형 중 하나는 항상적인 경찰의 방문과 호출로 신경쇠약이 되었다. 병원에 자주 드나들며 무시로 약을 타 먹었는데 그로 인해 폐인이 돼 요절했다. 모친은 용하다는 소문이 자자했던 오기택병원에서 준 약이 사실은 마약 성분이어서 그런 것이라는 증거 불충분한 확신을 갖고 있었다. 친정 애로사항에 속을 썩인 모친은 사람이 많이 모이는 곳에 가지 말라고 늘 말했다. 해방 후 빈번해진 정치집회를 염두에 둔 소리다. 충주에는 큰 저수지 3개가 있어 해마다 익사 사고가 났다. "물가에 가지 마라. 사람 많이 모인 곳에 가지 마라." 이것이 성문화되지 않은 모친 창제의 독창적 가훈이었다. 쌀을 가마니로 사놓고 먹으면 원이 없겠다고 입버릇처럼 말하던 모친은 1960년대에 소원을 성취하자 "뭐니 뭐니 해도 박정희" 주의자가 되었다. 장수에 좋다 해서 수의를 마련하려 하자 "치마는 싫다! 바지로 해다구!"라 일렀다. 한 많은 '슬픈 족속'의 일원으로서 모친은 이론 없는 토착적 골수 페미니스트가 그랬듯이 반남장(半男裝) 수의를 두르고 흙으로 돌아갔다.

정신분석에서는 만 세 살 때까지엔 성격이 결정된다고 한다. 헤라클

레이토스는 성격이 운명이라 했다. 압축된 전래 민간 지혜인 우리 속담에는 "부모가 반 팔자"란 말이 있다. 자기 삶을 돌아보며 특히 속담의 진리 값을 반박할 수 없다는 것을 절감한다. 부모 얘기가 길어진 것은 그 때문이다.

해방 전후

태평양전쟁이 일어난 해인 1941년 봄에 증평초등학교에 입학했다. 만 6세가 안 되었는데 기류(寄留) 초본에 생일을 몇 달 앞당겼다 한다. 의무교육 시행 이전이어서 나이 많은 동급생들이 많았다. 일본어를 배우기 시작했고 창씨개명한 이름을 썼다. 4학년 초에 충주 남산학교로 전학했다. 5학년 때는 봄부터 하루걸러 솔뿌리를 캐러 다녔다. 학교마다 송근 채취 책임량이 있었고 상급반이 담당할 수밖에 없었던 탓이다. 학교에서 배운 일본 군가 20개 정도가 당시의 습득물로 지금껏 남아 있다. 8월 들어 소련군이 청진에 상륙하자 다시 방공호 파기에 동원되었다. 그전에도 방공호는 있었으나 이제 더 깊이 파야 한다고 학교 울타리 밑에 허리까지 올라오는 구덩이를 팠다. 며칠째 괭이질과 곡괭이질을 하고 나니 겨드랑이에 멍울이 생기고 당기며 아팠다. 그러던 어느 날 거짓말처럼 전쟁이 끝나고 해방이 왔다. 학교에서 우리말을 쓰고 창씨개명 이전의 본 이름을 썼다. 어제와 정반대의 얘기를 듣게 되어 충격이었다. 시골에도 미군이 진주해 지프차가 거리를 달리고 챙 없는 모자를 쓴 후리후리한 키의 미군들 모습도 흔한 정경이 되었다. 일본인들이 모두 거리를 떠났다. 2004년에 나온 『나의 해방 전후』에서 비교적 소상하게 이 시기를 다루었다.

해방 당시 충주중학교는 개교한 지 얼마 안 된 전국 13도 중 가장 작은 공립중학교였다. 이듬해 부친은 이 학교에서 국어를 가르치게 된다.

104

해방이 되자 충주에도 건국준비위원회가 생겼다. 시내 중심가에 있는 일인 상점을 접수해 한 모퉁이에 사무실을 차려놓았다. 회보를 만들려는데 맡을 인력이 없었다. "국문 쓸 줄 아는 사람 급구(急求)"라는 붓글씨 광고를 크게 붙여놓았다. 지나가던 부친이 이를 보고 들어가 회보 작성과 등사를 해냈다. 감격시대여서 무언가 기여를 하고 싶다는 심정에서 무료봉사한 것이다. 얼마쯤 지나니 내부 갈등이 생기고 대립도 격해지는 것 같아 더 이상 나가지 않았다. 새로 중학교장으로 부임해 온 최종인(崔鍾仁) 교장(뒷날 성균관대 화학교수)이 교원 충원을 하는데 국어 교사 찾기가 어려웠다. 한글말살정책을 쓰고 난 후이니 자격자가 있을 리 없었다. 수소문 끝에 건준 회보 담당자가 집으로 찾아왔다. 부친은 학력과 능력 부족이라며 극구 사양하였다. 교장이 돌아간 후 모친은 공부해서 가르치면 되지 굴러온 호박을 왜 걷어차느냐고 힐난하였다. 후보자를 찾지 못한 교장이 며칠 후 다시 찾아왔다. 교장의 유혹과 마나님의 레이저광선 협공에 부친은 삼고초려가 아닌 '이고'만에 자의반 타의반으로 중학교 '선상님'이 됐다. 모친에게 들은 자초지종이다.

부친은 곧이어 증평서 친교가 있던 이백하(李栢夏) 선생을 천거해서 동료 교사로 맞이했다. 서당 공부가 전부이고 제도 학력이 전무했던 선생은 충북에선 실력파 교사로 널리 알려지게 된다. 1947년 9월 충주중학교에 입학했다. 120명 모집인데 내 수험번호 194번 뒤에 달린 숫자가 많지 않았으니 경쟁률은 2 대 1이 될까 말까였다. 남산학교 졸업생 중 지원자 거의 모두가 합격했다. 우연히 수석 합격이었다. 부친이 교사이고 보니 고개를 갸우뚱하는 이도 있고, 대놓고 "너, 아버지가 시험문제 가르쳐주었지?" 하고 약 올리는 상급생도 있었다. 수석 합격이래야 아무런 특전도 없던 시절인데, 우리 사회의 부패를 단적으로 드러내는 일이다. 부패한 사회니까 썩은 내를 맡으려고 매사에 코를 대고 킁킁거리는 것이다.

해방 전에는 한글 책이 종이도 제본도 활자도 후지다는 느낌을 받았다. 반면 일어 책은 제본도 근사하고 책에서 광이 나는 것 같았다. 해방이 되자 달라졌다. 한글을 깨친 까닭도 있지만 우리 책이 어쩐지 친근하고 정다워 보이게 된 것이다. 망한 나라의 물건은 초라해 보이는 법이다. 부친은 부지런히 공부하는 것 같았다. 구입하는 신간도 많았고 학교 도서 대출도 많았다. 우리 것을 잘 알지 못하는 탓에 학교에서도 도서 구입을 통해 교원의 독서를 장려했던 것 같다. 도서계를 담당했던 부친은 『신천지』 같은 월간지를 서점에서 가져와 먼저 보고 난 후 학교에 납품했던 것 같다. 『신천지』에는 김동인의 『문단 삼십년기』와 에드가 스노의 『중국의 붉은 별』 등이 연재되어 읽은 기억이 있다.

중학 1학년 때 정지용을 읽고 매료되면서 김소월, 서정주, 김광균, 오장환, 이용악, 청록파, 윤동주 등 닥치는 대로 읽었다. 그때 외운 상당수 시편을 지금도 암송할 수 있다. 되풀이 읽다 보면 자연 외우게 된다. 젊은 날 시인 신경림(申庚林)과 친해진 것은 동일한 능력의 상호 인지 때문이었다. 평범하거나 빈약한 시는 외워지지 않는다. 외워지는 시가 좋은 시라는 게 지론인데 그렇게 말한 이가 전에도 많았겠지만 내 경우는 경험에서 체득한 말이다. 김동인, 이태준, 이효석, 박태원, 김유정 등도 구할 수 있는 것은 구해 보았다. 당대 화제 작가로는 김동리의 『황토기』를 좋아했고 『무녀도』는 별로였다. 평론으로는 김동석을 좋아했다. 그의 평론집과 수필집을 읽으며 부지중에 그의 명징하고 기백 있는 문체를 모범으로 내면화하지 않았나 생각한다. 그러는 한편 그가 사납게 공격하는 김동리를 좋아하고 그가 고평한 안회남의 『농민의 비애』 같은 것은 읽다가 집어치웠다. 그리고 별 모순을 느끼지 않았다.

뒷날 에드먼드 윌슨에게서 비슷한 현상을 발견하고 그게 자연스러운 일이라 생각하게 되었다. 젊은 날의 그는 급진적 정치관을 가지고 있었지만 높이 평가하고 비평 대상으로 삼은 것은 정치적으론 보수 내지 세칭 반동적인 시인 작가였다. 작품에 대한 경직한 이념적 접근에 동의하지 못했고 지금도 그렇다. 당시의 문학적 취향이 지금껏 남아 있다. 가령 이상의 산문과 소설은 높이 평가하지만 그의 시는 좋아하지도 평가하지도 않는 것은 그때나 이때나 마찬가지다. "꿈은 나를 체포하라 한다. 현실은 나를 추방하라 한다."는 그의 아포리즘에 근접할 만한 시가 없다고 생각한다. 그의 산문이 시이고 그의 시는 무책임한 잡문이다. 또 임화의 테제 시편을 그때나 이때나 좋아하지 않는다. 문학 취향에 관한 한 보수적인 셈이다. 좋은 글을 읽다 보면 부지중에 써보고 싶은 충동을 느끼기 마련이다. 그래서 시랍시고 써보기도 하고 원고지로 문집을 만들어 유일 독자가 되기도 했다. 을유문화사에서 나온 문고판으로 읽은 『감람나무밭』, 『좁은 문』 등도 만만치 않은 매혹이었다. 학교는 재미있는 곳은 아니었지만 모범생으로 통했다. 1949년인가 『문예』라는 월간 문학지가 나왔다. 자주 실린 황순원의 단편에 끌렸다. 1950년 6월호에는 임상순이란 현역 장교의 「명령은 언제나」란 단편이 추천작으로 실렸다. 진격 명령만을 기다리고 있는 군인들을 다룬 것이다. 이런 문서들이 우리 사정을 잘 모르는 외국인에겐 소위 북침설의 증빙 자료로 쓰이기도 했다. 심하던 좌우 대립도 가라앉고 학원이 안정을 찾는 듯하더니 얼마 안 가 6 · 25가 터졌다.

어찌 잊으랴

북쪽 군대가 일제히 공격을 개시했다는 국방부 정훈국장 이선근 대령의 발표문이 실린 신문을 6월 26일 본 뒤엔 신문이 오지 않았다. 학교 수업은 계속됐다. 7월 1일 일요일 비상연락망을 통해 등교하라는 연락을 받았다. 호응 학생들은 많지 않았고 교실에 있는 책상과 의자를 복도로 내놓는 일을 마치고 해산했다. 홍천에서 내려온 피난민을 수용하기 위한 조치였고 수업은 당분간 하지 않는다는 것이었다. 그 후 1년 3개월 간 수업을 받지 못하리라는 것을 당시엔 생각도 못했다. 남로당 충주 책임자였고 보도연맹 건으로 죽은 변사 출신의 고승훈(高昇勳)이 "국군이 해주를 탈환했다"는 차편 가두방송을 하였다. 충주에 인민군이 진주한 것은 7월 7, 8일 전후였다.

읍내에서 십 리 상거한 산골로 피란을 갔다. 전세를 알 길이 없었고 고개를 지키던 국군 하사관의 "공무원이면 피란을 가라"는 말을 듣고 부친과 함께 학교엘 갔다. 현관에는 헌팅캡에 세로로 줄 단추가 달린 바지 차림의 한희요(韓熙堯) 교장이 의자에 앉아 있었다. 학교를 지키기 위해 앉아 있다는 그는 피란가라는 군인 말을 들었다는 부친 말에 "어디로 갑니까? 남쪽으로? 부산으로? 그 다음엔 바닷속으로 들어갑니까?"라고 반문했다. 당시 그처럼 입장이 확고했던 인물을 달리 보지 못했다. 부친은 일단 피란지로 돌아왔다가 아무래도 안 되겠다며 충주농업 교사이던 이모부와 함께 남쪽을 향했다. 그러나 인민군에게 추월당해 사흘도 못 돼 멋쩍은 얼굴로 돌아왔다. 곧 동료인 이묵영(李默榮) 선생이 찾아왔다. 해방 전 보성전문을 나오고 역사를 가르쳤던 그는, 대세는 결정됐으니 내일 당장 출근해서 함께 일하자고 했다. 부친이 우물쭈물하자 그는 세계 역사상 남북이 싸워서 북이 진 적이 없다고 말했다. 정말 그럴까? 심히 의심스러웠으나 부친이 뭐라 했는지는 기억나지 않는다. 부친은 곧 학교에 나갔고 이른바 부역자가 된다. 학교가 열린 것도 아니고 모택동의 '자유주의 배격 11훈' 등 교양강좌를 받는 정도였고, 농업학교 졸업생답게 운동장 한구석 빈습지에 재소글 열심이 가꾸었다. 수복이 되어 남하했다가 돌아온 애국 교사가 부역 교사들 앞에서 일갈하는 역사적 장면을 목격한 일이 있다. "아니 그래 그까짓 석 달을 못 참아 부역을 한단 말이오? 겨우 석 달을? 쯧쯧." 영어를 가르치던 백준기(白駿基) 선생이었다. 몸 둘 바를 모르는 반역죄인들 옆에서 어느 한 직계가족 소년이 "아니석 달이 될지 3년이 될지 30년이 될지 어떻게 압니까? 누군 하고 싶어 부역했습니까?" 하고 격하게 속으로 항변하고 있음을 그는 꿈에도 생각하지 못했을 것이다.

30여 년 후에 백 선생의 전화를 받았다. MBC에서 '나의 존경하는 스승'인가 하는 짤막한 연속물을 내보낸 적이 있다. 그 프로에서 중 1 때 담임이었던 이백하 선생 얘기를 했다. 그 프로를 보고 반가웠다며, "혹시 또 그런 기회가 있다면 내 얘기도 좀 해주게." 하고 백 선생은 농담처럼 덧붙였다. 한동안 내겐 가장 경멸하는 인간으로 남아 있었다는 것을 알 리가 없을 그는 충북에서 고교 교장과 장학사를 역임했고 위에 나오는 인물들과 달리 장수를 누렸다. 1950년 당시 충주중학 교원 수는 20명 정도였다. 남하했다가 수복 후 개선한 이가 5명, 부역자가 13명, 좌익 학생에 의한 피살자 1명, 기타 군 입대자와 행불자가 두엇 있었다.

부역으로 정직 처분을 받은 충주중학 교사는 13명 중 부친 포함 2명 뿐이고 나머지는 모두 파면이었다. 학교에서 아무런 직책도 맡지 않았고 나서서 일한 게 별로 없어서였다. 쉽게 말해 가장 무능한 2인이 파면을 면한 것이다. 사변 전 학도호국단이 생기면서 매주 한 번씩 사열 조회가 있었다. 중대 소대로 편성되어 있는 학생들 앞으로 교장, 교감, 교무주임, 그리곤 대체로 연령 순서로 한 줄로 서서 걸음을 옮기며 경례를 받았다. 연령으로 전반(前半)인 부친은 늘 꼴찌로 따라다녔다. 학생들은 그것을 서열로 보았고 중학 저학년이었던 시절이라 얼마쯤 창피하게 생각했다. 부친이 교사로 있는 학교를 다니며 자랑스럽지 못한 아버지의 아들이 감수할 수밖에 없는 속상한 슬픔은 허다했다. 뒷날 학교에 근무하면서 어느덧 부친처럼 매사에 꼴찌로 따라다니는 자신을 발견하게 됐다. "예술가란 모임에서 제일 뒷자리에 앉는 사람"이라고 토마스 만이 말했지만 위로가 되지 못한 것은 물론이다.

월급쟁이가 정직으로 월급을 못 받게 되니 우선 생계가 문제였다. 설상가상으로 곧 1·4 후퇴로 피란길에 오르게 된다. 6인 가족이 보은읍을 지나 원남이란 곳에서 월여를 지나다가 전선이 소강상태가 되어 청주로 갔다. 거기 부친 지인의 집에서 신세를 졌고, 미 해병대 보급부대의 노동 사무소란 데서 급사 노릇을 했다. 직명은 처음 janitor였고 나중엔 clerk였다. 부대 이동으로 충주 달천으로 이동해서 가족과 떨어지고 다시 원주 근교의 중앙선 소역에서 노무자와 함께 천막생활을 했다. 맨땅에 가마니나 모래를 집어넣는 참호용 포대를 깔고 담요를 접어서 그 안으로 들어가 잠을 잤다. 완전히 밑바닥으로 전락했다는 생각으로 암담한 심정이었다. 그동안 나의 알량한 급료가 집안의 유일한 수입원이었다. 급히 오라는 전갈을 받고 9월에 집으로 돌아가 학교로 복학했다. 부친의 복직이 성사된 것은 다행이나 1년여의 무보수 정직이 가혹한 것이었다는 생각은 그때나 지금이나 변함이 없다. 10명 정도의 파면당한 부역자에 대해서도 생각은 같다. 그들 중 한두 명을 제외하고 진정한 대한민국 반역자는 없었다고 확신한다. 그때 국가권력의 정당성과 정의란 것에 대해 근본적인 회의감을 갖게 되고 세상을 조금은 삐딱하게 보게 되었다.

1·4 후퇴에서 학교 복학에 이르는 8개월간에 대해선 2009년에 나온 『그 겨울 그리고 가을』에 소상히 적은 바 있다. 이 책이 나왔을 때 몇몇 주요 일간지는 호의적 소개를 해주었으나 문학 계간지들은 완전히 묵살했다. 일본의 소출판사에서 일어판이 나왔을 때 어느 독서신문에 난 도쿄대학 출신 교포 작가 강신자(姜信子) 씨의 글을 읽는 것은 위안이었다. "노년을 맞은 한국의 문예평론가가 60년의 세월을 거슬러 올라가, 한국 전쟁하의 일상을 살아가기 위해 순진한 소년으로 머무를 수 없었던 16세의 나날을, 당시의 소년의 눈길로 섬세하고 결벽하게, 단단한 목소리로 말하는 기억의 얘기다. 그 말투에는 소년이 마음속에 간직한 슬픔이 있다. 독이 있다. 반골이 있다. 고독이 있다. 인간을 향한 깊고 아픈 물음이 있다. … 이 책에 그려진 것은 전후 한국 지식인의 정신의 한 원풍경

(原風景)이라 할 수 있을 것이다. 인간의 심연조차 건드리는 기억의 얘기인데, 그런 만큼 번역이 얼마쯤 역부족인 것이 아쉽다." 변두리 신문에 난 글이지만 꼼꼼히 읽고 적절히 요약하고 핵심을 건드리고 있다. 정독도 않고 개념 없는 글체로 변죽만 울리는 우리 쪽과는 대조적이다. 일본을 따라잡으려면 아직 멀었다고 생각했다.

문장이 조잡하거나 영혼 없는 글은 불결하게 생각돼 읽지 않는다. 그럼에도 지리멸렬한 비문으로 된 책을 통독하고 깊이 공감한 일이 있다. 1952년에 나온 유병진(柳秉辰) 판사의 『재판관의 고민』이 그것이다. 우리에게도 이런 인물이 있구나! 행위 당시 행위자에게 적법한 행위를 하는 것이 기대되는 기대 가능성 이론이 있다. 그것이 없으면 행위자를 비난할 수 없고 범죄가 성립되지 않는다는 게 핵심이다. 이 이론을 간접 적용하여 다수 부역자에게 무죄를 선고한 자초지종이 적혀 있다. 뒷날 그는 진보당 사건 1심에서 조봉암의 간첩죄를 인정치 않고 보안법 위반만 적용하고 나머지 17명에게 무죄를 선고해 크게 주목받았다. 가혹한 부역자 처벌에 대한 회의의 연장선상에서 일제하 친일 행위자에 대한 획일적, 일률적 매도에도 반대하게 되었다. 6·25 때 보여준 행태나 부역자 처리를 직접 체험했기 때문에 오랫동안 이승만 대통령을 용서하지 않았다. 국민을 지켜주지 못한 점에 대해 수복 직후 사과와 위로의 말을 하고 또 소수 극렬파(極烈派)를 제외한 부역자에게 사면령을 내렸어야 한다고 생각했다. 그랬다면 억울한 사람과 불만 세력의 수효도 현격하게 줄고 국민의 지지도도 현저하게 높아졌을 것이다. 그릇 큰 선각자이고 먼 앞날을 내다보는 현실적 통찰력을 갖춘 인물임을 인정하는 것과 심정적으로 공감, 지지하는 것은 별개의 문제다.

캠퍼스의 떠돌이

1951년 가을, 복학해 보니 학제 변경으로 고교 2학년으로 자동 편입되어 있었다. 미군이 학교 교사를 사용하고 있어 변두리 교회나 창고 건물 맨바닥에 앉아서 수업을 했다. 요즘엔 상상할 수 없는 학습 환경이다. 교사가 대폭 바뀌었는데, 사람됨이나 학식이나 태반이 수준 미달이었다. 이듬해 봄에 학교 교사로 들어갔다. 신장순으로 좌석 배치를 받는데 전엔 앞줄이었으나 이제 중간 줄에 앉게 되었다. 부지중에 키가 큰 것이다. 대학입시 준비하는 분위기도 생겼다. 진학 않는 고교 졸업생은 간부 후보생으로 소집되어 소모 장교로 일선에 배치된다는 얘기가 돌고 있어서 모두 긴장하였던 것이다. 영어 교사가 수준 이하여서 몇몇 호사(好事) 학생들이 학교장에게 진정을 했다. 입시를 앞둔 시점이니 영어 교사를 바꿔달라는 요청에, 영어 교사를 도저히 구할 수 없고, 없는 것보다는 나을 것이니 그리 알라는 게 답변이었다.

미 해병대 보급부대 언저리에서 밥을 먹으면서 무언가 힘을 길러야 한다는 것을 뼈저리게 느꼈다. 또 상스러운 음담패설이나 일삼는 노무자와 함께 지내면서 간절한 문화적 갈증을 경험했던 터라 공부는 지상명령이었다. 시원치 않은 학교 수업은 수시로 빼먹고 집에서 공부했다. 메들리의 『삼위일체 영어』를 두 번 통독해서 달달 외우다시피 했다. 학교에서 쓰는 3학년 교과서를 단어장을 만들며 통독했다. 김기림 번역의 대역서로 서머싯 몸의 『레드』를 재미있게 읽고 내친김에 서점에서 발견한 투머스 하디 단편집도 사전을 찾아가며 읽었다. 모르는 대목도 있었으나 얘기 따라가는 재미로 읽었다. 그러고 나니 어느 정도 자신이 생겼다. 독문과 재학생이 독일어를 가르쳐 장하구 교과서의 제2권까지 다 뗀 것은 행운이었다. 김기석 지음의 독일어 교과서 2권은 대학 교재인데 에커만의 「괴테와의 대화」 일부가 실려 있어 읽어보았다. 「농부는 고향을 사랑한다」는 산문도 기억난다. 영어를 마스터하면 모든 책을 읽을 수 있다는 막연한 희망과 좋아하는 문인들이 영문과 출신이란 것도 작용해서 영문과 지망을 결정했다.

1953년 임시수도 부산에서 대학에 들어갔다. 불문과를 지원한 경북고교 출신 김재권(金在權)이 500점 만점에 404점으로 수석 합격했는데 재학 중 도미하여 세계적 철학교수가 된다. 요즘 같으면 그런 고득점자는 고교 담임이 불문과 원서를 써주지도 않을 것이다. 그런 시절이니 내게도 내 삶의 가장 큰 수수께끼가 되는 사단이 벌어졌다. 90세로 별세한 이승만 박사는 작고 직전 영어를 몽땅 잊어버려 우리말만 썼다고 한다. 비슷한 불상사를 만나 습득한 모든 외국어 단어를 잊어버린다 하더라도 끝내 잊히지 않을 것 같은 말이 있다. Schadenfreude란 기막힌 독일어 단어가 그것이다. 그리 된 희한한 사연은 독립된 글로 소상히 적어야 할 것이다. 그해 여름 휴전이 되어 학교 준비 관계로 10월 초에 개강을 했다. 장장 80일에 이르는 방학이었다.

환도 직후의 서울은 공해 없는 산책하기 좋은 거리였다. 서울역에서 명동성당이 빤히 보이고 그 사이는 폐허였다. 지금의 세종회관 자리에는 폭탄으로 크고 깊은 구덩이가 두세 개 나 있었다. 여기저기 조그만 고서점이 널려 있고 종로통에는 대형 고서점이 여럿 있었다. 종로의 지물포 한구석에서 일본의 하기와라(萩原朔太郎) 시집을 발견하고 몇 대목에 끌려 사서 읽었다. 초등학교 때 해방을 맞아 일본어의 문어체는 문맹 수준이다. 구어체로 된 하기와라는 물리칠 길 없는 매혹이었다. 시의 번역 불가능성을 그를 통해 실감했고 그는 많은 대목을 외우고 있는 유일한 일본 시인이다. 을지로 6가에 있는 고물상에서 모던 라이브러리 판『카라마조프가의 형제들』을 사 보았다. 사실상 새 책이라 고가였다. 한 달 전차 회수권 값을 날려 청진동에서 동숭동까지 걸어 다녔다. 콘스탄스 가넷의 번역서는 고교 2년생의 구문 해독 능력만 있으면 충분히 즐길 수 있다. 며칠 걸려 통독하며 흥분하고 전율했다. 서양 근대소설이란 신세계에 빠져들어 가며 고서점에서 구입한 영역본을 읽었다. 발자크의『고리오 영감』을 비롯해서 스탕달, 플로베르, 톨스토이, 토마스 만 등을 모두 영어로 읽었다. 번역이 쉬운 탓도 있고 포켓판이 구하기 쉬운 탓도 있었다. 또 쉽게 구할 수 있고 읽기도 편한 서머싯 몸은 거의 전부 읽었다. 때마침 헉슬리 책 10권이 펭귄문고판으로 나와 구입해서 읽었다.

학교는 얼마쯤 실망이었다. 교재부터 문제였다. 프린트 등사물로 공부하다 보니 오자 고치는 데 수업시간의 태반을 소비하는 경우도 많았다. 학력 빈곤의 교사도 있었고, 준비 없이 시간에 임해 실수하는 경우도 있었고, 휴강도 다반사였다. 영문과의 이양하 선생은 사전 편찬 관계로 미국 체류 중이어서 배울 기회가 없었다. 권중휘 선생은 휴강 없이 꼼꼼한 강독으로 많은 배움을 주셨다. 젊은 송욱 선생은 문학적 감수성을 보여주었다. 그의 시간도 계기가 되어 예이츠, 엘리엇, 오든의 시를 읽었고 엘리엇의 에세이를 정독했다. 가끔 다른 문과 수업을 청강했는데 유혹이 되진 못했다. 시험은 한 학기 한 번 보다가 1954년경부터 중간시험을 보았다. 1955년인가 평균 C학점 미달이면 졸업이 안 된다는 규정이 생겼는데, 학생들의 면학 장려 효과보다는 교수들의 D학점 안 주기 효과를 낳았다고 생각한다. 최현배(崔鉉培) 말본에 초등학교 우등, 중학 20등, 대학은 꼴찌로 나온다는 예문이 있었다. 서정인의 「강」도 그런 모티프를 다룬 수작인데 그 비슷한 화상이 되어 1957년 학교를 나왔다. 헉슬리에 관한 졸업논문은 "To understand Aldous Huxley is to understand something important about contemporary life and literature"라는 첫 문장만 기억되는 기한 내 납품용 속성 조제품이었다. 뒷날 참괴했다. 대학원 시험을 보고 첫 학기 등록금을 냈다. 시골 양복점에서 양복 두 벌 값에 해당하는 거액이었다. 그러나 연초의 부친 와병과 화불단행(禍不單行)의 가정 사정 때문에 몇 번의 휴학 끝에 자동 퇴학이 되었다. 그로 말미암은 불편과 계속적인 수모는 이루 말할 수가 없었다.

　나의 메피스토펠레스(Mephistopheles)는 한낮에 나를 찾았다. 효자동 거주의 그가 전차를 타고 광화문에서 내리면 청진동 내 거처가 지척인 게 화근이었다. 그의 집에서 베라치니의 바이올린 소나타를 듣고 매료된 것까지는 좋았다. 이를 계기로 고전음악의 평생 애호자가 되었으나 막연한 서구 동경 때문에 그가 아니더라도 그리되었을 것이다. 상하이 출생으로 해방 직전 귀국했고, 두 살 위였고, 영국군 부대에서 통역을 1년 반 한 터였다. 탈선에는 동패가 필요하다. 그의 꾐에 빠져 음악다방에 드나들고, 담배를 배우고, 학교를 자주 빼먹었다. 끼리끼리 만나는 법이니 그를 탓할 생각은 없다. 화폐 관념이 강했고 문인을 경멸했던 그와 나 사이에 공통 지향이 없었으니 지속적인 관계는 유지될 리 없었다. 졸업 후 그는 과외 스타가 되어 현재 시가 150억에 이르는 빌딩 소유주다.

　그가 하청을 받아와 영문 번역을 한 적이 있다. 중앙교육연구소에서 낸『정신의 가치』같은 책인데 수입은 미미했다. 하청 작업 말고 제대로 하자는 생각에『뉴욕타임스』서평집에 실린 글을 번역해 월간지『문학예술』에 투고해 소위 추천을 받았다. 대학 3년 때다. 겁 없이 하이만의『무장한 비전』서론이나 사르트르에 관한 영어권 최초의 책인 아이리스 머독의『사르트르: 낭만적 합리주의자』중에서 언어문제 부분을 번역했다. 그러니 번역이 내 본적지다. 기대와 달리 벌이는 영 시원치 않았다. 졸업반 때 학내 문학지인『문학』이 나왔다. 교정 벤치에 앉아 지금은 산골에서 은거하는 시인 송영택 형과 얘기를 나누다 갓 나온『문학』이 화제에 올랐다. 붙임성 있고 발이 넓은 그는 방금 한 얘기를 글로 쓰면『대학신문』에 갖다 주어 싣게 하겠다고 말했다. 주저하자 책임지고 고료까지 타주겠다 해서 솔깃했다. 20장 정도를 써서 건네주었고 그는 약속을 지켰다. 출판물이 많지 않던 시절이어서 본 사람이 많았다. 뒷날 여석기 선생은 "유 선생 이름을 처음 대한 것은 대학신문에서야!"라고 몇 번인 가 말씀하셨다. 그 글을 계기로『신세계』란 잡지에 시평을 쓰게 되고『문학예술』지에「언어의 유곡」등의 평문도 쓰게 된다. 졸업하던 해다. 전후의 황폐한 문화 풍토에서 뜻이 통하는 글만 쓰면 주문이 따랐다. 이듬해 발표한 몇 편의 에세이로 1959년 초에 현대문학 평론 신인상을 받았다. 지금과 달리 문학상이 많지 않던 시절이어서 화제는 되었다. 제1회 소설 신인상이 손창섭, 3회가 박경리라 적어놓으면 상상이 될 것이다. 4회 수상 동기인 이범선, 구자운 등은 작고한 지 오래다. 동숭동 의과대학 구내에 있는 교수회관에서 수상식이 있었다. 상금은 꽤 되었으나 액수는 잊었고 부상으로 받은 독일제 라미(Lamy) 만년필만은 기억한다. 몇몇 대학 동기생이 그 자리를 빛내주었으나 어떤 의사와의 약속 때문에 허겁지겁 자리를 떴고 저녁차로 시골로 내려갔다. 얘기를 들은 모친은 사정을 말하고 간단한 저녁이나 하라며 돈을 맡기고 자리를 떠야지 그렇게 주변머리 없이 꽉 막혀가지고 어떻게 하느냐며 혀를 찼다. 듣고 보니 자기가 한심했다. 그 후 일제 통치기에 해당하는 36년 만에 다시 상다운 상을 받게 된다.

1962년에 첫 평론집『비순수의 선언』이 나왔다. 발표했던 글의 절반 정도를 모았다는 머리말로 미루어 알량한 교료 때문에 일회용 잡문을 휘갈긴 청춘 소모가 얼마나 극심했나 하는 것을 알 수 있다. 비평가는 시나 소설의 실패자란 짓궂은 속설이 있는데 실패할 기회도 시간도 없이 평론가라 직명이 따라붙게 된다. 주문에 응해 납품하다 보니 그리되었고 그런 의미에서 사회적 수요와 주체의 공급이란 경제적 거래 사이에서 사회적 자아가 형성된다고 할 수밖에 없다. 소설 분야에선 전면적 진실을 담은 사회소설의 중요성을 강조했고 시에 대해선 언어에 대한 통찰을 통해서 "생각을 노래하는" 시를 주문한 것이 당시의 나의 비평적 입장이었다. 뒷날 어느 발문에서 나의 초기 평문에 대해 김우창 교수는 "어설프기 짝이 없는 1950년대의 평단에서 대학을 갓 졸업한 20대 초의 비평가의 펜이 엮어내는 탄탄한 지적 사고의 텍스트는 실로 경이에 가까운 것이었다"고 덕담을 해주었다. 이 후한 덕담이 동시에 나의 비평적 도정이 계속적인 약속 위반의 궤적임을 지적하는 따끔한 일침임을 알기 위해 굳이 해체론까지 갈 필요는 없다. 내 존재를 정당화하는 책을 쓰지 못했고 쓸 개연성도 없다는 자의식에 속이 쓰리기도 하다는 것을 고백한다.

영문과에서 가르치며 우리 문학에 관한 글을 쓰니 정체성에 관한 의혹의 시선을 느낄 때가 많았다. 하나 감당도 어려운데 두 개씩 걸치느냐고 면전에서 말하는 이도 보았다. 영문과 교실에서 우리 문학 얘기를 한 적은 없다. 그러나 조이스와 이효석의 단편 읽기나 워즈워스와 김소월 읽기가 전혀 별개의 것이거나 분열적인 것이라고 생각하지 않는다. 1989년에 나온 『문학이란 무엇인가』 머리말에서 이렇게 적은 일이 있다. "문학적 감수성은 모국어 내지는 제1언어에 대한 민감성에 기초를 두고 있으며, 제1언어로 된 동요 하나 제대로 감식하지 못한다면 그것은 문학 문맹에 지나지 않는다고 생각한다. 모국어를 사랑하는 사람만이 진정한 문학 이해에 이를 수 있다는 것이 나의 완강한 편견이다." 최근에 나온 대화록에서 읽은 이사야 벌린의 발언도 사실상 같은 소리다.

"내가 사랑하는 영어 시인이 있다. 그러나 러시아 시인들을 더 사랑한다. 러시아어가 나의 제1언어요 시는 어릴 적에 사용한 언어 속에 있기 마련이라 생각하기 때문이다. 열 살 이전에 사용한 언어가 가장 시에 가까운 것이다."

청주교대에서 공주사대로 직장을 옮긴 후 1971년 풀브라이트 장학금으로 도미하여 뉴욕주립대학원(버펄로)에서 2년간 수학했다. 젖 먹은 힘이 다 빠졌다는 30대 후반이요, 또 국내 정치 상황이 극히 불안정할 때였다. 눈 많이 오는 북위 42도의 외국 도시에서 가족과 떨어져 생활한다는 것은 그리 편한 일이 아니었다. 그러나 난생처음으로 각 분야 필독서를 마음껏 접하면서 공부다운 공부를 한 최상의 학생 시절이었다. 그 후 인천의 인하대학교를 거쳐 1977년 서울 서대문의 이화여대에서 가르치게 된다. 마흔 셋이었다. 우리의 국군 용사들은 1950년 6월 서울에서 후퇴한 지 석 달 만에 인천 상륙을 감행해 곧 서울을 수복했다. 1957년 낙향한 뒤 인천을 거쳐 서울을 수복하는 데 이 거북이는 장장 20년이 걸렸다. 여섯 학교에서 가르쳤으니 어디서나 지나가는 나그네였다. 퇴직 후 비로소 내 삶의 주인이 되었다는 충족감을 느끼며 하루하루를 감사하는 마음으로 살고 있다. 우리 사회에 또 고마웠던 모든 분들에게.

『철학과 현실』(2013년 겨울)

유종호 대한민국예술원 회장을 역임했다. 서울대학교 영문과를 졸업했다. 저서로 『비순수의 선언』, 『사회역사적 상상력』, 『한국근대시사』, 『나의 해방 전후』, 『과거라는 이름의 외국』 등이 있고, 역서로 『문학과 인간상』, 『파리대왕』, 『그물을 헤치고』 등이 있다.

한국 현대사의 과제를 찾아서

안 병 직

　내가 학문의 길로 발을 들여놓은 계기는 4·19 의거였다. 그때까지 나는 고등고시(高等考試)를 보아 가난한 집안 살림이나 도울까 했으나, 4·19 의거로 나라의 장래에 대하여 강한 관심을 가지게 되었다. 그래서 학생운동에 휘말려 들어가 나라가 나아가야 할 장래에 대하여 이리저리 모색하다가 대학원에 진학하여 이를 본격적으로 연구해 보기로 했다.

　그래서 선택한 전공이 한국 근대경제사였다. 나라가 나아가야 할 장래를 알기 위해서는 나라의 당면과제와 바로 씨름해 보는 것도 하나의 방법이겠으나, 다소 긴 역사적 전망 속에서 나라가 나아갈 방향을 모색해 보는 것도 좋은 것이 아닌가 생각했다. 그리고 경제사를 선택한 이유는, 나의 전공이 경제학이었기 때문이지만, 근대사 연구에 있어서는 경제사가 중요한 분야일 것이라는 생각도 있었다.

　나의 학문생활은 연구인지 운동인지 구별이 되지 않았다. 학문에 입문하게 되는 직접적 계기가 운동이었기 때문에 그러하기도 했지만, 내가 초기에 연구 대상으로 선택한 마르크스 경제학의 연구에 있어서는 특히 연구와 운동을 거의 구별하고 있지 않았기 때문이다. 그래서 나의 학문생활은 민주화 운동의 방향을 모색하는 데 주로 집중되었다.

학자가 갖추어야 할 기본자세가 '객관적 사실의 추구와 공정한 마음가짐'이라고 할 때, 과연 위와 같은 나의 학문적 태도가 연구자로서 옳은 것인가에 대해서는 나 스스로 반성해 보는 일이 한두 번이 아니었다. 학문은 학문하는 과정에서 설정되는 목표에 충실해야지 운동을 위한 수단이 되어서는 안 되기 때문이다. 그러나 나는 운동권과의 깊은 인간관계 때문에 운동과 결별하지 못했는데, 1980년 초에 우연히 조직에서 해방되는 계기를 맞이했다.

이를 계기로 나의 이념은 마르크스주의로부터 자유주의로 크게 선회(旋回)되었으나, 그럼에도 불구하고 운동권과의 인간관계는 제대로 정리하지 못했다. 따라서 그 이후에도 나의 학문생활이 얼마나 '객관적 사실의 추구와 공정한 마음가짐'에 충실할 수 있었는지에 대해서는 단언할 수 없지만, 나의 기존 관념이 객관적인 사실과 어긋난다고 생각될 때에는 어떠한 희생을 무릅쓰고라도 이를 과감하게 버리고 새로운 진실을 찾기 위하여 몸부림쳤던 것만은 사실이다.

아래의 서술은 이러한 나의 학문적 관심의 변화과정에 관한 약간의 기록이다.

4 · 19 의거와 민주화 운동

4 · 19 의거가 한국 현대사의 분수령(分水嶺)이었던 것은 사실이다. 한국 현대사의 커다란 물줄기의 하나인 민주화 운동이 4 · 19 의거로부터 출발했기 때문이다. 민주화 운동은 한국에서 비로소 자율적인 시민사회가 형성되기 시작했다는 것을 의미한다. 물론 그 이전에도 한국은 자유민주주의 국가였으나, 민주주의의 발전 수준이 낮고 강력한 반공주

의가 지배했기 때문에 자율적인 시민사회는 존재하기 어려웠다.

민주화 운동은 그 이름과는 달리 민주회복 운동이라는 자유민주주의적 운동으로만 국한되지는 않았다. 민주화 운동은 학생층에 의하여 주도되었기 때문에 거기에서는 자유주의와 더불어 사회주의도 탐구의 대상이 되었다. 사회주의에 대한 탐구에 있어서는 6·25 사변 이전의 사회주의 세력의 영향도 컸다. 1964년의 제1차 인혁당 사건의 지도자 중에는 6·25 사변 이전의 사회주의자들이 있었는데, 이들이 학생운동에 강한 영향을 미쳤던 것이다. 그래서 민주화 운동은 민주회복 운동과 같은 단순한 자유민주주의 운동으로 생각되고 있기도 하지만, 실제로 그 내용은 매우 복잡했다. 한편으로는 야당을 중심으로 하는 민주회복 운동이 전개되고, 다른 한편으로는 학생층을 중심으로 하는 인민민주주의 운동이 전개되었다. 4·19 의거 직후에 사회주의 운동이 얼마나 강렬했는지는 민주당 정권기의 대중운동을 상기하면 금방 알 수 있을 것이다. 민주당 정권은 자유민주주의를 실천할 능력도 없었지만, 인민민주주의 운동을 억제할 능력도 없었다.

그래서 폭발한 것이 5·16 군사정변이었다. 군사정변은 무력으로써 헌법을 일시 정지시킨 것이기 때문에, 국헌을 문란케 한 사건이다. 그러므로 우리는 그것을 쿠데타라 부른다. 그러나 당시에 군부는 6·25 사변을 계기로 70만의 대군으로 성장한 한국 최대의 선진적 사회세력이었다. 그러므로 5·16 군사정변은 한국의 장래를 짊어질 수 있는 사회세력의 수중으로 권력이 이양되는 계기이기도 하고 인민민주주의 운동의 발전을 저지하는 계기이기도 했다.

한국은 5·16을 계기로 경제개발의 힘찬 발걸음을 내딛기 시작했다. 초기의 군사정부는 그 이전 정부의 정책을 답습하여 경제개발의 방향을 수입대체공업화정책으로 잡았다. 그러나 이 정책은 외자 부족, 기술 빈곤 및 국내시장의 협소라는 여러 장애요인에 부딪히게 되었다. 그래서 경제개발의 방향은 1964년 말부터 수출지향공업화정책으로 크게 전환하게 되었는데, 이러한 정책 전환은 제2차 세계대전 이후 미국 주도로 전개되는 반공(反共)을 위한 자유세계의 글로벌리즘 정책과 맞물려 고도성장을 가능케 했다.

그러나 당시에는 소수의 정책 입안자들을 빼고는 누구도 수출지향공업화정책이 성공할 것으로 예견하지 못했다. 왜냐하면 당시의 대부분의 사람들은 세계사가 글로벌리즘의 시대로 전환했다는 사실을 인식하지 못하고, 아직도 제2차 세계대전 이전의 제국주의 시대 속에서 잠자고 있었기 때문이다. 이러한 사람들에게는 여전히 한국 현대의 역사적 과제가 제국주의적 침략에 대항하는 민족 해방 투쟁으로 보였다. 그 결과 민주화 운동의 방향도 이러한 세계사적 구도(構圖) 속에서 모색되었다.

마르크스, 한용운, 신채호와 모택동

20세기 후반 이후의 세계사가 자본주의의 세기(世紀)가 되어버린 오늘날의 시점에서 보면 정말 어처구니없는 일이기는 했지만, 1960년대만 하더라도 선후진국을 막론하고 인류사의 장래는 사회주의의 세기라고 전망하고 있었다. 더구나 세계적으로도 진보적 지성계(知性界)에 있어서는 한국에서 자립적인 자본주의가 발달할 것이라는 것은 상상도 하지 못했고, 한국에서도 사회주의 혁명이 일어나 남북통일이 이루어질 것으로 전망하고 있었다.

만약 세계사아 한구사이 컨망시 위의 같은 깃이다면, 악생운동의 방향이 어떠해야 하리라는 것은 쉽게 파악할 수 있다고 생각했다. 즉 그것은 한국에서 사회주의 혁명과 통일혁명을 달성하는 것이다. 그러나 학생운동이 바로 사회주의 혁명과 통일혁명을 목표로 하는 것은 그것이 비합법적인 운동이 될 뿐만이 아니라 국민들의 호응을 받기도 어려웠다.

그래서 당시의 정부가 권위주의 정부라는 점도 있고 해서, 학생운동은 민주화 운동으로 전개되었던 것이다.

한국에서 사회주의 혁명과 통일혁명을 달성하기 위한 이론으로는 오래전부터 마르크스 이론이 원용되고 있었다. 나의 사상이 마르크스주의로 전환하는 데 있어서도 많은 시간이 걸리지 않았다. 거기에는 두 가지 배경이 있었다. 첫째는 세계적으로 진보운동을 뒷받침하고 있었던 사상이 바로 마르크스주의였다는 것이요, 둘째는 운동권의 선배가 대부분 마르크스주의자였다는 것이다.

내가 마르크스주의 이론에서 흡수한 것은 주마간산(走馬看山)적인 것이기는 했지만, 경제학이론, 철학이론, 역사이론 및 혁명이론 등이었다. 마르크스주의 이론은 한국의 민주화 운동을 이끌 수 있는 많은 이론을 제공해 주었다. 그러나 그것은 한국 민주화 운동의 과제를 바로 제시해 주지는 못한다고 생각되었다. 다시 말하면 당시의 한국이 당면하고 있다고 생각되는 대외 종속 문제와 민족문제의 해결 방향은 제시하지 못하고 있다고 생각되었다. 말하자면 나도 이때에는 저항적 민족주의자였던 것이다.

그래서 한국이 당면하고 있는 민족사적 과제를 모색하는 데 있어서는 그 시대를 충실히 살았던 우리나라의 선인(先人)들로부터 무엇인가를 배울 것이 있지 않을까 생각했다. 그래서 연구 대상으로 선택한 것이 한용운(韓龍雲)과 신채호(申采浩)였다. 당시에는 그들의 저작집이 출간되고 있기도 했다. 두 사람은 모두 열렬한 민족주의자였지만, 사상적 지향점을 서로 달리하고 있었다.

한용운은 우리에게 「님의 침묵」이라는 민족시의 저자로서 널리 알려져 있지만, 그는 동시에 철저한 자유주의자이기도 했다. 그의 주된 저작인 『조선불교유신론』에서는 인간의 본질을 진여(眞如)로 파악하고 진여가 바로 자유라고 해석했다. 이러한 그의 자유주의 사상이 3·1 운동 때

옥중에서 집필한 『조선독립에 대한 감상개요』에 구체화되어 있는데, 거기에서는 조선총독부의 통치가 비록 선정(善政)을 베푼다고 하더라도 그것은 기본적으로 식민지 통치를 전제로 하는 것이고 조선 민족으로부터 민족독립의 자유를 빼앗을 수밖에 없기 때문에 결코 감사할 일이 아니라고 했다. 이러한 한용운의 자유주의 사상이 이론적으로 성립할 수 있는 것인지 어떤 것인지에 대해서는 별도로 검토해 보아야 하겠지만, 그가 자유주의 사상을 불교사상을 매개로 수용하려고 한 점은 매우 높이 평가되어야 한다고 생각했다. 왜냐하면 당시 조선의 사상사적 과제는 서양의 근대사상을 수용한 위에 한국의 근대사상을 전개하는 것이었기 때문이다. 한용운의 자유주의 사상은 사회주의자들이 부정적으로 평가하던 식민기의 조선인 자본의 발달에 대한 적극적인 평가로도 나타났다.

신채호의 사상은 한용운의 그것과는 사뭇 달랐다. 그는 민족주의를 바탕으로 민족사를 정립하려고 하였는데, 그의 민족주의 사상은 근대 민족주의 사상과는 거리가 먼 것이었다. 그는 우선 민족을 인종(人種)으로 파악했다. 그리고 민족주의 사상은 자기 민족이 가지고 있는 고유사상을 지키기 위한 대외 투쟁 과정에서 발전한다고 보았다. 그래서 그는 유교사상을 받아들이고 있는 김부식(金富軾)을 사대주의자로 규탄하고 조선 고유의 사상으로 생각되는 낭가사상(郎家思想)을 수용하고 있는 묘청(妙淸)을 민족주의자로 평가했다. 오늘날의 시점에서 보면, 유불선(儒佛仙) 중의 선의 사상을 계승한 낭가사상이 반드시 조선 고유의 사상인지는 매우 의심스럽지만, 신채호가 조선 고유의 사상에 민족사의 거점을 두고자 했던 것은 분명한 사실로 보인다.

위와 같은 민족주의에 입각하여, 신채호는 민족사를 『조선상고사』에서 "역사란 무엇이뇨. 인류 사회의 '아(我)와 비아(非我)'의 투쟁이 시간부터 발전하며 공간부터 확대하는 심적 활동의 상태의 기록이니, 세계사라 하면 세계 인류의 그리되어 온 상태의 기록이며, 조선사라면 조선 민족의 그리되어 온 상태의 기록이니라"고 했다. 다시 말하면 그는 민족사를 민족주의 사상의 전개로 파악하였던 것이다. 그리고 그는 무정부주의로 경도(傾倒)되어 민족을 민중으로 파악함으로써 민중투쟁사관을 전개하기도 했지만, 그의 사관은 어디까지나 민족사관에 머물렀을 뿐 계급사관으로 발전하지는 않았다.

필자는 1970년대 초에 한용운과 신채호의 사상을 잡지를 통해서 독자들에게 소개할 때에도 그들의 사상이 근대이론에 입각해서 전개되고 있지 못한 점을 매우 아쉽게 생각했다. 그들의 사상이 어떤 이론에 얽매이지 않았기 때문에 현실을 날카롭게 인식했다는 점에서는 배우는 바가 많았으나, 그들의 사상이 근대이론에 입각하고 있지 못했기 때문에 거기로부터 이론적으로 실천 과제를 바로 도출할 수는 없었다. 이러한 불만 속에서 마르크스의 이론을 (반[半])식민지적 상황에 응용한 이론을 찾아볼 수밖에 없었는데, 모택동 사상에서 그것을 찾을 수가 있었다.

모택동이 10억의 인구를 이끌고 중국의 사회주의 혁명에 성공했다는 사실은 이미 잘 알려져 있었다. 그러나 1970년대까지만 하더라도 한국에서의 모택동 이론에 관한 연구는, 백남운(白南雲)의 모순론에 관한 연구가 있기는 했지만, 매우 초보적이었다. 나는 이 무렵에 일본의 삼일서방(三一書房)에서 1952년에 출판한 『모택동선집』 제1-5권을 입수하여 읽어보았는데, 지금까지 내가 가지고 있던 한국 근현대사에 대한 의문이 한꺼번에 해결되는 느낌을 받았다. 모택동이 한용운이나 신채호가 제기한 문제들을 한꺼번에 이론적으로 해결할 수 있었던 것은 역시 그가 마르크스 이론을 바탕으로 중국 근대사의 과제를 해결할 수 있는 방향을 제시했기 때문이다.

모택동은 1937년에 저술한 『모순론』에서 유물변증법의 개념으로서 기본모순(基本矛盾)과 주요모순(主要矛盾)이라는 개념을 설정함으로써 (반)식민지 문제를 분석할 수 있는 이론적 기초를 획득한다. 독립국가에서는 기본모순으로서 계급모순밖에 존재하지 않으나, (반)식민지에서는 기본모순으로서 계급모순과 민족모순이 공존한다는 것이다. 기본모순이 둘이 존재할 경우 하나가 주요모순이 되고 다른 하나가 주요하지 않은 모순이 되는데, 중국의 경우는 1937년의 중일전쟁을 계기로 민족모순이 주요모순으로 되고 계급모순이 주요하지 않은 모순으로 되었다는 것이다.

모택동은 이러한 '중국사회의 성격'을 (반)식민지반봉건사회라고 했다. 필자가 일찍이 식민기의 조선사회를 식민지반봉건사회라고 한 것은 이러한 모택동의 이론에 따른 것이었다. 또 거기에는 북쪽 역사학계의 영향도 있었다. 당시에는 이 이론이 매우 그럴듯하게 들렸으나, 그 후에 곰곰이 생각해 보니 거기에는 적지 않은 문제가 있었다. 가장 중요한 문제는 과연 '사회의 성격'이라는 말이 학술적 용어일 수가 있는가 하는 것이다. 마르크스 이론에서는 '사회구성체(社會構成體)'라는 용어가 있지만, 이 '사회의 성격'이 '사회구성체'와 어떠한 관련이 있는지는 명확하게 설명된 바가 없다.

1980년대 후반에 들어와 한국의 진보학계는 사회구성체 논쟁이라는 중병(重病)을 앓았다. 이 사회구성체 논쟁은 '식민지반봉건사회론'에서 발단된 것인데, 북한이 한국을 미국의 신식민지로 규정함으로써 '식민지반봉건사회론'은 '신식민지반봉건사회론'으로 발전했다가, 1980년대 이후 한국에서 자본주의가 힘차게 발전함으로써 이 이론은 '신식민지자본주의론' 또는 '신식민지국가독점자본주의론'으로 발전하기도 했다. 앞에서도 언급했지만, 모택동미지도 (반)식민지반봉건사회를 감히 사회구성체라고 하지 않았다. 그 이유는 잘 모르겠으나 계급이론에 입각해서 구상된 사회구성체 이론을 계급모순과 민족모순이 복잡하게 얽혀 있는 식민지 사회에 적용하기는 적당치 않다고 생각했기 때문일 것으로 보인다.

위에서 보는 바와 같이 식민지 사회를 총체적으로 파악하고자 하는 이론적 노력은 모택동을 포함하더라도 성공했다기보다 실패로 돌아갔다고 보는 편이 옳지 않을까 한다. 우선 어느 사회를 총체적으로 파악할 수 있는 이론이 성립할 수 있는지에 대해서도 감히 말하기가 어렵지만, 더구나 이민족(異民族)에 의하여 지배되어 있는 식민지 사회를 총체적으로 파악할 수 있는 사회과학이론의 성립은 어려워 보인다. 그러므로 계급문제와 민족문제가 복잡하게 얽혀 있는 식민지사의 연구에 있어서는, 계급문제는 계급이론을 가지고 분석하고 민족문제는 민족이론을 가지고 분석한 후, 거기에서 획득된 연구의 결과들을 가지고 사회 전체를 종합적으로 고찰하는 것이 올바른 방법이 되지 않을까 생각한다.

NICs의 대두와 중진 자본주의의 발전

앞에서 본 바와 같이, (반)식민지반봉건사회론이나 신식민지자본주의론이 이론적으로 성립할 수 없는 것임에도 불구하고, 이 이론은 한국의 민주화 운동을 뒷받침하는 매우 유력한 이론이 되었으며 아직도 일각의 진보진영 운동을 뒷받침하고 있기도 하다. 그러나 1980년대에 들어와서는 한국에서도 자립적 자본주의 발전의 징후가 매우 뚜렷하게 나타나기 시작했다. 나는 1979년의 박 대통령의 시해로 한국 자본주의는 붕괴될 것이라 예상했으나, 전두환 정권하에서 오히려 한국 자본주의는 힘차게 재생되기 시작했다.

이때에 나는 마침 조직에서도 해방되어 있어서 한국 자본주의를 다시 돌아볼 수 있는 좋은 기회를 획득했다. 그런데 그때 일본에서 발간되는 『역사평론』 404호(1983년 12월)에 게재된 나카무라 사토루(中村哲) 교수의 「근대세계사상(像)의 재검토」라는 논문을 읽고 큰 충격을 받게 되었다. 아마 나 스스로 나의 한국 경제에 대한 인식에 어떤 변화를 갈구하고 있었기 때문에 그 충격은 보다 크게 느껴졌을지도 모르겠다. 세계사의 새로운 변화로서 NICs를 중심으로 저개발국에서 자본주의가 강력하게 발전하고 있는데, 한국 경제가 NICs의 대표주자라는 것이다.

나는 위와 같은 세계사의 새로운 변화를 알고 싶어서 1985년 3월에 동경대학 경제학부로 유학을 떠났다. 제일 먼저 연락을 해온 사람들이 조총련의 지식인들이었는데, 그들의 한반도 문제에 대한 사고방식은 너무나 시대에 뒤떨어졌을 뿐만 아니라 박제화(剝製化)되어 있었다. 남미(南美)의 유학생을 중심으로 제3세계의 문제를 토론하는 세미나에도 참석해 보았는데, 거기에서는 종속이론이 이론이라기보다 남미 문제의 원인을 제국주의의 침략으로 돌리려는 남미 지식인들의 의식구조라는 느낌을 받았다. 그리고 공산권의 사정을 알기 위하여 공산권의 여러 나라에서 온 유학생들의 세미나에도 자주 참석하였는데, 그들은 세미나에서 한결같이 눈물을 흘리면서 자국 정부를 성토하는 데만 열을 올렸다.

나는 동경대학에서 한 학기를 마치고 1986년 초에 경도대학으로 나카무라 교수를 찾아갔는데, 그는 나를 매우 반갑게 맞아주었다. 그때 그는 한국 경제를 중심으로 세계사의 새로운 동향을 연구하려고 하고 있었고, 이를 위해서는 나와 같은 한국 경제의 현장을 알고 있는 연구자가 필요했던 것이다. 그는 당장 나에게 공동연구를 제안하면서 현재 NICs를 중심으로 세계 자본주의의 제3파동이 시작되었기 때문에, 세계사적으로는 이제 사회주의의 세기가 끝나고 자본주의의 세기가 시작되고 있다고 했다. 정말 충격적이었다.

13억의 중국과 10억의 인도가 자본주의권으로 진입한 오늘날의 상황에서 보면 위와 같은 인식이 그렇게 대단한 것은 아니라고 말할지 모르겠으나, 당시로서는 세계 현대사에 대한 파격적인 인식 전환이었다. 당시에 일본에서도 이러한 인식을 가지고 있는 학자는 일본인 학자 중에서도 제3세계 연구자로 저명한 동경대학의 모리타 키리로(森田桐郎) 교수

정도였다. 프랑스의 레귤라시옹(regulation)학파에서도 이러한 인식을 보이기 시작했다. 나는 지금도 한국인으로서 일찍이 이러한 인식에 동참할 수 있었던 것을 매우 행운으로 생각한다.

1987년 3월에 내가 서울대학교로 돌아왔을 때 나를 맞이하는 학계의 분위기는 매우 싸늘하였다. 그동안 진보진영의 대표적인 이론가였던 사람이 한국에서 자립적인 자본주의가 발전하고 있다고 인정하는 것은 진보진영에 대한 배반이라는 것이다. 그것도 하필이면 일본에서 말이다. 교수세계나 학생세계나 그러한 분위기는 마찬가지였다. 그러나 다행스러웠던 것은 나의 제자들 중의 많은 사람들은 나의 새로운 인식을 환영해 주기도 했다. 그래서 당시에 마침 어떤 계기로 번 돈도 있고 하여 낙성대경제연구소를 열고, 나카무라 교수와도 한국 경제 발달사에 관한 공동연구를 시작하였다.

당시의 학생운동권에서는 사회구성체 논쟁이 한창이었다. 앞에서 이미 설명한 바와 같이 나는 이미 1970년대에 이 문제와 씨름한 바가 있기 때문에 이 문제를 새삼 거론하는 것은 무의미하다고 생각했다. 그러나 이 문제는 내가 씨를 뿌린 책임도 있기 때문에 무엇인가 거기에 대하여 대응해야 할 의무가 있다고 생각했다. 그래서 나는 두 가지 점에서 사회구성체 논쟁을 비판했다. 첫째는 식민지반봉건사회론이든 식민지자본주의론이든 그것들은 모택동의 경우에서 보는 바와 같이 이론으로 성립할 수 없다는 점. 둘째는 한국에서 자립적 자본주의가 발전하는지 어떤지에 대한 명확한 인식도 없는 채로 당시의 한국 사회구성체를 신식민지국가독점자본주의다 어떻다 하는 것은 이론의 유희에 불과하다는 점.

이 논쟁의 연장선상에서 나는 『사상문예운동』 제2호(1989년 겨울)에 「중진 자본주의로서의 한국 경제」라는 글을 발표했다. 고전적 자본주의와 비교할 때 중진 자본주의가 가지는 특징은 크게 보아 두 가지로 생각되었다. 첫째는, 고전적 자본주의는 내재적(內在的) 발전의 길을 걷지만,

중진 자본주의는 글로벌리즘 하에서 선진 자본주의의 영향을 받아 발전한다는 점이요, 둘째는, 고전적 자본주의는 성장률이 낮은 데 대하여 중진 자본주의는 성장률이 높다는 점이다. 아래에서는 중진 자본주의의 형성 및 발달과정을 보다 구체적으로 설명해 보기로 한다.

글로벌리즘과 사회적 능력

한국이 근대화에 성공한 것은 정말 기적과 같은 일이라 생각된다. 근대화에 성공한 오늘날에 있어서까지도, 나는 한국 근대경제사 연구자로서 한국이 자기의 힘만으로써는 도저히 근대화할 수 없었다고 생각하고 있다. 조선 후기는 상업이 어느 정도 발달하고 실학(實學)이라는 새로운 학풍이 발전하고 있었지만, 19세기 전반기의 세도정치로 정말 앞날이 제대로 보이지 않는 암담한 사회였다. 1876년의 강화도조약 이후 1910년에 이르기까지의 35년간, 세계 자본주의와의 무역이 전개되고 정부에 의하여 여러 가지 근대화 정책도 시도되었지만, 근대적 공장은 전혀 발달하지 않았고, 추계에 의하면 1900년대의 국내 저축은 마이너스였던 것으로 추산된다.

이러한 추세는 일제 식민지 시대에까지도 지속되어 조선총독부의 재정이 만성적인 적자를 나타내었기 때문에 식민지 조선 재정은 오래도록 일본 정부로부터 '보충금(補充金)'이라는 이름의 재정지원을 받아야 했다. 6 · 25 사변 때문에 그러하기도 했지만, 한국 경제는 1960년대의 전반기까지 미국 원조가 없었더라면 재정은 물론 국민경제 자체가 유지될 수 없었다. 한국 근대화의 원동력이 되었던 박정희의 군사정부를 뒷받침한 70만 대군만 하더라도 사실상 미국의 군사원조로 양성되었던 것이다. 한국 무역은 1876년의 개항으로부터 1985년까지, 1924년과 1925년의 두 해를 제외하면, 110년간 지속적인 적자를 보였다.

그러나 한국 경제는 개항 이후로 급속하게 성장했던 것으로 보인다. 개항기의 사정에 관해서는 통계가 없지만, 일제시대와 해방 이후의 한국 경제는 고도성장을 보이고 있었다. 아직도 가치판단을 위주로 하는 권선징악(勸善懲惡)의 역사관에서 크게 벗어나지 못한 한국사 연구자들의 울타리 속에서 보면 일제시대의 고도성장은 정말로 이해가 되지 않겠지만, 경제성장사라는 사회과학적 관점에서 보면 그러한 현상은 쉽게 이해할 수 있다. 오키나와는 명치유신 직후에 일본의 식민지가 되었으나, 경제적으로는 급속히 성장했다. 종속이론의 편견에 사로잡히지 않는다면, 식민지에서는 경제성장이 있을 수 없다는 이론은 세계 어디에도 발견할 수 없다는 사실을 알 수 있을 것이다.

이렇게 경제적으로 뒤떨어지고 허약했던 한국이 근대에 들어와 어떻게 그렇게 급속하게 발전할 수 있었던 것인가. 그것은 중국이 죽(竹)의 장막을 제거하고 개혁개방정책을 단행했을 때, 중국 경제가 고도성장을 보인 것과 기본적으로 다를 바가 없었다. 일제시대까지 포함시켜서 고찰하게 되면 이론적으로 처리하기가 간단치 않은 식민지 문제가 있으므로, 해방 이후의 경제성장에만 한정해서 살펴보도록 한다. 그리고 한국 경제의 성장과정을 이론적으로만 설명하면 경제학 비전공자들은 이해하기 어려울 것이므로, 다소 논리적으로 거친 점이 있다고 하더라도 사실을 중심으로 설명해 보기로 한다.

해방으로 일본 경제와 단절되고 남북 분단을 겪음으로서 만신창이가 된 한국 경제는 미국으로부터의 경제원조가 없었더라면 정말 지탱하기 어려웠을 것이다. 한미관계는 6·25 사변을 계기로 군사동맹으로까지 발전함으로써 놀라울 정도로 공고하게 되었다. 미국 원조는 밀, 면화 및 원당 등 잉여농산물을 중심으로 이루어졌기 때문에 제국주의적 원조라는 비난도 받기는 하였지만, 우선 한국인의 기아문제를 완화시켰을 뿐만 아니라 무역수지 적자를 메워주고 면방직업, 제당업, 제분업 및 요소

비료공업의 발달을 가능케 했던 것도 사실이다. 또 미국은 저개발국의 공업제품 수입에 대한 특혜관세제도(GSP)를 도입하거나 저개발국의 경제발전이론을 개발함으로써 저개발국의 경제발전을 도왔다. 한국은 특히 공산권에 보여주기 위한 자유세계의 쇼윈도에 위치했던 것도 사실이다.

5·16 군사정변 이후 군사정부는 민족주의에 입각한 종래의 수입대체공업화를 추진했으나, 이 정책은 외자 부족, 기술 빈곤 및 국내시장의 협소 등 여러 가지의 애로요인에 부딪쳤다. 경제개발정책이 1964년 말 이후에 수출지향공업화정책으로 전환함으로써 경제발전의 애로요인들은 해소될 수가 있었다. 한국의 경제정책이 수출지향공업화정책으로 전환한 것은 미국에 의한 자유세계의 글로벌리즘 정책에 편승했다는 면도 있었다. 한국은 세계경제의 글로벌리즘 정책에 편승함으로써 선진 제국이 수백 년에 걸쳐서 축적해 온 경제발전의 기본요인인 선진적인 제도와 기술도 자유로이 도입할 수 있었던 것이다.

종래에 필자는 경제발전의 역사적 과정은 경제사로 설명되며, 경제발전론은 경제발전정책론일 뿐이라고 인식하고 있었다. 그러나 한국 경제의 발전과정에 관한 연구와 씨름하다가 자생적 자본주의의 발전과정을 걸어온 선진 자본주의의 경우와는 달리, 글로벌리즘 하에서 경제발전의 길에 들어서는 저개발국의 자본주의 발전의 경우에 있어서는 경제사와 경제발전론이 일치한다는 것을 알게 되었다. 다시 말하면 저개발국의 자본주의 발달사는 경제발전정책 전개사에 다름 아니라는 것이다.

이러한 각도에서 후발 자본주의의 경제발전에 관한 이론적 전개를 보면 19세기 중엽 독일의 F. 리스트의 보호관세정책이론, 1930년대 일본의 아카마츠 카나메(赤松要)의 안행형(雁行型) 경제발전론, 1950년대 A. 거센크론의 후발성 이론 및 1970년대 이후 캐치업(catching-up) 이론 등이 저개발국의 경제발전론으로 확인된다. 이들이 정리한 저개발국 경제발전의 특징은 다음과 같다. 첫째, 저개발국의 경제발전은 국제무역으로부터 시작한다. 둘째, 저개발국의 경제발전은 선진국으로부터의 사양산업(斜陽産業)의 이전(移轉)과정이다. 셋째, 저개발국은 선진국에서 개발된 높은 기술과 선진국에서는 활용하지 못한 새로운 경제개발기구를 가지고 경제발전을 시작한다. 넷째, 저개발국은 개발 초기의 경제발전 수준이 낮으면 낮을수록 성장률이 높다.

저개발국의 경제발전이론을 종합했다고 볼 수 있는 캐치업 이론에 따르면 저개발국의 경제발전과정인 캐치업의 조건은 다음과 같다. 첫째, 선발국에서 후발국이 아직도 이용하지 않은 성장잠재력(기본적으로 제도와 기술)이 고도로 축적되어 있을 것. 둘째, 선발국과 후발국 간에 지식과 정보의 교류가 자유스러울 것. 셋째, 후발국에서 선발국으로부터 성장잠재력을 흡수할 수 있는 사회적 능력이 있을 것. 첫째와 둘째 조건은 무엇을 가리키는지 이해하기 어렵지 않다. 그러나 셋째 조건은 이해하기가 매우 어렵다. 무엇이 후발국이 선발국으로부터 성장잠재력을 흡수할 수 있는 '사회적 능력'일까? 한국 근현대사에서 그것을 찾아보도록 하자.

한국에 서양문물이 전달되기 시작한 것은 임진왜란 때부터이다. 조총(鳥銃)이 바로 서양문물이었던 것이다. 조선 후기에는 서양문물이 전달되는 속에서 상업과 실학이 발달되기 시작했다. 실학에서는 서양문물이 수용되기도 하고 배척되기도 하였으나, 19세기 중엽의 최한기(崔漢綺)에 이르면 서양의 자연과학은 물론 사회제도까지도 수용되어야 한다고 주장되기에 이른다. 개항 이후 이러한 사조(思潮)는 개화사상으로 연결되었다. 그러나 개화사상은 수구사상에 밀려나 근대개혁에는 성공하지 못했다.

당시에 개화를 반대하는 위정척사사상(衛正斥邪思想)이 압도적으로 우세하기는 했지만, 새로운 문물이 밀려오는 세계사의 대세에 떠밀려

집권세력인 수구파(守舊派)라고 해도 개화를 마냥 반대할 수만은 없었다. 수구세력도 재정개혁과 양전사업을 기본내용으로 하는 광무개혁(光武改革)을 단행했지만, 왕실 재정을 강화하고 전근대적 토지소유제도인 결부제(結負制)를 고집함으로써 근대적 개혁에는 실패하였다. 경제 분야에 있어서 근대적 기업이 거의 발전하지 않았던 것도 근대화가 성공할 수 없었던 조건이었다.

한국에서의 근대적 개혁은 일본의 식민지 권력에 의하여 단행되었다. 1905년의 을사조약 이후 단행된 재정개혁과 화폐개혁, 1910년대에 단행된 토지조사사업 및 도량형제도의 정비, 그리고 항만, 체신, 철도, 도로 등의 인프라스트럭처의 건설과 일본인에 의한 기업투자 등에 의해 조선에서는 근대적 시장제도가 창출되었다. 이러한 근대적 시장제도의 창출과 제1차 세계대전으로 인한 호황 때문에 1916년부터 조선인의 근대공장이 출현하기 시작했다. 그리고 1919년의 3·1 운동 이후에는 조선인의 근대학교로의 진출이 폭발적으로 증가하기 시작했다. 그 결과 1945년의 해방 시점에서는 조선사회가 상당히 근대적으로 변모되어 있었다.

내가 이렇게 이야기한다고 해서 나를 식민지 근대화론자라고 비난하는 사람들이 많다. 그러나 나는 위와 같은 사실이 일본의 조선에 대한 식민지 정책의 결과이며 조선인을 위한 근대화 정책의 결과는 아니라고 본다. 이러한 사실은 세계식민지사 일반에서 확인될 수 있다. 그리고 이승만이 대한민국을 건국함에 있어서 일제시대에 양성된 관료와 지식인을 활용하는 일은 불가피했다. 이들을 제외하고 나면 더불어 근대국가를 운영할 수 있는 인력이 없었던 것이다.

이승만이 대한민국을 자유민주주의 국가로 건설한 것 또한 캐치업 이론에서 말하는 '사회적 능력'의 형성에 있어서 매우 중요한 일이었다. 모든 국민들로 하여금 자기의 소질에 따라 능력을 최대한도로 발휘할 수 있는 정치제도를 창출했던 것이다. 그리고 이승만은 어려운 재정형편에도 불구하고 교육투자를 통하여 인재를 양성하고 농지개혁과 귀속재산 불하(歸屬財産拂下)를 통하여 농업경영자와 기업이라는 시장 플레이어를 창출했다. 6·25 사변으로 형성된 70만 대군의 형성은 진실로 중요한 의미를 지닌다. 국민군은 국민국가 형성의 2대 조건 중 하나일 뿐만 아니라 1960년대 경제발전의 주역이기도 했기 때문이다.

앞의 장황한 설명에서 알 수 있겠지만, 저개발국에서의 '사회적 능력'은 미리 예비되어 있었던 것이 아니라 근대화 과정에서 형성되었던 것이다. 그리고 그 형성과정에 있어서는 국내적 요인과 국제적 요인이 복합적으로 작용했다.

한국에서는 현재 한국 근현대사의 문제를 두고 보수와 진보의 사학계 간에 첨예한 대립을 보이고 있다. 그러한 대립이 단순한 연구 차원의 대립이라면 어느 정도의 시간을 두고 해결되어도 좋겠으나, 그것이 중고등학교의 교육문제와 직결되어 있는 사항이라면 초미(焦眉)의 해결을 요구하는 사항이라 아니 할 수 없다. 현재 한국 근현대사의 서술체계는 기본적으로 두 가지로 대별되어 있다. 하나는 민족해방투쟁사의 체계이고, 다른 하나는 대한민국사, 즉 한국 근대화사의 체계이다.

민족해방투쟁사의 체계는 그 뿌리가 깊다. 우리나라의 근대사학의 성립과 그 궤(軌)를 같이하는 것이 아닌가 한다. 우리나라 근대사학의 성립이라고 볼 수 있는 단재 신채호의 민족주의 사관에서 볼 수 있듯이 민족사는 '아(我)와 비아(非我)'의 투쟁사이다. 이 사관은 저항적 민족주의에 입각하고 있기 때문에 좌우의 이념을 초월하는 한국 근대사 일반의 사관으로서 정립될 수 있었던 것이다. 저항적 민족주의에 있어서는 자립적 자본주의의 발전을 전망하지 못하기 때문에, 거기에서는 자유주의보다도 사회주의가 우세할 수밖에 없다. 현재 한국에서의 민족해방투쟁사관이 민족주의적이요 사회주의적 경향을 보이는 이유도 바로 거기에 있다.

한국이 독립운동, 민주화 운동 및 민중운동 등의 선상에서 건국되고 발전되었더라면, 한국 근현대사는 기본적으로 민족해방투쟁사로서 족할 것이다. 그런데 이 운동의 선상에서 건국되고 발전된 북한은 완전한 실패국가로 판명되었다. 반면에 저항적 민족주의가 아니라 국제협력을 통하여 건설되고 발전된 대한민국은 세계의 모범국가로서 번영을 누리고 있다. 그리고 한국 현대사를 자세히 들여다보면, 해방 이후의 민주화 운동과 민중운동은 대한민국사의 일부라는 것이 명백하다. 이들 운동들은 대한민국이 자유민주주의 국가로 발전하는 가운데서 전개된 것이다. 북한에서 김일성 왕조라는 전제국가가 발전하고 있음에도 불구하고 이러한 운동이 없었던 것으로 보아도 이 점은 명백한 것이다.

대한민국의 건국과 발전은 단순한 민족해방투쟁사로써는 설명이 불가능하다. 종래의 '제국주의' 국가들과의 협력관계에서 대한민국은 건설되고 발전했기 때문이다. 어떻게 이러한 국제적 협력관계 속에서 대한민국이 건설되고 발전할 수 있었던 것인가? 그것은 제2차 세계대전을 계기로 세계사가 제국주의 시대로부터 글로벌리즘의 시대로 전환되었기 때문이다. 이러한 시대적 전환을 이해하려면 한국의 국사학계가 아직도 그 속에 빠져 있는 도덕적 재단을 우선하는 '권선징악'의 전근대적 역사학으로부터 하루빨리 해방되어 과학으로 진입해야 한다. 그 유일한 방법은 국사학계가 사회과학을 비롯한 과학의 조명을 받는 길밖에 없다.

『철학과 현실』(2014년 봄)

안병직 서울대학교 명예교수. 서울대학교 경제학부 교수, 일본 동경대학교 경제학부 교수를 역임했다. 저서로『대한민국 역사의 기로(岐路)에 서다』등이 있고, 논문으로 「牧民心書考異」(『春堂丁炳烋博史還歷記念論文集』, 비봉출판사, 1983), 「다산과 體國經野」(『茶山學』제4호, 2003) 등이 있다.

바람직한 삶의 길

이 영 희

들어가며

내 나이는 금년으로 만 70세가 된다. 최근 평균수명이 많이 늘었고, 주변에 80세가 넘은 정정한 분들도 적지 않다. 하지만 70년이면 웬만큼 살았다고 볼 수 있다. 따라서 설혹 지금 세상을 떠난다 해도 큰 여한이나 유감을 가질 수는 없을 것 같고, 그렇게 안타깝게 여길 일도 아닌 것 같다. 한편, 이 나이에도 삶의 의욕을 과도하게 갖거나 새로운 일을 벌이려 하는 것도 별로 좋아 보이지 않는다. 이제는 자신의 인생을 마감하는 단계에 걸맞은 일을 생각하고, 아직 끝내지 못했거나 완성하지 못한 일들을 차분히 마무리하고 정리해 가는 것이 더 필요할 것 같다. 그런 점에서 볼 때, 앞으로 나에게는 특별히 더 추가하거나 보완할 일들이 별로 없을 것이므로, 지금은 지나온 나의 삶을 '총체적으로' 돌이켜볼 수 있고, 그렇게 해도 무방하리라 생각된다.

나의 인생은 내가 겪은 삶이며, 나에 의해 만들어진 삶이다. 그것은 나만의 고유한 삶이다. 나와 똑같은 삶을 산 사람은 세상 어디에도 없다. 물론 동시대인의 삶은 역사적으로 같은 무대에서, 즉 서로 비슷한 조건과 환경에서 시작하거나 전개된다. 따라서 크게 볼 때, 삶의 과정이나 양태가 그렇게 다르지 않을 수 있다. 그러나 좀 더 구체적으로 들여다보면, 각자의 인생은 제각기 추구하는 삶의 목표나 이념, 방향에 따라, 또한 각자가 처하거나 당면한 개별적 상황들에 의해, 그 내용이 현격히 달라지거나 큰 차이가 난다.

지나온 삶은 이미 이루어지거나 만들어진 것, 하나의 역사적 사실로서 존재하는 것이며, 다시 물리거나 수정될 수 없다. 그것은 내가 걸어간 지울 수 없는 발자국이다. 하지만 그것은 전적으로 나에 의해 만들어진 것일까? 그것은 오로지 내 능력의 결과이며, 나에게 귀책되어야 하는가? 그렇게 말하기는 어려울 것이다.

나의 삶을 평가적 차원에서 돌이켜보고자 할 때, 먼저 명확히 짚고 가야 할 것은 그 삶이 전적으로 내가 의도하고 기획한 대로의 삶, 오로지 나 자신에 의해 만들어진 작품은 아니라는 점이다. 이것을 망각하거나 부정해서는 안 되며, 더 나아가 이를 가리거나 은폐하려고 해서도 안 될 것이다.

우리의 삶은 자기가 통제할 수 없는 상황이나 여건, 즉 뜻하지 않은 행운이나 불운에 의해 크게 좌우되고 영향을 받는다. 그것은 삶의 조건이기도 하며, 이를 어떻게 대처해 가는가에 따라 삶의 구체적인 내용이 형성된다. 좀 극단적으로 말한다면 '운(運)'이 인생을 근본적으로 결정한다. 따라서 인생의 이러한 측면을 미리 전제하고서, 자신의 삶을 되돌아보거나 평가하는 것이 옳은 태도일 것이다. 물론 삶의 모든 내용을 이런 관점에서 일일이 따지거나 가려야 할 필요는 없을 것이며, 정확하게 구분하기도 어렵다. 그러나 어쨌든 이를 분명히 의식하는 것은 인생을 회고함에 일차적으로 요구되는 자세라고 하겠다.

나의 삶에 작용한 운(運)

나는 대체로 대과(大過) 없는 삶을 살았다. 세속적 관점이나 기준에서 말한다면, '괜찮은 삶'을 살았다. 이는 어느 정도 사회적 평가를 받는 삶, 자신이 하고자 하는 바를 웬만큼 성취한 삶을 살았음을 뜻한다. 또는 주관적으로 크게 후회하지 않는 삶, 스스로 만족하는 삶을 살았다는 것을 의미한다. 그런 점에서 나는 비교적 '좋은 삶'을 살았다고 할 수 있다.

이러한 삶이 오로지 내 힘으로, 즉 스스로 함양한 능력과 바친 노력에 의해서만 이루어진 것은 물론 아니다. 상당한 부분은 내가 얻은 '좋은 운'—세속적 표현으로는 '복(福)'—에 의하였다. 나의 삶에 중요하게 작용한 '운'을 먼저 몇 개 언급하면서 시작하고자 한다.

나는 인생의 출발점에서부터 매우 유리한 조건과 환경을 갖게 되었다. 나는 좋은 신체적 조건을 갖추고 태어났으며, 경제적 빈곤이나 어려움을 겪지 않은 유복한 환경에서 자랐다. 부모님도 훌륭한 인격과 넓은 도량으로 자식들을 잘 키웠다. 학교 다닐 때에도 남들보다 더 특별한 노력을 하지 않고서도 공부를 잘하고 운동도 잘하였다. 그래서 학급에서도 반장을 계속 하였고, 같은 또래의 친구들 사이에서도 늘 리더의 역할을 해왔다. 이러한 것들은 아마도 내가 구김살 없이 성장하고, 또 청년기가 되어 사회에 대한 엘리트적 책임의식을 갖게 된 데에 보이지 않는 작용을 크게 하였다고 생각한다. 근본적으로 이 모든 것은 내가 운 좋게도 부모를 잘 만났기 때문이었다.

나는 세상을 살아가는 데 좋은 반려자를 아내로 맞게 되었다. 그러나 내가 아내를 만난 것은 확률적으로 쉽게 예견되거나 기대할 수 있는 일이 아니었다. 대학 시절 데모를 주동한 이유로 제적되어 사설 학원의 독서실에서 아르바이트를 하고 있을 때, 그녀가 입시 준비를 위해 공부하러 온 것이 인연이 되어 사귀게 되었다. 만일 내가 제적당하지 않았다면, 그 재수학원에 다니던 동생이 일자리를 소개하지 않았다면, 또 학원에서 나를 채용하지 않았거나 내가 원치 않았다면, 아내를 조우할 가능성은 거의 없었을 것이며, 그녀의 존재조차 나는 알지 못했을 것이다.

아내는 나의 삶에 있어 실질적으로 큰 보탬이 되고, '좋은 삶'을 추구하는 데에 훌륭한 내조를 하였다. 그녀를 아내로 선택하는 데에는 물론 나의 의지가 개입하였지만, 아내를 처음 만난 것은 정상적인 경우에는 거의 있기 어려운 우연적 상황의 중첩에 의하였다. 만일 아내를 만나지 못했다면 아마도 다른 반려자를 찾았겠지만, 나의 가정이나 삶의 모습이 많이 달라졌을 것임은 틀림없다.

나는 작년에 담도암(膽道癌) 수술을 받았다. 평소 늘 건강했고, 나이 들면서 건강관리에도 유의해 왔다. 암은 고령이 될수록 발생 확률이 높고 모두가 두려워하는 질병이다. 하지만 내가 직접 암에 걸릴 것이라는 생각은 미처 하지 못했다. 만일 내 몸에 이상 증세가 조기에 나타나지 않았다면, 그리하여 상태가 악화되었거나 다른 쪽으로 전이가 되었다면, 수술이 불가능했을 수도 있다. 나는 고도로 발달한 현대 의료 기술 덕분에 수술을 잘 받고 회복하고 있는 중이며, 정상적 생활로의 복귀를 기대할 수 있게 되었다. 과거 같으면 더 이상 살지 못하고 세상을 떠났을 수 있다. 암은 본인이 예견하거나 피할 수 없는 질병이며, 자신의 생명과 삶에 치명적인 타격을 입히는 불행의 사자(使者)이다. 현재로는 이 불운을 그런대로 비껴갈 수 있을 것같이 보이지만, 또 언제 다시 나타날지 알 수 없는 상태로 살고 있다. 이 뜻밖의 사태는 여러 면에서 나의 노년기 삶에 큰 영향을 미치게 되었다.

나는 해방 전에 태어나기긴 했지만, 일제시대 및 해방 전후 상황을—너무 어렸기 때문에—전혀 알지 못한다. 그러나 초등학교 2학년에 발발한 6·25 동란과 그 이후의 힘들었던 시절에 대해서는 생생하게 기억하고 있다. 나는 고향인 부산에서 살았으므로 전란의 고생을 직접 겪지 않았다. 하지만 당시 나라 전체가 전쟁으로 인한 엄청난 파괴와, 피폐하고 낙후된 경제 상태로 인해 큰 고난에 처해 있었던 상황은 지금도 나의 눈에 역력하다.

청년 시절 나는, 우리 윗세대는 매우 불행한 세대이며, 우리는 그들보다 훨씬 나은 시대에 살고 있다는 생각을 줄곧 하였다. 우리는 일제 치하의 수모를 직접 겪지 않았으며, 학병으로 사지(死地)에 끌려갈 일도 없었다. 또한 나이가 어렸던 우리는 그들처럼 해방 후 분단의 아픔과 이념 갈등의 국가적 혼란을 직접 느끼지 못하였으며, 동족상잔의 전쟁에 징집되거나 참가하여 귀한 목숨을 잃을 수 있는 상황에도 놓이지 않았다.

나는 공산 치하의 북한이 아닌 남한에 태어나 살게 된 것을 큰 다행으로 여겼다. 비록 정치적 독재가 자행되고 부패가 만연하기는 했어도, 자유가 전혀 없는 북한보다 훨씬 나은 체제에 살고 있다는 생각을 하였다. 하지만 나라를 스스로 지키지 못해 일제의 식민지가 되었고, 외국의 힘과 도움으로 독립을 했어도 분열되어 통일국가를 세우지도 못하고, 경제적으로도 낙후된 후진 상태를 벗어나지 못하고 있는 우리 현실에 대해 큰 수치심과 열등의식을 늘 갖고 있었다.

이런 점에서 보면, 오늘의 젊은 세대는 우리보다 훨씬 좋은 시대를 맞고 있다. 물론 이는 그들이 이룬 것이 아니다. 우리 세대가 피땀 흘려 이룬 것이며, 그들은 운 좋게도—마치 부모를 잘 만났듯이—윗세대의 도움과 덕을 크게 보고 있는 것이다. 지금의 젊은 세대는 국제사회에서도 전혀 열등감 없이—도리어 자부심을 갖고—당당하게 나서거나 맞설 수 있게 되었다.

우리가 태어나거나 자라면서 맞게 되는 시대적 상황은 피할 수 없는 주어진 여건이며, 그러한 상황에서 자신의 삶을 시작하고 살아야 한다. 이는 특별히 강조할 문제가 못 된다. 한편 어려운 상황은 도리어 자신을 더 강하게 하고, 자기의 잠재력을 더 발휘할 수도 있게 한다. 따라서 환경이나 여건을 지나치게 탓하거나, 모두 그러한 탓으로 생각하는 것도 역시 옳지 않다.

훌륭한 능력의 인물이 불행히도 때를 잘 만나지 못하여 역량을 제대로 발휘하지 못하거나 일찍 세상을 떠나는 일은 얼마든지 있다. 반대로 시대를 잘 만나서 아무 어려움 없이 자기가 원하는 일에 전념하거나 제 능력을 마음껏 발휘하게 될 수도 있다. 이런 경우 모두 본인이 잘나서 그렇게 된 것으로 여긴다면, 역시 문제일 것이다.

아무튼 우리는 윗세대보다 시대적으로도 불행하지 않게 태어났으며, 자신의 능력과 노력으로 세상을 헤쳐 나갈 수 있는 도전적 상황 속에서 성장하였다. 그런 점에서는 모든 것이 잘 갖추어지고 다 짜여 있는 환경 속에 사는 젊은 세대보다 우리가 오히려 더 좋은 시대적 조건을 가졌기도 했다.

나의 삶에 영향을 미친 사태와 사건들

우리는 살아가면서 — 반드시 운이나 우연에 의한 것은 아니라 해도 — 예견치 못한 뜻밖의 상황이나 사태에 직면하게 되고, 그로 인해 삶의 길이나 내용이 크게 달라진다. 이것 역시 삶의 일반적 상황이다. 어쨌든 우리는 자신의 삶이 앞으로도 어떻게 전개되어 갈지, 어떤 일들이 돌발할지 알지 못하며, 누구도 이를 확실히 예견하거나 장담할 수 없다.

나의 삶에 큰 영향을 미친 사건이나 일들을 몇 가지 얘기하고자 한다. 먼저, 나는 공무원이었던 부친의 전근으로 서울에서 고등학교를 다니게 되었다. 그때 부친에게 그런 일이 없었다면, 나는 부산에서 학업을 계속하고 고등학교도 거기서 졸업하였을 것이다. 학교가 달랐어도 나중에 다시 같은 대학으로 진학하였다면, 고등학교를 어디서 다녔는지는 별로 큰 문제가 아니다. 실제로 중학교 친구들을 같은 대학에서 재회하기도 하였다.

하지만 내가 진학한 경기고등학교는 세칭 최고의 일류 학교로서 학생들의 자부심도 대단하였고 학교의 분위기도 크게 달랐다. 나는 새로운 교우관계를 갖게 되었고, 특히 영국의 이튼스쿨과 퍼블릭스쿨을 본받을 전범(典範)으로 제시하면서 장래 훌륭한 지도자가 되어야 한다고 늘 강조했던 교장선생의 훈화는 감수성이 컸던 청소년기의 나에게 적지 않은 영향을 주었다. 내가 그 학교의 입시에 다행히 합격해서 다닐 수 있게 되었지만, 서울로의 진학은 부친의 전근으로 인한 뜻밖의 일이었다.

나는 대학 1년을 마친 후 학보병으로 군에 입대하였다. 이것도 미리 계획된 것은 아니었고 돌발적으로 이루어졌다. 선배들이 재학 중에 입대하는 것을 보고, 대학생활을 좀 더 충실히 하기 위해서는 먼저 군대에 갔다 오는 게 좋겠다는 생각을 막연히 해보기는 했었다. 그러다가 일반병보다 복무 기간이 짧은 학보병 제도가 곧 없어진다는 소식을 우연히 듣고서는 입대하려는 마음이 갑자기 조급하게 생겼고, 아직 징집 연령에 이르지 못해 지원하는 방법으로 가게 되었다.

당시 법대생들은 우선 고시 공부를 시작하고 군 입대는 뒤로 미루는 것이 보통이었다. 그러나 나는 고시에 대한 뜻을 처음부터 갖지 않았으므로, 일찍 군대부터 갔다 오려는 생각을 하게 된 것이다. 내가 군에 가려고 한 또 하나의 동기는 대학 캠퍼스를 벗어나 이와는 다른 세계를 경험해 보려는 행동주의적 욕구가 강하게 있었기 때문이었다. 전방 보병 부대의 소총수로 복무한 군대생활은 내가 이를 통해 얻고자 했고 기대했던 바를 충족시켜 주었다. 제대할 무렵, 나는 이제 어떤 어려운 일에 부딪혀도 감당해 낼 것 같은 큰 자신감을 갖고 귀향할 수 있게 되었다.

그러나 군 입대가 나에게 미친 영향은 정작 군대생활 그것보다 제대 후가 더 컸다. 나는 2년의 공백 기간을 끝내고 1964년에 복학하였다. 그런데 그해부터 대학가에서는 한일회담 반대운동이 격하게 전개되기 시작하였다. 나는 처음에는 학생운동을 부정적 시각으로 대하였다. 그러나 그 다음해 법대에서 일어난 데모에 다소 우연하게 따라나선 이후, 투쟁 대열에 적극적으로 합류하게 되었다.

만약 군복무로 대학생활이 늦어지지 않았더라면, 그때 나는 이미 졸업을 앞둔 4학년생으로 취업 준비 등에 관심을 더 쏟았을는지도 모른다. 군 입대는 결과적으로 나를 학생운동권으로 들어서게 하는 뜻밖의 계기를 마련해 준 셈이 되었다.

나는 입학한 지 — 군복무와 제적으로 4년이 늦어져 — 8년 만에 대학을 졸업하고, 대학원에 진학하였다. 하지만 이는 학자의 길로 가려는 목적에 의한 것은 아니었다. 학생운동의 연장으로서 실천적 사회운동에 뛰어들려고 하였으나, 마땅한 일자리를 찾지 못하여 시간적 여유를 얻기 위한 방편으로 택한 것이었다. 또 다행히 좋은 장학금을 받게 되어 공부를 끝까지 잘 마칠 수 있었다. 그런데 졸업논문을 준비하고 있을 무렵, 동대문 평화시장에서 전태일 분신 사건(1970년 10월)이 발생하였다.

이 사건은 나에게 큰 충격을 주었다. 나는 이제 공부는 더 이상 필요 없다고 생각했다. 사회적으로 요구되는 것은 지식이나 이론이 아니라 실천이라고 생각하였다. 그때까지만 하더라도 나는 우리 사회에서의 노농운동은 아직 미숙하고 이르며, 지식인이 동참할 수준이나 정도는 못 된다는 견해를 갖고 있었다. 그러나 나의 그런 사고는 크게 바뀌게 되었다.

내가 대학원 공부를 마치고, 바로 노동조합으로 가게 된 것(1971년)은 바로 이러한 사정에 의한다. 전태일 사건이 그때 발생하지 않았다면, 나는 계속 더 방황하였거나, 또는 긴 장래를 생각하고 현실의 길—예컨대, 가능성의 하나로 염두에 두었던 신문기자가 되는 길—을 택하였을는지 모른다.

나는 노동조합(한국노총과 자동차노조)에서 3년 가까이 활동하다가 독일 유학을 가게 되었다(1974년). 나의 유학은 강원룡 목사님의 권고와 추천에 의한 것이었다. 나는 기독교인도 아니었으며, 저명한 사회지도자인 강 목사님과는 일면식도 없었다. 당시 나는 유학을 갈 수 있는 경제적 형편도 아니었고, 학자의 길은 전혀 생각하지도 않았으므로, 외국 유학이란 내 머릿속에 없던 일이었다. 그런데 독일교회 장학재단(Oekumenisches Studienwerk)의 한국 유학생 추천위원장이었던 강 목사님이 뜻밖에도 나를 첫 후보자로 발탁한 것이다. 그분은 처음 면담한 자리에서 대뜸 현실 경험은 그 정도로 충분하니 독일에 가서 견문을 넓히고 공부도 더 하고 오라고 하셨다. 동반 가족의 생활비도 지급되는 장학금이며, 기독교인만을 선발 자격으로 제한하지는 않았다고 하셨다.

나는 생각지도 못한 강 목사님의 호의와 도움으로, 당시 국내의 어려운 정치적 상황을 벗어나서 더욱이 아무 경제적 어려움 없이 선진 유럽 국가에서 공부할 기회를 얻게 되었다. 그것은 나의 생애에 있어 정말 큰 행운이었다.

나는 강 목사님께 독일에 가서 박사학위를 위한 공부는 하지 않겠으며, 돌아와서는 다시 사회활동에 계속 종사하겠다는 말씀을 드렸다. 이는 당시 고생하는 동료들에 대한 약속이기도 하였다. 나는 혼자서만 어려움 속에서 빠져나와 있다는 미안함과 다소의 죄책감을 유학 기간 내내 버리지 못하였다. 나는 독일에서 2년 8개월 동안 머물렀고, 이어 일본노동협회의 객원연구원으로 도쿄에서 1년 더 머물다가 1978년에 귀국하였다.

나는 한국에 돌아온 후 바로 크리스천 아카데미의 노동교육 담당 간사로 일하게 되었다. 내가 기독교 기관인 아카데미에서 근무하게 된 것은 미리 약속되었거나 예정된 일은 아니었다. 안팎의 상황이 점점 어려워진 아카데미의 사업에—기독교인은 아니지만—나도 동참함으로써 강 목사님께 약간의 보은이라도 해야겠다는 생각에 의한 것이었다.

당시 국내의 노동조합은 정치적 억압으로 더 위축되어 노조 안에서 제대로 된 운동을 전개하는 것이 거의 불가능하였다. 더욱이 내가 종전처럼 노조에 복귀하여 일할 수 있는 상황이 전혀 못 되었다. 나 스스로도 조직의 제약을 받지 않고 바깥에서 노동운동을 돕는 것이 더 낫겠다는 생각을 하였다. 그리고 이제는 활동의 폭을 좀 더 넓혀나가겠다는 생각도 가졌다.

내가 일한 지 1년도 못 되어 사회교육 프로그램 담당 간사들이 불법 용공 서클을 조직하여 활동했다는 혐의로 당국의 수사를 받고 구속됨으로써 아카데미 활동은 완전히 마비 상태에 빠지고 폐쇄의 위기에 직면하게 되었다. 그러나 다음해 10·26 사태의 발생으로 상황이 극적으로 반전되어 아카데미도 재기할 수 있게 되었다. 소위 '서울의 봄'이라는 새로운 상황을 맞아 아카데미는 한국 민주주의의 정착과 발전을 모색하는 프로그램들을 활발하게 전개하였고, 나도 그 실무적 책임(기획연구실장)을 맡아 열심히 활동하였다. 하지만 곧이어 닥친 1980년의 5·17 사태로 그 사업들은 모두 중단하게 되었으며, 아카데미 활동은 다시 크게 위축되고 말았다.

5·17 사태는 나의 진로에도 큰 영향을 미쳤다. 만일 그러한 사태가 없었다면, 아마도 나와 뜻을 같이했던 과거 학생운동 동료들과 함께 정치권으로 진출했을지도 모른다. 그때 나는 이들과 함께 야당 지도자 YS를 정치적으로 지원하는 일도 은밀하게 하고 있었다.

5·17 사태로 나는 향후 진로에 있어 세 갈래의 기로에 서게 되었다.

첫째는 기성 정치권의 민주화 투쟁에 적극적으로 함께 참여하는 것, 둘째는 종전과 같이 사회운동을 계속해 나가는 것, 셋째는 대학으로 가든지 하여 당분간 운동권으로부터 물러서는 것이었다. 결국 나는 대학으로 가는 길을 택하게 되었다. 아이러니하게도 5·17 사태로 비롯된 당시의 제반 상황은 나로 하여금 대학교수가 되게 하였다.

당시 군부독재를 청산할 수 있는 절호의 기회를 맞았으나 정치적 분열로 민주화를 성공적으로 이뤄내지 못한 기존 야당 세력에 대해 나는 실망과 분노를 금치 못하였으며, 이들을 위한 정치투쟁에 다시 동참하고 싶은 생각이 별로 없었다. 한편 그 사이 노동계를 이미 주도하고 있는 급진적 좌파 세력과 더불어 노동운동을 함께할 생각도 없었다. 그렇다고 이들과 맞서 새로운 현실적 노동운동을 펼쳐나갈 형편이나 여건도 아니었다.

나는 당시의 정치적, 사회적 상황과 주변 사태에 대해 심적인 피로와 좌절감을 가졌으며, 우선은 현실로부터 한발 뒤로 물러서서 좀 더 지켜보면서 새로운 길을 모색하고자 하였다. 대학은 나에게 좋은 쉼터를 제공한 셈이기도 하였다. 나는 아카데미를 떠나긴 했으나, 프로그램 기획위원으로 참여하면서 관계를 계속 유지해 왔다.

대학교수로서의 삶

대학으로 자리를 옮긴 후, 나는 28년간 교수생활을 하였으며, 2008년에 정년퇴임하였다. 노동조합과 아카데미에서 일한 5년을 제외하면, 사실상 평생 교수로서의 삶을 살았다. 지금도 '명예교수'라는 직함을 명함에 쓰고 있으며, 사람들도 여전히 나를 교수로 호칭하고 있다. 그러나 교수는 애당초 내가 목표로 삼거나 추구했던 직업이나 삶이 아니었다. 대학 시절 나는 교수라는 직업에 대해 별 매력을 느끼지 못했으며, 이는 내가 판검사직에 관심을 두지 않았던 것과 같은 맥락이었다. 나는 현실과 유리된 상아탑 속에서의 삶이나 사회 뒷전에서 후진을 양성하는 일보다는 적극적으로 나서 일선에서 행동하는 삶, 실천적 사회활동을 더 원하였다. 말하자면 나는 '평론가적 삶'보다 '작가적 삶'을 더 선호하였다.

이런 생각은 사회에 나와서 활동을 하면서도 그대로 유지되었다. 내가 대학교수직에 관심을 가졌거나 그럴 가능성을 염두에 두었더라면, 무엇보다 외국 유학 중 박사학위를 반드시 얻으려고 하였을 것이다. 나는 오히려 박사학위는 절대 하지 않고 돌아오겠다는 약속을 먼저 동료들에게 하였고, 스스로 그렇게 다짐했다.

현실과 거리가 먼 공리공론의 학문적 유희나 고답적 관념을 내가 싫어하고 경멸하였지만, 사회적 실천을 위한 이론이나 연구를 가볍게 여긴 것은 결코 아니었다. 나 자신도 실은 꽤 학구적이었다. 대학 시절에는 무엇보다 세상을 알기 위한 공부를 폭넓게 열심히 하려고 했다. 하지만 교수가 되기 위한 공부나 이력을 쌓고자 하지 않았다. 그 점에서는 내가 오히려 더 비현실적인 이상주의자였다. 나의 이러한 태도와 행적은 나중에 교수가 되는 데에 물론 도움이 되지 않았다. 우선 박사학위가 없었으므로 교수 자격 요건을 충분히 갖추지 못한 상태였다. 그러나 당시 졸업정원제 실시로 인한 학생 정원의 증가로 교수 요원이 부족한 상태였기 때문에, 학위 없는 해외 유학 경력이나 사회적 실무 경험도 제대로 인정되어 큰 어려움 없이 교수가 될 수 있었다. 나는 교수로 재직하면서, 뒤늦게 서울대 대학원의 박사과정에 입학하여 노동법 연구로 학위를 받았다.

교수로 임명되었을 때, 나는 출발은 늦었으나 동료 교수들에 뒤져서는 안 된다고 생각하고, 전공 분야의 학문적 연구와 새 과목의 강의에 모든 노력을 기울였다. 그런데 노동법이나 노사관계와 같은 분야에서는 나처럼 우회의 길을 거쳐 대학에 온 것이 오로지 캠퍼스나 연구실에만 머물며 공부한 경우보다 결코 못하거나 불리하지 않았다. 노동문제에 관한 현장에서의 체험적 관찰과 성인을 대상으로 한 사회교육 경험은 대학에서의 연구와 강의에 큰 도움이 되었다. 크게 볼 때, 그것은 교수 지망생을 위해서는 오히려 매우 소중하고, 반드시 필요한 과정이라고도 생각되었다.

대학에서의 교수생활은 사회활동에도 큰 도움을 주었다. 나는 실천적 활동 영역에서는 일단 물러났으나 단지 자리를 옮겼을 뿐, 내가 일했던 분야의 공부를 계속 이어갈 수 있었다. 또한 현실 경험을 바탕으로 내 생각을 이전보다 이론적으로 훨씬 더 심화시킬 수 있었다. 나는 노동 분야의 전문가로서 외부 강의나 세미나 등에 활발하게 참가하고, 노동계와도 관계를 유지해 왔다. 교수가 된 이후 활동 범위와 폭은 오히려 그전보다 훨씬 더 커졌으며, 사회적 위상도 높아졌다.

나는 당초 목표로 하지 않았던 교수직을 통해 내가 하고자 했던 사회적 활동을 계속할 수 있었을 뿐만 아니라, 실질적으로 오히려 더 잘할 수 있었다. 그리고 보면 교수의 길을 부정적 시각으로만 보고 거부했던 내 생각은 매우 협량한 단견이기도 했다.

대학에 왔을 때, 나는 이제 종래와 같은 활동은 모두 접고 교수직에만 전념하겠다고 결심한 것은 물론 아니었다. 나는 여전히 사회적 활동에 관심을 두고 있었다. 나는 5·17 사태 이후 유신체제와 같은 군부정권은 더는 지속될 수 없으며, 도리 없이 정치적 민주화의 길로 가게 될 것으로 확신하였다. 따라서 우리 사회의 민주적 발전을 위해서는 이제는 체제 비판적이며 투쟁 일변도적인 '사회변혁운동'보다는 체제 내에서의 '개혁적 시민운동'이 필요하다고 여겼으며, 이러한 운동의 활성화에 적극적으로 참여하였다.

한편 바람직한 민주정치가 이루어지기 위해서는 여전히 구태에서 벗어나지 못하고 있는 정치풍토가 반드시 개혁되어야 한다고 생각했다.

당시에 나는, 지금은 이것이 노동문제보다 우리 사회에서 더 시급하고 중요한 실천적 과제라고 생각하고, 이를 위한 시민사회활동에 관심을 더 두었다. 1991년 우리나라에서 처음으로 지방자치제가 시행되었을 때, 나는 생활정치는 정치인 아닌 시민이 주체가 되어야 한다는 '풀뿌리 운동(grass root movement)'에 적극적으로 나섰으며, 나 자신도 동료들과 함께 시민 후보로 직접 출마하기도 했었다.

우리가 전개한 운동은 선거에서 실패하고 말았지만, 나는 이에 물러서지 않고 정치개혁을 위한 시민운동을 계속해서 활발히 전개하였다. 더 나아가 이러한 개혁운동을 정치권에 접목시키고자 하였으며, 당시 새로 설립된 집권당의 정책연구기관인 여의도연구소(1993년)의 소장직을 맡아 정치권으로 직접 나아가기도 하였다.

나는 학문적 연구에만 몰두하는 '순수한' 학자가 아니었다. 하지만 민주사회에서 시민의 한 사람으로서의 사회적 참여는 당연하며, 특히 우리와 같은 정치적, 사회적 상황에서는 사회지도층에 속한 교수의 참여는 불가피하게 요청되는 책무라는 생각을 했다.

우리 사회에서는 정치에 과도하게 관여하거나 참여하는 교수를 부정적인 시각으로 보거나, 소위 '정치교수(polifessor)'로 폄훼하기도 한다. 교수의 정치적 참여가 교수로서의 본업을 소홀히 하거나 참여의 순수성을 흐리게 하는 정도까지 나아가거나 일탈한다면 당연히 비판이 따를 수 있다. 또한 정치참여의 당위성이나 필요성을 진정으로 확신한다면, 교수직을 떠나거나 양자택일의 결단을 해야 옳을 것이다.

대학을 휴직하고 여의도연구소장직을 맡게 되었을 때, 나는 그냥 직당히 참여하는 것이 아니라 필요하다면, 또는 일이 잘 진척된다면 교수직을 영구히 떠날 수도 있고, 또 그렇게 하겠다는 각오를 갖고 임하였다. 나는 마치 돌아오지 않는 다리를 건너는 심정으로 정치권으로 다가갔다. 하지만 모든 일은 여의치 않았고, 결국 정치적 진출을 포기한 채 학교로 복귀하고 말았다. 우선 무엇보다 나의 정치적 역량의 미숙함 때문이었지만, 시민운동을 통해 추구한 정치개혁을 현실정치 속에서 추진하기에는 우리의 힘이 너무나 부족하였다. 하지만 그렇다고 내가 정치적 이상을 포기하거나 주변의 기대를 저버리면서까지 현실정치에 참여하는 정치인이 되려는 야망을 갖고 있는 것은 아니었다.

학교로 복귀한 후, 그동안의 바깥 활동에 대해 자숙한다는 의미도 부여하여 교수 본연의 업무에 몰두하기로 하였다. 성과 없는 일에 집착하거나 시간을 허비하기보다, 이를 단념하고 교수생활을 충실히 하는 것이 지금은—정년을 이제 10년 앞둔 나에게—더 의미가 있고 중요하다는 생각을 하였다. 정치란 개인적 소신과 노력만으로 이루어지는 것은 아니며, 어느 정도의 '정치적 운'을 타거나 시대적, 정치적 상황도 다소 그에 맞게 조성되어야 한다는 것을 그동안의 과정과 경험을 통해 절감하였다. 그리고 나에게 그러한 운은 따르지 않는다고 여겼다.

대학으로의 복귀는 나의 사회적 활동에 있어 두 번째의 인퇴(引退)이기도 하였다. 첫 번째는 사회운동으로부터 물러나 대학으로 가게 되었을 때이며, 이번에는 정치운동으로부터 물러나 대학으로 다시 돌아오게 된 일이다. 하지만 이번의 인퇴는 이전과 의미가 달랐다. 내가 정치참여나 사회운동에 관심과 의욕을 집요하게 가졌다면, 대학에 돌아온 후에도 계속 외부적 활동을 해나갈 수는 있었으며, 이를 막는 특별한 장애가 있지는 않았다.

그동안 우리 사회는 정치적, 사회적으로 어느 정도 안정권에 들어서고, 민주화의 진전과 함께 각 분야에 걸쳐 시민적 역량이 크게 신장되어 왔으며, 사회적 의식에도 상당한 변화가 이루어져 왔다. 따라서 국가의 위기적 상황이나 사회의 후진적 상태에서 요청되거나 행하여졌던 지식인의 사명감에 의한 선도적 활동이나 사회참여는 반드시 필요하지 않게 되었다. 오히려 각자가 본래의 위치나 본업으로 돌아가서 자신의 일을 충실히 하는 것이 더 바람직하다고도 말할 수 있게 되었다.

정치개혁은 여전히 우리 사회의 중요 과제이긴 하지만, 지식인이 마치 '구국 대열'에 참여하듯이 큰 사명감이나 명분을 갖고 나서야 할 정도의 절박한 문제는 아니며, 또 개혁이 그렇게 쉽사리 이루어질 수 있는 것도 아니다. 그뿐만 아니라 이제는 정치에 참여하거나 입문하고자 하는 열의가 사회 각 분야에서 매우 높아졌으며, 시민의 정치적 분별 역량도 향상되어 가고 있다.

그런 점에서 나의 학교로의 복귀나 인퇴는 사회적 책무를 회피하거나 개인적 안일을 추구하려 한다는 비판의 대상이나 표적이 될 수 없게 되었다. 나는 비교적 편한 마음으로 교수 업무로 돌아왔으며, 이제 교수로서의 기본 책무를 다하기 위해 남은 기간을 이에 매진하기로 하였다.

나는 교수를 목표로 하지 않았지만, 그렇다고 해서 내가 추구하고자 한 직업이 따로 있었던 것은 아니었다. 나는 '사회운동가'라는 직업을 갖거나 직업적 사회운동가가 되려고 하지도 않았다. '정치가'가 되려는 생각을 갖기는 하였지만 '직업적 정치인'이 되고 싶지는 않았다.

청년 시절 나는 적성에 따른 어떤 직업인이나 전문가를 목표로 삼거나 지향하기보다 사회적으로 필요하고 요구되는 일을 하고자 했다. 좀 더 높여서 말하면, 존경받는 국가적, 사회적 지도자가 되기를 바랐다. 그러나 그것은 나의 분수를 넘어선 희망이었고, 이를 위해 요구되는 헌신적 노력도 별로 하지 못하였다. 결국 나는 교수라는 한 직업인으로 대부분의 삶을 살았다.

내가 평소 부럽게 여긴 직업적 삶은 어디에도 매이지 않는 독립적이고 자유로운 작가와 같은 삶이었다. 하지만 나에게는 그러기에 충분한 문학적, 예술적 능력이 없었으므로, 애초에 그런 삶을 목표로 삼을 수 없었다. 그러나 교수로 지내면서 다른 어떤 직업의 경우보다 많은 자유를 누릴 수 있었고, 내가 추구한 일들을 병행할 수 있었다.

따라서 나는 교수생활에 불만이 전혀 없었으며, 오히려 감사하게 생각해 왔다. 우리 사회에서 교수는 상당히 좋은 평가를 받는 직업군에 속하며, 교수라는 신분에 주어지는 사회적 편이(便易)나 대우는 매우 높은 편이다. 교수(직)는 경제적으로도 안정된 생활을 할 수 있는 소위 '지배적 기득계층'에 속한다. 내가 청년 시절 교수직에 냉소적이었거나 거부감을 가졌던 이유의 하나도 여기에 있었다.

내가 교수로 가는 것에 대해, 일선 사회활동에서부터 당분간의 인퇴 기간을 갖기 위한 것이라는 것, 활동 차원을 한 단계 더 높이거나 넓혀가기 위한 시도라는 것 등의 명분을 내세우기도 했다. 하지만 내가ー소위 운동권적 세계로부터 서서히 물러나ー사회적으로 안정된 생활권으로 진입한다는 것, 나아가 사회적 기득계층(established class)으로 편입되어 간다는 것은 한편 부정할 수 없는 사실이었다.

그런 점에서 그것은ー청년 시절의 관점에서 보면, 초지(初志)에서 벗어난ー나의 '변신'이었다. 반대로 좋게 말한다면ー청년 시절의 순수한 사고에서 깨어난ー적극적인 현실 적응이기도 하였다. 어쨌든 나는 교수직을 중도에 떠나거나 버리지 못하였으며, 정년이 되어 퇴임하게 될 때까지 계속하였다.

나는 교수로서의 삶을 산 것에 스스로 불만은 없으나, 과연 교수의 책무를 제대로 수행했는지는 따로 평가받아야 할 일이다. 나는 학자로서의 충분한 연구 업적이나 큰 학문적 족적을 남기지 못하였으며, 교육자로서 좋은 제자들을 많이 키워내지도 못하였다. 다만 나는 교수의 역할은ー대학 시절 나 자신이 그렇게 원하였듯이ー학생들이 스스로 공부할 수 있도록 안내하거나 옆에서 도와주는 것이어야 하며, 스스로의 활동이나 인격을 통해 학생들로부터 존경받는 것이 더 중요하다는 생각을 가졌다.

퇴임을 앞두고서 나는 예기치 않게 정치적 참여 활동에 다시 나서게 되었다. 2007년 대통령 선거에서 야당의 대선 후보를 지원하는 시민운동조직('선진국민연대')에 참여하게 된 것이다. 나 스스로는 보수적 정치이념을 지향하고 있지 않다고 생각한다. 하지만 지난 10년간 집권한 진보적 좌파 정권이 많은 문제를 노정해 왔으며, 국가의 균형적, 안정적 발전을 위해서는 이번에는 보수적 정치세력에 의한 정권교체가 필요하다는 견해를 갖고 있었다. 그러나 내가 굳이 적극적으로 나서야 할 일은 아니며 그럴 생각도 없었지만, 과거 정치개혁운동을 함께했던 동료들의 간청을 거절하지 못하였다.

나는 참여의 조건으로 논공행상의 보상을 요구하거나 청탁한 적이 없으며, 자원봉사적 시민운동 차원에서 참여하였다. 그러나 선거 후 기대하지 않았던 노동부장관직을 임명받게 되었다.

노동문제는 나의 사회활동의 첫 출발 방향을 결정짓게 한 이슈였으며, 외국에 가서도 노동문제를 공부하였고, 대학에서도 노동문제를 전공으로 강의하고 연구하였다. 하지만 민주화 이후 노동문제에 대한 나의 관심은 점차 엷어져 갔으며, 퇴임을 앞두고는 다른 분야(예컨대 법사회학, 법철학 등)의 공부에 더 비중을 두었다. 그리고 군부체제의 억압 속에 놓여 있던 당시에 나는 오로지 노동자의 권익을 신장하는 입장에서 노동문제를 보았지만, 노동운동 세력이 폭발적으로 확대되고 강화된 민주화 시대에 와서는 한쪽에 일방적으로 기울지 않는 노사 균형적 입장을 취해 왔다.

새 정권의 초대 노동부장관으로의 발탁은 심한 갈등과 수배 속에 있는 우리의 노사문제를 정상화하고, 글로벌 시대에 걸맞은 노사관계를 새로 정립해야 할 책무를 맡긴 것으로 생각하고, 나는 나름대로의 노력을 다하였다. 하지만 큰 결실을 얻지 못하였으며, 2년이 못 되어 물러나게 되었다.

장관직의 임명을 계기로 나는 정치권으로 다시 진입하거나 사회적 활동을 새롭게 펴보려는 생각을 갖지 않았다. 사회활동을 종료하는 퇴임을 앞두고서, 나는 개인적으로는 과분한 명예를 뜻밖에 얻게 되었다. 하지만 그것이 나의 생활을 다시 바꾸게 할 정도의 계기는 못 되었다.

우리 사회는 여러 분야에서 해결해야 할 문제를 여전히 많이 안고 있고, 각 분야의 역량이 함께 노력해서 이를 해결해야 할 것이다. 하지만 이제 이 사회는 우리보다 젊은 세대가 책임의식을 가지고 주도해야 하며, 그러한 시대가 이미 도래했다. 그들을 위해서라도 우리가 뒤로 물러서는 것이 이제 더 바람직하게 되었다.

다만 아직도 나의 마음에 걸리는 일이 있다면, 이는—우리 사회의 문제가 아니라—야만적인 폭정 속에서 고통스러운 삶을 살고 있는 북한 동포들을 돕거나 구하기 위해 아무런 활동을 하지 못했다는 것이며, 그것은 큰 자책으로 남아 있다. 그러나 이 문제도 결국 젊은 세대가 떠맡을 수밖에 없게 되었다. 넘겨진 민족적 사명과 과제가 이제 그들에 의해 잘 수행될 수 있기를 간절히 바랄 뿐이다.

나를 지배해 온 생각들

나는 평소 '성실한 삶', '올바른 삶'을 살고자 했으며, 그러한 삶을 마땅히 살아야 한다고 생각했다. 그것은 나의 좌우명과 같은 것이었다. 물론 내가 충실하게 그런 삶을 산 것은 결코 아니며, 이에 대해서는 항상 부끄럽게 여겨왔다.

내가 생각한 '성실한 삶'이란 내세운 명분에 일치하는 삶, 즉 지행 및 언행이 일치하는 삶, 내실에 충실한 삶 등을 의미하였다. '올바른 삶'이란 옳지 않다고 생각되는 일을 하지 않는 삶, 그러한 일을 용납하지 않는 삶을 뜻하였다.

구체적으로 어떤 교육이나 사상적 영향에 의해 이런 가치를 지향하게 되었는지는 잘 알지 못한다. 나는 가정적으로 특별한 종교적 배경 없이 성장하였으며, 유학자 가문의 출신도 아니었다. 아마도 무엇보다 어릴 때부터의 학교교육이 영향을 주었거나, 전통적인 문화적 환경에 영향을 받았을 것이다. 또는 그러한 지향이 내면에 스스로 잠재해 있었는지도 모르겠다.

나는 초등학교 때 '큰 바위 얼굴'의 얘기에 큰 감동을 받고, 그 책을 몇 번씩이나 읽었던 기억이 있다. 청소년 시절에도 수행자의 경건한 생활이나 성직자의 헌신적 삶에 대해 큰 존경과 흠모의 마음을 지니고 있었다. 고등학교 때에는 형들이 보던 『사상계』 잡지를 통해 읽은 종교인 함석헌 선생과 농촌운동가 유달영 교수의 글들에 큰 감명을 받았다. 도덕 재무장(MRA) 운동에도 스스로 참여하기도 했다. 그리고 학교 친구들의 영향으로 문학에 관심을 갖고, 지드, 헤세 등의 소설들을 읽었다.

대학에 와서는 당시 지식사회를 풍미하였던 서구의 행동주의 문학과 실존주의 사상에 심취하였으며, 말로, 카뮈, 사르트르 등의 작품들을 탐독하였다. 대학 다닐 때 소심증을 극복하고자 산악반에 가입하여 록클라이밍을 하게 된 것, 미지의 바깥 세계를 체험하고자 1년을 마치고 군에 지원 입대하게 된 것, 어떤 것에도 구속되지 않고 스스로에 책임지는 '자유인'을 이상으로 추구한 것도 이들 사상의 영향이었다.

나는 군복무를 마치고 복학한 이후에는 인문사회과학 공부에 몰두하였다. 우선 고시 생각이 없었고 아직 취업 준비에 신경 쓸 필요도 없었으므로, 아무 부담 없이 원하는 공부에 집중할 수 있었다. 나는 고시 공부를 하지 않는 대신 고시 준비생에 뒤지지 않을 정도로 책을 열심히 읽겠다는 약간의 경쟁의식을 갖기도 했다. 그것이 더 가치 있는 대학생활일 것이라고 확신하였다.

나는 무엇보다 세상을 폭넓게 알고자 하였다. 경제학, 사회학, 철학 분야의 입문서나 기초 서적들을 읽기 시작하였으며, 슈펭글러, 토인비, 소로킨, 베버, E. H. 카, 프롬 등 서구 학자들의 저서를 탐독하였다. 이런 공부들을 통해 사회에 대한 기본적 안목과 지식을 갖게 되고, 뭔가 세상을 좀 알게 되는 것 같은 느낌도 갖게 되었다. 따라서 공부에 열중하려는 의욕이 더욱 생겨났다.

그러나 3학년 때 참여하게 된 학생운동은 나의 사회 인식의 기본 방향과 태도에 큰 변화와 전환을 갖게 하였다. 나는 처음에는 한일회담이 정부의 굴욕적인 저자세 외교로 진행되는 것에 분노를 느끼고 한일회담 반대투쟁에 참여하였다. 이는 당시 사회 인사들의 일반적 인식과 주장에 동조한 것이기도 하였다. 그러나 일부 주도 학생들은 그런 단순한 시각에서 한일회담을 보아서는 안 되며, 그것은 아시아에 있어 한미일의 삼각동맹을 구축하려는, 배후에 있는 미국의 제국주의적 발상과 조종에 의한 것이라는 주장을 강하게 내세웠다. 이는 내가 전혀 들어보지 못했고 생각하지도 못했던 차원의 얘기였다. 이들은 이미 소위 '진보적 좌파'의 입장에서 세상을 보고 있었던 것이다.

나는 그들의 주장에 회의적 태도를 버리지 않으면서도, 그동안 이런 관점에는 전혀 문외한이었다는 사실에 대한 지적 충격과 열등의식을 느끼게 되었다. 그래서 공부의 방향을 돌려서 이 세상을 좀 더 근본적으로 인식하고 제대로 된 사고를 가지려고 하였다. 나는 학교에서 제적되어 시간의 여유가 많았으므로 일본어를 익히면서 당시에는 금기였던 마르크스주의와 사회주의 계열의 일본 서적들을 구해 본격적으로 공부하기 시작하였다.

유물사관과 계급이론을 바탕으로 한 마르크스주의적 철학 및 사회과학 이론은 나로 하여금 새로운 눈으로 세상을 보게 하였다. 그것은 지금까지 공부해 온 것과는 유(類)가 다른 것이었으며, 세상에 대한 인식과 삶의 자세에 상당한 변화와 전환을 가져오게 하였다. 우선 무엇보다 서구의 주류 사상에 대한 근본적 비판에 입각한 이들 이론은 내가 지금까지 한갓 부르주아적 세계관의 토대와 한계를 벗어나지 못하고 있었다는 자성적 인식을 하게 만들었다.

나는 어릴 때부터 좋은 가정환경에서 자란 것에 대해 긍지를 가져왔으나, 그것은 사회의 계급적 지배구조를 바탕으로 한 것이었다는 생각을 갖게 된 것이다. 그리고 나 자신이 그런 지배계급의 출신이라는 것에 대한 일종의 '원죄의식'을 느끼게 되었다. 나는 군대에 가서 처음으로 가까이 접하기도 했던 우리 사회의 하층 대중들에게 단순한 '연민의식'이 아닌 '속죄의식'을 갖고 이들을 위해 일해야 마땅하다는 생각을 갖게 되었다. 대학을 졸업한 후 노동조합에 가서 일하게 된 배경에는 이러한 의식의 변화도 상당히 작용하였다.

마르크스주의 이론의 공부를 통해 깨닫게 된 나의 인식과 사고의 부족 및 오류에 대해, 나는 올바른 자세로 보완하고 수정하고자 하였다. 그러나 마르크스주의 이론을 교조적으로 수용하거나 추종할 수는 없었다. 나는 이들 이론에 대해서도 객관적, 비판적 태도를 견지하였다. 이는 스스로 버리지 못한 '부르주아적 속성' 때문이 아니었다. 그것은 나의 주관적, 독단적 사고에 의한 것도 아니었다. 마르크스주의 이론을 비판적 관점에서 다룬 여러 글들도 읽고, 또한 혁명을 통해 등장한 공산주의 국가의 현실을 보고 갖게 된 확신에 의한 것이었다.

마르크스주의 이론은 나로 하여금 종래의 주류 이론이 간과하거나 외면하였던 새로운 시각을 갖게 하였으나, 그러한 관점—예컨대 '유물론'이나 '계급투쟁론'—으로만 세상을 보거나 이해하는 것은 너무나 조야(粗野)하며, 실제의 역사나 현실을 제대로 설명하지 못한다고 생각하였다. 사회주의나 공산주의는 객관적, 과학적 이론이 아니라, 이를 표방한 하나의 정치혁명적 이데올로기에 지나지 않는다는 인식을 갖게 되었다.

그럼에도 서구의 일부 진보적인 지식인들조차 이 사상에 편향적으로 기울어져 있는 것에 대해 나는 이해할 수 없었으며, 더욱이 공산국가의 정치적 억압체제에 눈을 감거나 두둔하는 것에 대해서는 도저히 용납할 수 없었다. 특히 당시 국내외에서 군부독재를 반대하고 민주화 투쟁을 하던 우리 지식인들 가운데는 이미 북한 정권을 옹호하는 친북적 인사들도 적지 않았다. 나는 이들과는 연대하거나 상종할 수 없다고 생각하고 항상 거리를 두어왔다.

대학 졸업 후 노동조합활동에 참여할 때, 나는 군부독재체제에 대한 반대투쟁을 대중운동으로 확산시킨다는 의도를 품고 있었다. 하지만 이런 생각이 노동운동의 현실과는 맞지 않다는 것을 곧 감지하게 되었다. 우선 당시 노동조합은 조합원들의 당장의 생계 및 근로조건을 유지하는 데 급급해 있을 뿐 아니라, 조직의 힘이 허약하여 사용자와의 대등한 교섭은 아예 생각지도 못하고, 도리어 정부의 지원을 기대하고 있는 실정이었다. 이들은 학생운동과 같은 반정부적 정치투쟁은 자신들이 할 수 없는 일이며, 그나마 노동조합활동조차도 어렵게 만드는, 즉 노조활동을 방해하는 투쟁으로 인식하고 있었다.

그러나 이들의 입장을 나는 이해할 수 있었으며, 그동안 지식인의 비현실적 관념에 빠져 내가 너무 앞서가 있었음을 깨달았다. 나는 노동조합의 활동이 기본적으로 외부 지식인의 시각이나 정치적 차원에서가 아니라 노동자의 입장에서, 그리고 그들의 생활적 관점에서 출발하고 이루어져야 하며, 노동운동의 주체는 어디까지나 그들이 되어야 한다는 생각을 갖게 되었다. 무엇보다 나 스스로 지식인이 범하기 쉬운 관념적, 독단적 사고에 빠져서는 안 되며, 항상 사회적 현실 속에서 자신의 인식을 비판적으로 검토하여 현실과 괴리되지 않도록 해야 한다는 각성을 다시 하게 되었다. 이것은 노동운동의 참여를 통해서 얻게 된 귀한 교훈이었으며, 나의 사고에 큰 영향을 미쳤다.

내가 유학을 갔을 때, 오펠(Opel) 자동차 공장에서의 석 달간의 노동이 포함된 독일 산업선교기관(Gossner Mission)의 6개월 세미나 코스에 자청하여 참가하게 된 것도 현장 경험을 통해서 노동문제를 인식해 보려는 동기에 의하였다. 나는 현실의 바탕 위에서 노동운동에 대한 이해와 연구를 하고자 했다. 이런 자세는 나중에 대학교수로 가게 되었을 때도 견지되었으며, 나의 학문적 방법론의 기초가 되었다. 나는 법학에 있어 '주류 법학'의 법해석학보다 법과 현실과의 관계 및 법의 현실적 기능을 중요하게 다루는 법사회학적 방법론을 더 중시해 왔다.

나는 어렸을 때부터 국가와 사회를 위해 헌신하는 것이 가장 가치 있는 삶이라는 생각을 가졌으며, 이런 생각은 사회의식을 갖게 된 청년 시절 이후 더욱 강화되었다. 이는 학교교육뿐만 아니라 전통적인 유교 사상의 영향도 컸을 것으로 여겨지며, 우리의 시대적, 사회적 상황이 그런 의식을 갖게 하였다고도 할 수 있다. 일반적으로 이러한 가치의식은 지금도 크게 달라지지 않았다. 사회 공동체의 한 구성원으로 살아가는 우리가 자연스럽게 갖게 되는 의식, 마땅히 가져야 하고 강조되어야 하는 삶의 자세이기도 하다.

하지만 나는 '청년기'를 지나 '장년기'에 접어들면서 인간의 삶에 대한 이러한 태도에 한계와 문제를 점차 느끼게 되었으며, '노년기'에 이르러 그런 생각은 더욱 커졌다. 이는 삶에 대한 종전의 인식이 잘못되었다는 것이 아니라, 인간의 삶을 그런 차원에서만 보거나 이해하는 것은 너무 단순하고 일면적이라는 것이었다. 이는 인간의 삶을 단지 사회적 관점, 즉 향외적(向外的) 차원에서만 인식하거나 평가하는 것이다.

나는 과거 마르크스주의 사상을 공부하면서 이런 문제를 많이 느낀 적이 있다. 마르크스주의는 계급적 억압 구조를 폐지한 사회주의와 공산주의가 인민에게 행복을 가져다줄 것이라고 공언하였지만, 과연 그러한 체제가 도래하면 인간이 모두 행복해질 수 있을지는 의문이었다. 이는 자본주의 체제에서도 충분히 가능하게 된 경제적 빈곤의 퇴치나 물질적 풍요의 구현이 인간의 행복을 보장할 수 없는 것과도 같은 맥락의 문제이다. 사회주의나 물질적 풍요는 죽음 앞에 서 있는 한 인간을 행복하게 할 수 없으며, 죽음에 대한 두려움이나 공포를 극복하게 하지는 못한다. 그런 문제에 대한 언급은 사회주의 이론이나 향외적 인생론 어디에서도 찾아보기 어렵다.

근본적으로 인간의 생명은 사회와 무관하며, 사회를 위해 인간이 태어난 것도 아니다. 사회는 인간의 삶에 필수적 환경이긴 하지만, 그것이 개인의 삶을 완전히 포박할 수는 없는 것이며, 사회는 어디까지나 이차적인 것이다. 이런 사고는 사회가 점차 안정되어 구성원의 사회적 책무가 지나치게 강조될 필요가 없는 단계에 이를수록, 다시 말해 각자가 자유롭게 추구할 수 있는 사적 활동 영역이 확대될수록 더욱 크게 나타날 수 있다.

사회적 실천과 성취는 물론 가치 있는 일이며, 인생의 중요한 목표가 될 수 있다. 하지만 인간의 삶과 죽음에 대한 근본적인 성찰을 바탕으로 한 내면적 자기완성의 삶도 그에 못지않게 중요하며, 어떤 면에서는 더 중요한 목표와 과제가 될 수 있다. 국가와 사회를 구하는 인물이 되겠다는 것은 살신성인의 훌륭한 자세이기도 하지만, 경우에 따라서는 분수를 넘어선 과욕이거나 헛된 망상일 수도 있다.

나는 사회적 활동에서 물러나면서 관심을 향외적 사회문제로부터 향내적(向內的)인 인생문제로 돌리기로 하였고, 이는 오래전부터 품어온 생각이기도 하다. 나는 얼마 남지 않은 나의 삶을 어떻게 마감하는 것이 가장 바람직한지, 죽음의 문제를 어떻게 극복해야 하는지를 진지하게 더 생각하고, 이에 필요한 수행도 하려고 하고 있다. 이는 '노년기'의 나에게 자연스럽게 나타난 또 하나의 사고의 전환이기도 하다.

마치며

　나는 1943년에 한 번뿐인 나의 생명을 얻어 지구 육지의 한 모퉁이에 있는 대한민국이라는 나라에서 태어났으며, 이미 70년 넘게 살아왔다. 내가 살았던 시기는 세계적으로는 제2차 세계대전 및 동서 간의 격한 대립이 전개된 격동의 시대였으며, 고도의 산업발전 및 탈산업화와 새로운 정보혁명이 함께 이루어진 세기적 대전환기였다. 국내적으로는 해방과 분단, 6·25 동란, 산업화와 민주화 등 정치적, 경제적, 사회적으로 큰 갈등과 고난을 치르고 경이적인 발전을 이룬 시대였으며, 나라의 모습은 과거와 엄청나게 달라졌다.

　이전의 어떤 세대보다 우리는 큰 변화와 많은 역사적 사건들을 직접 목격하고 겪으면서 ─ 남이 가보지 못한 여러 곳으로 흥미로운 여행을 많이 한 경우처럼 ─ 살아왔다. 인류사적 관점에서도 획기적 의미를 갖는 20세기에 내가 이 세상에 태어났다는 사실은 ─ 확률적으로도 정말 기대하기 어려운 ─ 큰 행운이기도 하였다. 하지만 근본적으로, 내가 태어나 인간의 이러한 삶의 모습을 보고, 또 그 속에서 살고 간다는 것이 과연 어떤 의미를 갖는지는 참으로 알기 어렵다. 긴 시간의 흐름에서 보면, 그것은 지구상에 남겨진 인간의 미미한 삶의 흔적에 불과하다. 더 먼 장래에는 그 흔적마저도 완전히 없어져버릴 수 있다.

　지구상의 생명체가 과연 어떤 우주적 의미를 지니고 있는지, 인간은 과연 어떤 역할이나 사명을 부여받고 등장한 존재인지는 알 수 없다. 우주적 차원에서 볼 때 인간을 포함한 모든 생명체는 ─ 과거 수많은 생명체가 그랬듯이 어떤 돌발적인 위기 사태에 직면하여 ─ 언제든지 사라질 수 있는 하나의 우연적 존재, 먼 장래에는 지구와 더불어 필연적으로 소멸하게 되어 있는 '하찮은 존재'일지도 모른다. 이런 시각에서 보면, 인간의 삶이란 근본적으로 별 의미가 없고, 허무한 것이기도 하다. 인간 스스로 애써 의미를 부여한다고 해도 그 벽과 한계를 근본적으로 뛰어넘을 수 없다.

하지만 평소 우리는 이런 문제를 별로 의식하거나 전제하지 않고서 살아간다. 나 자신도 지금까지 삶의 근본적 문제는 깊이 생각해 보지 않은 채—수면 밖의 세계는 알지 못하고 물속에서만 노니는 물고기처럼—제한된 좁은 미시적 세계에서 오로지 나의 생명 자체만을 의식하고, 그것에 모든 가치를 부여하고 살아왔다. 이것은 어쩔 수 없는 일이기도 하였다. 삶이란 것이 근본적으로 어떤 의미를 갖든지 간에, 우선 동물과는 구별되는 인간이란 존재로 태어난 이상, 적어도 사람이면 지켜야 할 도리를 다하는 것이 마땅하다고 여기고, 그렇게 살아온 것이다.

전통사회에서는 이를 '인간의 본성'에 부합하는 삶이라고 인식하였다. 과연 이것을 인간의 본성이라고 할 수 있는지, 과연 처음부터 인간이 그런 본성을 갖추고 태어났는지는 의문이지만, 공동체에 함께 살고 있는 타인에게 폐를 끼치지 않는 것, 남에게 유익한 일을 하는 것은 자기의 사회적 생존에도 도움이 되고 이로운 것은 사실이다. 인간의 그러한 규범의식은 오랜 사회적 진화과정을 통해 마치 본성처럼 체화되고 내면화되었다고 볼 수 있다.

내가 바람직하다고 생각한 삶, 스스로 그렇게 살고자 했던 삶도 결국 이런 범주를 벗어나지 않는 것이었다. 나는 '성실한 삶', '올바른 삶'을 살아야 한다고 생각했다. 더 나아가 나는 자신의 사익 추구를 위한 출세의 길이 아니라 주어진 시대적 사명을 다하는 '지도자'의 길을 가야 한다고 생각했다.

하지만 지나온 삶을 총체적으로 돌이켜볼 때, 부끄럽게도 그러한 삶에는 충실하지 못하였다. 그것은 그럴 수 있는 인격을 스스로 연마하고 실천에 옮기려는 나의 자세와 노력이 부족하였기 때문이며, 그럴 만한 기본적 자질이 나에게 결여되었기 때문이기도 하다.

그러나 나의 삶에 큰 불만은 없으며, 후회나 여한을 갖고 있지 않다. 나는 감히 하늘을 쳐다보기가 부끄러울 정도로 큰 잘못이나 과오를 범하거나, 그러한 업(業)을 짓고 살지는 않았다고 생각한다. 나는 '좋은 삶'은 못 되지만, 그래도 비교적 '괜찮은 삶'을 살았다. 내가 이러한 삶을 살 수 있었던 것에 대해 — 신(神)이 있다면 신에게, 그리고 이를 가능케한 모든 인연(因緣)에게 — 큰 감사의 마음을 항상 지니고 있다.

『철학과 현실』(2014년 여름)

이영희 인하대학교 명예교수, 노동부장관을 역임했다. 저서로『한국의 노사관계와 노동운동』,『산업사회와 노동문제』,『열린 시대의 시민정신』,『이 나라엔 정치가 없다』,『노동법』,『비종교적 삶의 길』,『법사회학』,『정의론』,『무와 초월』등이있다.

두 마리 토끼를 잡아?

마 종 기

1.

이제 나이가 70 후반에 들어선 내게 주위의 친구들은 아직도 가끔 부러운 눈으로 말하곤 한다. "너는 두 마리 토끼를 잡았구나!" 하고. 은퇴한 의사 친구들이나 오래 사귀어온 글쟁이 친구들이 부러운 듯 말을 이어가면 나는 허겁지겁 말을 중단하게 하거나 말머리를 돌려버린다. 우선은 창피한 탓이지만 아무리 두 손을 뒤져보아야 두 마리 토끼는커녕 한 마리 토끼도 보이지 않기 때문이다. 이리저리 뛰는 토끼가 지나간 흙먼지 속에서 여기가 어디쯤일까 잠시 주위를 돌아보고 있는 것일까?

비록 외국이긴 했지만 내가 평생의 생업으로 가족을 부양한 직업은 의사였다. 그리고 무슨 미련이 남았다고 어릴 때의 적은 칭찬을 못 잊어하며 평생 힘에 부치는 글쓰기, 시 쓰기를 물고 늘어져 이런 누명을 썼던 것인지. 누가 알랴. 만약에 내가 정말 한 마리 토끼에만 집중했었다면 세상에 빛나는 명의가 되었을지, 아니면 감동적인 문학인이 되어 누구나

침 흘리는 노벨상이라도 받았을지….

그러나 따지고 보면 내가 이 나이에까지 허둥거리며 살고 있는 탓은 어쩌면 의사나 문인으로서의 삶 때문이라기보다 지난 50년, 고국과 미국이라는 두 나라를 계속 왔다 갔다 하며 살고 있는 때문일 것이다. 언젠가 가만 헤아려보니 내가 태평양을 건너다닌 횟수가 1960년대부터 거의 100번에 가깝다. 50회의 태평양 왕복이다. 거기다 대서양 왕복은 25회 정도로 50번을 한쪽에서 건넌 숫자다. 아시아에서 중국, 일본, 베트남, 그리고 대만까지 넣어서 바다를 넘나든 횟수를 세면 그 수가 엄청날 것이다. 외교관도 아니고 거의 한 번도 공무나 학문을 위한 것이 아닌 모두가 개인적인 여행인지라 허겁지겁 살았다는 내 실토가 사실은 모두 나 자신이 자초한 일이니 누구를 탓할 처지가 못 된다.

2.

나는 1939년 정월, 음력으로는 1938년 무인년 동짓달에 일본 동경에서 아버지 마 해자송자와 어머니 박 외자선자의 큰아들로 태어났다. 아버지는 아동문학가로 일제 식민지배하에서 고국의 어린이 계몽운동단체였던 '색동회' 동인이 되어 소파 방정환 등과 협력하는 한편, 「바위나리와 아기별」, 「어머님의 선물」 등 한국 최초의 창작 동화를 많이 발표하셨다. 당신은 또 어린 나이에 일본에 유학해 고학으로 공부를 하다가 월간 문예 잡지인 『문예춘추』의 창간 사원이 되었고, 내가 태어나던 때에는 그 잡지의 자매지였던 대중 잡지 히니를 인수아어 일본 안에서 크게 성공한 출판인이었다. 어머니는 선배 무용가였던 최승희의 추천으로 일본에서 최초로 현대무용을 공부하고 수많은 공연을 하며 성공한 한국인 최초의 현대무용가였는데, 결혼과 함께 무용을 포기한 상태였다.

그러다가 제2차 세계대전이 발발하고 일본 군벌들의 탄압이 심해지면서 조선인인 아버지는 1943년 후반부터 잡지사의 사장직에서 물러나고 어머니와 우리는 1944년 초에, 그리고 아버지는 1945년 1월에 영구 귀국을 했다. 우리는 아버지의 고향인 개성에서 함께 살다가 고국이 해방되었고, 1948년까지 큰댁의 도움과 아버지의 동화와 수필 연재의 원고료로 개성 만월동의 작은 집에서 살았다. 나는 유치원을 마치고 만월초등학교에 다녔고 두 살 아래인 동생은 송도초등학교에 다녔다. 다섯 살 아래인 누이동생은 동네를 싸돌아다니는 개구쟁이 계집애로 자랐다. 1948년에 우리는 외가의 도움으로 서울 종로구 명륜동 3가 골목길의 13평짜리 작은 집으로 이사를 왔고, 그 후로는 셋이 모두 혜화초등학교에 다녔다.

나는 학교 공부도 잘했고 작문도 잘 쓴다는 선생님의 칭찬을 자주 들었지만, 그보다 그 시절의 기억 중 가장 뚜렷한 것은 마라톤에 1년 이상 취해 있던 일이다. 그 당시 나나 주위의 친구들 모두는 보스턴 마라톤의 영웅들이었던 서윤복 선수와 그 2년 후, 1, 2, 3위를 완전히 석권한 함기용, 송길윤, 최윤칠 선수를 열광적으로 숭배하면서 매일 저녁 맨발로 동네 친구들과 마라톤을 뛰었다. 성균관대학교 정문 앞에서 시작해 원남동 서울대학교 병원 앞, 거기서 우회전해서 돈화문 앞, 거기서 좌회전해서 종로 3까지, 거기서 좌회전해서 종로 5가, 거기서 좌회전해서 동숭동을 지나 혜화동 로터리까지, 그리고 좌회전해서 명륜동 성균관대학교 앞으로 돌아오는 제법 긴 코스였다. 늘 30여 명 정도가 함께 뛰었던 그 마라톤에서 나는 언제나 2, 3, 4등이었지만 같은 나이였던 우물집 세천이는 언제나 1등이었다. 나는 한 번도 그 친구를 이겨보지 못했고, 엉뚱하게도 한국전쟁이 터지면서 우리의 마라톤 경주는 끝이 나고 말았다.

바로 내가 초등학교 6학년 초에 그 무서운 한국전쟁이 일어났다. 날씨 좋은 일요일, 우리는 동성중학교 마당에서 축구를 하고 있었는데 국군들이 빈약하기 짝이 없는 모습으로 띄엄띄엄 돈암동 쪽으로 차를 타고 가고, 바로 그 이틀 뒤에는 끝없이 이어지는 어마어마한 탱크 대열의 무시무시한 소음과 거창하게 중무장한 인민군들이 대열도 정연하게 바로 그 길로 전찻길을 뭉개며 열 지어 내려왔다. 등골이 서늘해지는 그 모습 근처로는 도망치지 못한 국군들의 초라한 시체가 군복도 잘 입지 못한 채 여기저기 흩어져 대조를 이루었다. 그 이후의 3개월은 말 그대로 무섭고 배고픈 나날이었다. 뒷집과 건넛집의 선배 형들은 의용군에 안 나가려고 어디로 숨어들었는지 드나드는 사람도 없는 골목길과 집들이 모두 교교했고, 걸어서 5분 걸리는 창경궁 문 건너편 대학병원 뒤뜰에는 인민군들이 입원해 있던 국군을 모두 죽여 수백의 시체가 쌓여서 여름내 썩어갔고, 우리는 그 길을 걸어 먹거리를 찾아 헤맸다. 한번은 인민재판을 한다고 한 집에 한 사람씩 꼭 나와야 한다고 해서 내가 우리 집 대표로 나가 동네 아저씨가 총 맞아 죽는 장면을 보기도 했다. 그러면서 나는 내 또래의 친구들과 어울려 배가 고프면 지천으로 핀 아카시아 꽃을 따먹었고 꽃 때문에 속이 느글거리면 군데군데 파놓은 방공호에 들어가 진흙 벽을 긁어 알사탕같이 만들어서 그 흙을 삼키곤 했다. 그 몇 달 동안 배가 고파 내가 삼킨 진흙이 아마도 큰 밥그릇 한 사발은 되었을 것이다.

9월에 국군이 돌아오고 얼마 못 가서 다시 중공군이 내려온다는 흉흉한 소문이 나돌자 우리는 무작정 남쪽으로 도망을 갔다. 그 여름의 배고픔과 피비린내 나는 기억이 공포 자체였기 때문이었다. 우리는 결국 어머니의 고향인 경남 마산에서 짐을 풀었고 어머니는 그곳에서 보따리 장사도 하시고 다방에서 일도 하시면서 고달픈 피난 생활을 이어갔다. 아버지는 종군작가라고 대구에서 혼기 기숙히 있었지만 아버지 역시 고생을 하시기는 우리와 다를 것이 없었다. 그렇게 신물 나는 생활 2년 끝에 우리는 대구에서 드디어 아버지와 함께 살게 되었지만, 다섯 식구가 한 칸짜리 셋방을 빼곡히 채우고 집주인의 눈치를 보아가며 살았던 1년 반의 생활은 마산과 별로 다를 바가 없었다. 나는 피난 중학교 방과 후면 매일 고무신을 끌고 껌 장사나 신문팔이 장사를 했고 장사에 이골이 나갈 즈음 우리는 환도를 하였다. 그나마 엉터리 공부를 간신히 이어간 탓에 나는 어느 틈에 서울 중학교 3학년 학생이 되어 있었다.

낡고 헐어빠진 작은 집이었지만 우리 집에서 가슴을 펴고 사니 공연히 살맛이 나는 듯했다. 어머니는 대학의 간청에 끌려 이화여자대학교의 무용 교수가 되시고 아버지는 인기리에 일간신문에 동화를 연재하시면서 집안은 조금 여유가 생기는 듯했지만, 우리의 학비 대기에는 역부족이셨는지 건평 13평짜리 집은 언제나 은행 담보로 잡혀 있었다. 아버지는 그래도 여전히 정규 직장을 안 가지셔서 어머니와 가끔 다투시기도 하고 몇 번은 나까지 어머니의 역성을 들기까지 했다. 아버지가 귀국하신 뒤에 한 번도 정규 직장을 안 가지신 것은 이승만 정권이나 군사정권을 엄청 싫어하신 탓이었지만, 그래서인지 내가 알기로도 세 번 정도 경찰인지 검찰인지에 연행을 당하시고 심문을 받으셨다. 자세한 내용은 잘 모르지만 한 번은 동화 「떡배 단배」의 내용 때문이었고, 두 번째는 「오래 사는 것만이 잘난 것 아니다」라는 수필 제목으로 그때의 이승만 대통령을 빗대어 한 말 때문이었다. 어머니는 대학에서 제자 양성에 열심이셨고 급기야 어머니의 열성에 힘입어 한국 최초로 이화여대에 무용과가 창설되었다. 그리고 어머니는 초대 학과장이 되시어 은퇴하실 때까지 그 직책을 맡으셨다.

내가 대구에서 환도한 중학 3학년 때, 비슷한 시기에 부산서 환도한 같은 학교, 같은 학년인 황동규 시인을 만나 그 당장 가까운 친구가 되었고, 우리는 그날 그때부터 오늘날까지 평생의 친구로 여일하게 지내고 있다. 바로 그즈음 중고등학생의 교양 잡지인 『학원』이 창간되었다. 전국 학생들에게 열광적인 인기를 누렸던 유일한 그 학생 잡지에서는 매해 전국 문예작품 현상모집을 했는데 나는 그 첫해부터 3년간 연이어 입상하면서 조회 시간 때에 커다란 은컵을 교장선생님한테서 받고 또 중간

중간에는 심심찮게 전국 백일장이니 하는 문예 공모에 입상해서 글 잘 쓰는 학생으로 학교 내외로 이름을 날리기 시작했다. 그런 어느 하루 학교의 훈육주임 선생님이 나를 교무실에 불러내어 큰 쓰레기통에 가득 찬 전국에서 보내온 엄청 많은 팬레터들을 보이시며 앞으로는 더 이상 이런 연애편지를 네게 안 보이고 버리겠다고 하셨다. 고등학교 2학년 때에 나는 학교의 문예반 반장과 신문반 반장을 겸하면서 2주일에 한 번씩 4면 짜리 교내신문 만들기에 재미가 흠뻑 들었고, 그때쯤에 나는 신문기자가 되는 것이 내 장래의 목표라고 희미하게 생각하고 있었다.

그 당시 서울대학교에서는 이과 계통과 문과 계통의 대학 시험문제가 달라서 나는 당연히 문과 반에서 공부를 했다. 신문기자를 염두에 두고 문리대 정치과 정도를 지망하려고 생각하고 있던 나는 원서 마감일을 눈앞에 두고 우리 뒷집에 사시고 늘 존경해 온 동주 이용희 선생님을 찾아뵙고 상의를 드렸다. 물론 선생님이 문리대 정치과 교수이셨던 것도 찾아뵌 이유 중의 하나였다. 그러나 선생님의 말씀은 나를 놀라게 했다. 네가 공부를 좀 잘하는 것으로 알고 있는데 그런 학생이 왜 정치를 공부하겠다는 거냐, 우리나라같이 가난한 나라에서 제일 필요 없는 것이 정치고 정치과다, 과학을 공부해라, 무슨 분야든 과학을 공부해서 네가 가난한 나라에 조금이라도 도움을 줄 생각을 해라. 이렇게 간곡히 말씀해 주셨다. 그날이 바로 내 생일인 1월 17일 저녁, 서울대학교의 원서 마감은 2월 5일이어서 전공을 결정할 시간이 많이 남아 있지 않았다. 혼돈으로 당황스러워진 나는 아버지께 조언을 간청했다. 내 전공 결정에는 절대 간여하지 않겠다던 아버지는 내 청을 들으시고 한참을 생각하시더니 갑자기 의과는 어떻겠느냐고 하셨다. 주삿바늘만 보아도 십 리를 도망치는 내가 의과라니요? 아니 내가 어떻게 의사가 될 수 있겠어요? 어이가 없어 아버지를 멍하게 보는 내게 아버지가 말씀을 이으셨다. "일찍 돌아가시어서 너는 못 뵈었지만 내가 가장 존경하던 누님이 의사셨단다. 그

분은 훌륭한 의사셨지. 내가 일본 유학 시절 가난한 고국의 고학생들을 야학에서 가르칠 때 그 고학생들의 병을 돈도 받지 않고 고쳐주셨고, 나중에는 경성제국대학 내과 교수가 되셨지. 네가 내 누님같이 좋은 의사가 된다면 내가 죽어 누님을 만나면 그때 내가 크게 자랑을 할 수 있겠다"고 하셨다. 원서 마감 날짜도 별로 남지 않아 뒤죽박죽이 된 머리로 나는 결국 아버지의 의견을 따라 연세대학교의 의예과에 원서를 넣었다. 그해에 연세대학교는 특차 모집이었고 입학시험도 안 치고 내신성적만으로 입학전형을 했기 때문에 만약에 의예과에 떨어지면 서울대학교의 문과 하나를 선택해 시험을 치려는 계산이었다. 연세대학교가 어디에 있는지도 몰랐던 나는 요행히 의예과에 합격을 했고 서울대학교의 시험일이 연세대학교의 신입생 면접날이라 아무 데도 못 가고 서성거리다 주위를 둘러보니 나는 연세대학교 의예과 학생이 되어 있었다.

의예과 공부는 재미가 없었지만 물리나 수학 공부를 나보다 덜하고 들어온 동기 친구들이 많아서인지 내 성적은 계속 좋았다. 그러다가 나는 같은 캠퍼스의 문과대학에 한눈을 팔기 시작했고 내가 피난 시절에 아버지를 통해 인사드렸던 시인 박두진 선생님의 눈에 띄어 대학의 문학반에 어울리기 시작했다. 그러다가 예과 2학년이 되자마자, 나는 선생님의 추천으로『현대문학』잡지에 시가 추천되기 시작했고, 1년 몇 개월 만에 세 번의 추천을 끝내고 시인 칭호를 받게 되었다. 그러는 와중에 같은 반의 한 친구가 자기 집에서 출판사를 하고 있으니 첫 시집을 출간해주겠다고 해서 나는 또 본과 1학년 때에 난데없이 처녀 시집『조용한 개선』을 출간하는 행운을 얻었다. 얼마 후 나는 그 시집으로 연세대학교에서 만든 제1회 '연세문학상'을 수상했고 많은 상금으로 어느 날 의대 친구들과 술판을 벌이기도 했다.

그즈음부터 나는 다시 의과대학과 병원에서 유명인사가 되어가고 있었지만 이번에는 그것이 내게 큰 위험신호였다. 바로 내가 존경하는 몇 몇 교수님이 연달아 나를 개인적으로 불러주시며 심각한 목소리로 많은 충고를 해주셨다. 그 충고들은 거의 똑같은 말씀들이었다. "의사의 길은 험하고 지난한 길이다." "문학을 하든 의사가 되든 이제는 한 길을 택해야 네가 산다." "한 우물을 파라는 말은 진리다." "이길 저길 헤매다 낙오한 의대생들을 많이 안다. 네가 바로 그 길을 가고 있구나. 의과가 어떤 곳인데 딴짓거리에 정신을 팔 시간이 있느냐. 네 정성과 노력을 다해도 될지 말지 한 게 어려운 의학이다. 앞으로도 이렇게 비틀거리는 길을 가려는 것인지 유심히 지켜보겠다." "학업 성적만이 의사를 만드는 게 아니다. 네 행동거지가 의사의 적성에 적합한지 유심히 챙겨보겠다." 등등. 그래서 나는 가뜩이나 문학과는 거리가 먼 주위를 다시 확인하면서 학교 안팎 어디에서도 시인 흉내를 내지 않았고 시를 발표했다고 누구에게 발설하지도 않았다. 나는 낯선 도시에 잠입한 외로운 간첩같이 어떤 경우에도 시인 행세를 하지 않았다.

3.

의과대학 2학년을 마치고 3학년을 기다리던 2주일간의 짧은 봄 방학 기간 중, 나는 갑자기 큰 결심이 필요한 것을 느꼈다. 이제 나는 기로에 섰다. 며칠 후 3학년이 되면 내과학, 외과학, 안과학 등 진짜 의사의 길로 들어서는 공부를 시작한다. 그렇다면 내가 계속하고 싶은 문학은 집어치워야 할 때가 온 것인가. 꼭 그래야만 하는 것인가. 이상한 초조감이 나를 휩싸는 느낌을 받았다. 그런 위기의식에 싸여 나는 그 봄 방학의 2주일 동안 다른 일은 다 작파하고 한 가지 작업을 하기로 결심했다. 그 작업은 의사의 직업을 가진 사람 중 혹 내가 아는 문인, 세상에 알려진 문인이 있을까, 있다면 어떤 사람들일까, 내가 의사가 된 뒤에도 그런 사람의 뒤를 좇아 좋은 시인의 길을 갈 수 있을까 하는 의문을 풀기 위해 커다란 『세계문예인물사전』을 첫 장부터 찬찬히 뒤지기 시작한 것이다. 이 책을 다 본 후에 내 마지막 결정을 하기로 하자. 그렇게 해서 2주일 후 나는 계획했던 대로 그 사전을 다 훑어보았고 의사이면서 훌륭한 문인의 이름을 예상했던 것보다 많이 찾아낼 수 있었다. 그리고 나는 그 결과를 바탕으로 「의학문학과 그 주변」이라는 제목의 긴 글을 썼고, 그것을 1961년 6월 대학교의 학생 신문인 『연세춘추』에 2회에 걸쳐 발표하였다. 그 글은 예상대로 별로 큰 반응을 얻지 못했지만 나 자신에게는 많은 공부가 되었다. 그리고 무엇보다 의사와 시인의 두 길을 가고 싶었던 나를 나름 안심시켜 주었고 자신감까지 살짝 안겨주었다. 그렇다. 의사가 되어도 열심히만 하면 훌륭한 문인이 될 수도 있겠구나.

하지만 의사이면서 좋은 시인이 되는 것은 생각같이 쉬운 일이 아닌 것 같았다. 학생 시절에는 연이은 시험으로 매일 밤잠을 설치면서 욕심만큼 시를 생각할 시간도 없었고 쓸 여유도 없었다. 내가 만약 의대를 졸업하고 서울의 어느 병원에서 수련의 생활을 마치고 의사가 되었다면 나는 아마도 문인의 길을 포기했을 가능성이 크다. 그것은 내가 남들에 비해 끈기가 더 있는 것도 아니고, 문학에 대한 열정이 목숨을 걸 정도로 큰 것도 아니고, 재주도 별것이 아니고, 천성이 게을러서 늘 공부를 해야 하고 환자를 보아야 하는 바쁜 의사의 일상을 헤쳐 나가는 것만으로도 힘에 부쳤을 것이기 때문이다. 그러나 시를 안 쓰고는 살기가 힘들고, 내가 살기 위해서, 괜찮은 의사가 되어, 살아서 고국에 돌아가기 위해서 시라는 내 유일한 위로를 확실히 붙잡을 수밖에 없다는 자각으로 몸을 떨게 된 것은 바로 낯설고 물선 이국 땅, 견디기 힘든 많은 일과 외로움과 정서적 불안, 그리고 깊은 절망 속에서 살던 수련의사 시절이었다. 나는 고국을 떠나기 몇 달 전 군인이 정치에 관여했다는 죄목으로 영창 생활을 했고 의사 면허장을 빼앗기는 것은 물론 금고 2년형이 내려지는 자리를 천우신조로 피했던 일이 있었다. 나는 그 대신 몇 달 뒤 고국을 떠난 후에 다시는 돌아오지 않겠다는 서약서에 사인을 했고, 아버지는 내가 고국을 떠난 지 4개월 만에 갑자기 뇌졸중으로 돌아가셨다. 아버지의 장례식에 참석하지 못한 내 절망은 컸다.

두 번째 시집은 내가 고국의 군의관 시절 때 출간되었지만, 도미 후에는 고국에 있던 시인 친구 황동규와 김영태의 배려로 도미 후 3년째와 6년째에 셋의 공동 시집이 상재되었다. 그리고 도미 후 10년이 되던 해에 출간한 『변경의 꽃』이라는 시집으로 나는 운 좋게 '한국문학 작가상'을 받게 되었다. (물론 그 시상식장에는 참석하지 못했다.) 이렇게 외국에서 바쁜 의사로 살면서도 고국의 문학잡지나 신문에 작품을 계속 발표할 수 있었던 것은 무엇보다 고국에서 문학을 하던 내 문청 시절의 좋은 친구들의 도움이 큰 역할을 했다. 나는 무슨 일이 있어도 1년에 8편의 시를 고국에 발표하겠다는 목표를 세웠고, 나는 그것을 평생 한 해도 거르지 않고 실천하였다.

40년 이상 지속되어 온 내 진정은 아마도 시를 써서 발표하지 않으면 고국과 연결되어 있는 탯줄 같은 끈이 끊어져 한순간에 나는 우주의 미아가 될 것이라는 착각도 큰 역할을 했을 것이다. 그렇게 1년에 8편씩 모아진 시를 묶어서 나는 5년이나 6년의 터울로 시집을 출간하였다. 특히 1970년대 말에 『안 보이는 사랑의 나라』라는 시집을 '문학과지성사'라는 새로 생긴 문학 전문 출판사가 청해 주어 출간하였는데, 첫 번째로 인세를 받고 출간한 이 시집은 아직도 계속 중쇄를 거듭하면서 오래전에 20쇄를 넘겼다. 그 후부터 나는 이 출판사를 통해서만 시집을 출간하였고 시집은 언제나 섭섭지 않게 많이 팔려주었다. 그리고 1990년대 후반부터는 미국에서 의사로 살고 있는, 문인으로는 분명 자랑하며 내세울 수 없는 내 이력도 조금씩 이해되기 시작되어 국내의 문학상까지 심심찮게 받게 되었다.

나는 의사의 자리에서 만 63세가 되자마자 은퇴를 하였다. 의대 동기

중에서는 첫 번째의 은퇴였다. 이른 은퇴의 이유는 물론 너무 늦기 전, 기운이 아직 좀 남아 있을 때, 내가 어릴 적부터 꿈꾸어온 문학인으로, 한국의 시인으로 한국에서 좀 여유 있게 살고 싶어서였다. 그런데 고국의 친구들은 내가 미국 의사로 무슨 사연이 있어 조기 은퇴를 하는 것이 아닌가 걱정을 해주기도 했다. 말이 나왔으니 말이지만 내 미국 의사 생활은 내가 여러모로 출중하지 못한 것에 비하면 상상할 수 없을 정도로 존경받고 대접받은 신나는 생활의 연속이었다. 어디서나 큰소리치며 외국인이라는 핸디캡을 느끼지 못한 40년간의 행운의 연속이었다. 참으로 그것은 하느님의 축복이었다고밖에 설명할 수가 없다.

나는 우선 외국 출신 의사들에게는 하늘의 별따기처럼 어려운 크고 좋은 대학병원에서 수련의 생활을 끝낼 수 있었고, 나와 경쟁자인 백인 수련의들이 어쩌다 나보다 게으른 의사들이 제법 있어 교수들은 나를 아껴주었다. 전문의가 된 뒤에는 내가 존경하던 교수님이 자신이 과장으로 영전하는 다른 의과대학에 같이 가자고 청해 주어 그를 따라 딴 도시의 의과대학 조교수로 자연스럽게 영전을 할 수 있었다. 과장은 나를 또 철석같이 믿고 감싸주어 영어 실력도 부족하고 신참 조교수밖에 안 되는 내게 학생 강의를 거의 다 맡겨서 나는 즐겁게 학생들과 자주 어울릴 수 있었다. 재미있고 자신 만만한 날들을 보내던 조교수 4년차를 끝내는 해에 나는 졸업반 학생들이 비밀 투표로 뽑고 졸업식장에서 깜짝 쇼로 발표하는 '이해 최고의 교수 상'을 받게 되었다. 나는 그 당장 온 도시의 뉴스거리가 되었다. 일간신문은 외국 의대 출신이고 거기다가 조교수밖에 되지 않는 영상의학과 교수가 굵직한 내과, 외과의 노교수들을 다 물리치고 최고 교수 상을 받은 것은 기적적인 일이라고 떠들었고, 그 이후로는 내가 어느 곳에서 무슨 내용의 강의를 하든 많은 의사 청중이 몰려들었다. 내가 주관하는 컨퍼런스는 그 시간이 언제여도 강당은 항상 만원이었다. 그해가 1975년이었고 내가 미국에 온 지 만 9년이 되는 해였다.

그해 말 나는 도시에서 제일 크고 평판이 좋은 개업 의사 그룹이 초청해 주어 그 멤버가 되었다. 30명의 백인 의사가 함께 개업하는 이 그룹은 많은 휴가를 주고 일주일에 4일만 근무하면서 의대 교수의 월급보다 두 배 이상을 받을 수 있어 세 아이들을 좋은 사립대학에서 교육시킬 수 있고, 또 시간적 여유도 더 생길 것 같아 그리로 옮기게 되었다. 대학에는 일주일에 한 번씩 열리던 두 개의 내 컨퍼런스를 계속해 준다는 약속을 했고, 나는 그 약속을 내가 은퇴하는 그 주일까지 지켜주었다. 몇 년 후에 나는 그 그룹의 회장이 되어 도합 100명이 넘는 의사, 간호사, 기사와 사무직원들을 몇 해 동안 이끌기도 했고, 그 사이에는 각 주에서 1년에 한 명이나 두 명이 추대되는 연방학회의 펠로도 되고, 한국인으로는 처음으로 소아 영상의학과의 전문의가 되기도 하였다. 그리고 1990년대 중반에는 새로 생긴 아동병원의 첫 과장이 되고 지원부 부원장 일도 겸임하였다.

　　내 천성의 게으름으로 따지자면 너무 황송할 정도로 미국에서의 내 의사 생활은 성공적이었다. 그리고 언젠가 그 이유를 곰곰이 생각해 보니 그것은 아마 내가 평생 문학을 좋아하고 시를 좋아한 때문이 아닐까 하는 결론에 도달했다. 내가 보아온 많은 의사들이 좋은 실력과 천성의 명석함에도 불구하고 별다른 취미가 없고 인문학 일반에 대한 교양이 없어 여유의 시간에는 자신의 정서적 불안을 손쉬운 유혹의 길에서 찾는 것을 많이 보아왔다. 여자 문제에 빠지고 술에 빠지고 약물 중독에 빠지고 도박에 빠져 어디론지 사라져버린 의사를 나는 많이 알고 있다. 아마도 그런 일은 외국이어서 더 많고 더 눈에 뜨이는지도 모르겠다. 내가 다른 이와 다르게 그런 유혹에 빠지지 않았던 이유는 내 의지력이 강했던 때문은 아닐 것이다. 나는 의지력이 누구보다 약한 편이다. 그러나 그런 유혹에 빠지기보다는 나는 책읽기나 글쓰기에 더 매력을 느끼고 미술관이나 음악회에 가기를 더 좋아했기 때문에 그런 기회를 미처 알아차리지 못했거나 큰 흥미를 못 느꼈을 가능성이 크다. 내가 은퇴를 한다고 하니 주위의 많은 의사, 제자, 병원의 기사, 간호사들이 헤어지는 것이 섭섭하다고 여기저기에서 작고 크게 은퇴 축하 파티를 열어주었고, 그 모임이 너무 많아 6월 말에 떠나야 할 이사를 7월 중순이 지나서야 실행할 수 있었다. 내가 이해심이 많고 인정이 많은 의사였다고 말해 준 이들이 고맙기는 했지만 이들이 나를 그렇게 보았다면 그것은 내 내면의 진심을 보았다기보다 내가 문학이나 다른 예술이나 인문학에 평생 흥미를 가지고 있었던 내 교양을 보았을 가능성이 크다. 나는 누구보다 신경질이 많고 인내심이 부족한 사람이란 것을 내가 잘 알고 있기 때문이다.

내 문학은 어떤가. 몇 해 전 내 문단 등단 50년을 기려준다며 대학로의 한 소극장을 빌려 기념 낭독회를 주선해 준 실력 있는 젊은 시인과 평론가들은 내 시를 말하는 자리에서 내 시가 읽는 사람의 심금을 울리는 이유는 무엇보다 시가 겸손하고 다정하기 때문이라고 했다. 어떤 이는 거짓이 아닌 진정성을 보이는 때문이라고도 했고 언제나 따뜻하고 평화로운 것을 추구하기 때문이라고도 했다. 그러나 왜 이런 단어들이 내 시의 특성일까 곰곰이 생각해 보니 그것은 타고난 내 성격이라기보다는 평생의 직업으로 살아온 의사 생활과의 개연성을 더 생각나게 한다. 내 시의 따뜻함이나 진정성이나 다정함이나 겸손 같은 것은 좋은 의사에게 제일 필요한 구비 조건이어서 나 역시 늘 갖추고 싶었던 것, 그런 희망사항이 나도 모르는 사이에 시에 조금씩 보였던 것이 아닐까 하는 생각이 든다. 말하자면 나는 의사 수업을 하면서 남을 배려하는 것을 배웠고 그 배려의 정신이 나도 모르게 내 시에 인용된 것이 아닐까. 어떻게 하면 훌륭한 의사가 되는지를 배우면서 결국은 어떻게 하면 따뜻한 시를 쓰는지를 배웠다고 할 수 있을 것이다.

내가 미국 의사의 자리에서 은퇴를 결정한 해에 고국의 후배 교수가 모교의 본과 학생들에게 '문학과 의학'이란 새로운 교과목의 강의를 맡아주기를 제안해 주었다. 나는 기쁘게 그 일을 수락했고, 그 후 5-6년간 서울에서 1년에 봄가을로 5개월씩 살면서 성의를 다했다. 그러나 이제 고백하건대 그 일을 수락한 데는 또 다른 이유가 있었다. 그것은 훌륭한 의사였지만 과학자의 안목만으로 완전무결한 의사 상만 믿고 자신을 다 그치다가 한두 번의 실수를 스스로 용납하지 못하고 자살한 친구, 소통과 분출구를 찾지 못해 피로와 외로움과 완전하지 못한 자신의 부끄러움을 알코올로 달래고 잊으려다가 그 중독으로 패가망신한 친구, 의사라는 직업이 주는 어쩔 수 없는 불안과 긴장과 무취미를 해결한다고 여자 문제로 집안을 풍비박산 낸 다른 친구를 위해서 수락했던 것이다. 그래서 언젠가 의사가 될 후배 학생들에게 인문학적 소양의 필요성과 그 활용과 엄청난 보상을 이해시켜서 정서적으로 안정된 과학자이면서 인간의 다양성을 이해하고 모범적인 사회인의 덕목을 두루 갖춘 전인적 의사로 자랄 수 있도록 돕고 싶은 때문이었다.

의사와 문인은 내게는 동전의 양면이라 각오하고, 때로 분초를 아껴가며 허둥대며 살아온 평생을 뒤돌아보아도 나는 한 점의 후회도 없다. 나는 내가 시인이었기에 외국에서 힘들다는 의사 생활을 잘 이겨내고 오히려 동료 의사들에게 존경받는 의사 노릇을 할 수 있었고, 내가 의사였기에 오랜 세월 외국에 살면서 한 해도 그치지 않고 모국어로 시를 써올 수 있었다는 것, 그래서 낙오되고 잊힌 시인이 아니고 이 나이에까지 현역 시인으로 살고 있다는 것을 안다.

4.

내가 적극적으로 동조해 주는 의사와 문인들과 함께 10여 년 준비를 하다가 '한국문학의학학회'를 정식으로 결성한 것이 2010년이었다. 전국에서 관심 있는 분들이 대거 참석해 주어 우리는 의사협회 강당에서 창립총회를 열었고, 그동안 5회의 정기 학술대회와 학회지인 『문학과 의학』도 8집까지 출간해 좋은 반응을 얻고 있다. 우리 학회는 기왕에 학회가 존재하고 있는 미국이나 유럽 그리고 호주 등지의 학회 운영을 가끔 곁눈질하지만 나름대로 의과대학이 인문학에 대한 관심을 가지도록 선진국의 예를 부러워하며 노력하고 있다.

　의학이 철학의 한 부류였던 때를 상기시킬 것까지는 없지만 17, 18세기 산업혁명 이후 이번에는 의학이 과학에 완전히 종속되어 의업이 인간을 치료하고 인간의 육체적, 정신적 건강을 책임지고 있다는 인간 대상의 학문이라는 사실을 간과한 큰 과오를 범했다. 늦기는 했지만 우리나라도 이제 인간의 질병을 대하는 의사가 의학의 과학적 특성과 더불어 감성을 지닌 인간을 대상으로 한다는 점을 상기하여 인간 이해의 접촉점인 인문학과 그 바탕인 문학에 관심을 주어야 할 때라고 생각한다. 최근 미래학자인 앨빈 토플러나 다니엘 핑크도 비슷한 이론을 설파했지만, 특히나 에드워드 윌슨의 '통섭' 혹은 '융합'이라는 개념도 '문학의학학회'에는 큰 힘이 되어준다. 좌뇌파적인 과학자와 우뇌파적인 감성과 인성을 두루 겸비해야 환자에게는 정확하고 포괄적이고 확신에 찬 의사이면서 인간을 이해하고 가슴으로 대화할 수 있는 따뜻한 위로의 의사가 되고, 또 자신에게는 편향되지 않으면서도 포괄적이고 자유를 향유하는 행복한 의사가 될 수 있다고 믿는다. 이런 변화는 의과대학의 교과과정부터 시작해야 한다는 원칙으로 우리는 오늘도 그 목적을 향해 힘쓰고 있다. 선진국의 의과대학에서는 대부분의 의대에서 인문학을 가르치고, 입학 과정에서도 인문학 습득 정도를 직간접으로 전형에 참고하고 있다. 이런 세계적 추세가 차츰 우리나라에서도 적용되어 분석과학자가 아닌 인간을 치료하는 좋은 의사가 양산되기를 진심으로 기원한다. 그리고 나는 얼마 남지 않은 내 생에서 이 일을 위해 제일 많은 시간을 할애할 것이라고 예상하고 있다.

이리저리 비틀거리며 살아온 내 길을 문득 뒤돌아보다가 얼마 전에는 혼자서 놀란 적이 있다. 내 아버지가 돌아가실 때의 나이보다 내가 십 몇 년이나 더 많은 것을 발견했기 때문이었다. 내가 무슨 섭생을 그렇게 잘 챙겼다고 다른 이들보다 더 오래 살 것이랴. 내 나이 한국인의 평균수명에 가까워졌으니 이제 군말 말고 감사하며 생전에 꼭 해야 할 일이나 마치자고 결심하고 몇 해 전부터 하나씩 정리를 시작했다.

나는 우선 내가 보관하고 있는 돌아가신 아버지의 유물을 고국의 공공 기관에 기증하는 것을 계획했다. 마침 아동문학가 조대현 선생이 도와주고 주선해 주셔서 내가 미국에 가지고 있던 아버지의 원고와 책과 다른 유물 전부를 강남역 근처에 있는 '국립어린이청소년도서관'에 기증했다. 그리고 아버지의 이름으로 아동문학상을 10년째 운영하고 있는 출판사 '문학과지성사'와 의논을 해서 아버지의 동화와 수필을 통틀어 전집으로 출간할 것을 결정했다. 그리고 전집이 완간되는 날 아버지의 저작권 전부, 그 인세 전부를 출판사에 기증하기로 했다. 50년이었던 저작권이 70년으로 길어졌다지만 아버지의 작품을 이해하지 못하는 손자들이 저작권을 행사하는 것은 옳지 않다고 생각되었고, 아무리 값이 나가도 당신의 유물을 미국에 가지고 있는 것도 옳지 않다고 느꼈기 때문이다.

어머니는 아버지 작고 몇 해 후 이화여자대학교에서 은퇴하시고 미국에 오셔서 자식들과 거의 40년을 사시다가 재작년에 돌아가셨다. 나는 이제 곧 부모님의 산소를 내 힘으로 돌볼 수 없을 것이란 것을 잘 알기에 연전에 두 분의 유분을 수목장 형식으로 합장해 함께 모셨다. 그 과정을 친구인 평론가 김병익과 출판단지의 이기웅 사장이 많이 도와주었다. 지난번에 만난 어머니의 제자들은 내년이 어머니의 100세 해라고 얼마 전부터 기념행사를 준비 중이라면서 기왕이면 기념 공연과 함께 기념 책자도 출간한다고 해서 너무 반갑고 고맙기만 하다.

나는 올해 우리나라의 국적을 다시 회복하는 데 성공했다. 군사정권 시절 군의관의 처지로 한일회담의 반대운동에 사인을 했다고 군인사법 위반으로 고문도 받고 영창 구류 생활도 했지만 자의반 타의반으로 나라를 떠나 살아온 긴 세월 끝에 국적을 회복한 감회는 크고 벅차다. 무엇보다 언젠가 다시 뵙게 될 부모님께 덜 부끄러울 것 같아 기분이 좋다. 나는 우선 내년에 5년 만의 새 시집을 출간하려고 계획하고 있고 후년에는 산문집을 계획하고 있다. 그 후는, 내 나이에는 너무 먼 세월이라 아직 계획을 세우지 않았다. 단지 내 저작권은 너무 늦기 전에 내 자식들이 아닌 시를 쓰는 국내의 지인에게 주려고 한다.

길어지는 글을 마무리할 시간이 되었으니 갑자기 생각나는 졸시 하나에서 끝의 몇 줄만 소개해 보겠다. 시집을 들추어보니 이 시는 한 20년 전에 발표한 시다.

누가 언제 나는 살고 싶다며
새 가지에 새순을 펼쳐내던가.
무진한 꽃 만들어 장식하던가.
또 몸 풀듯 꽃잎 다 날리고
헐벗은 몸으로 작은 열매를 키우던가.

누구에겐가 밀려가며 사는 것도
눈물겨운 우리의 내력이다.
나와 그대의 숨어 있는 뒷일도
꽃잎 타고 가는 한 생의 내력이다.

(시 「담쟁이 꽃」의 일부)

나는 아직도 누구에겐가 밀려가며 살고 있다는 생각을 떨쳐버리지 못하고 있다. 그런 행색으로 나는 오늘도 낯선 세상을 서성거린다.

『철학과 현실』(2014년 가을)

마종기 한국문학의학학회 회장. 미국 영상의학과 및 소아 영상의학과 전문의, 오하이오 의과대학 교수, 톨레도 아동병원 부원장 겸 영상의학과 과장, 공군 군의관, 연세대 의대 초빙교수를 역임했다. 연세대학교 의과대학을 졸업하고, 서울대학교 의과대학 박사과정을 거쳐 미국 오하이오주립대학교 수련의 과정을 수료했다. 1959년 『현대문학』을 통해 등단했고, 편운문학상, 이산문학상, 동서문학상, 현대문학상 등을 수상했다. 시집으로 『조용한 개선』, 『안 보이는 사랑의 나라』, 『이슬의 눈』, 『하늘의 맨살』 등이 있고, 산문집으로 『당신을 부르며 살았다』, 『우리 얼마나 함께』 등이 있다.

인간의 고통을 줄여보려고

손 봉 호

1. 고통과 윤리

아는 사람들의 부고가 잦아진다. 나의 삶도 끝이 가까워지는 모양이다. 왜 살았는지, 제대로 살았는지 생각하지 않을 수 없게 되었다. 그러나 지금 후회해 보았자 돌이킬 수도 없으니 이제껏 산 것에서 의미를 찾아볼 수밖에 없다.

얼마 전부터 나는 "나를 통해서 사람들의 고통이 조금이라도 줄어든다면 나의 삶은 그만큼 가치가 있다"고 생각하기 시작했다. 일생 동안 의식적으로 그런 목적을 추구하면서 산 것은 아니지만, 이제까지 산 삶 전체를 돌이켜보면 그런 주장으로 나의 삶을 정리하고 정당화하며 보람을 찾을 수 있지 않나 한다.

칸트는 그의 『순수이성비판』에서 철학의 기본적인 주제를 "나는 무엇을 알 수 있는가?", "나는 무엇을 해야 하는가?", "나는 무엇을 희망해도 되는가?"로 요약하였다. 그러나 그 후에 한 '논리학 강의'에서는 그 세

가지가 모두 "인간이란 무엇인가?"란 문제로 귀결된다고 했다. 지식, 윤리, 예술이 모두 인간의 문제이고 인간을 위한 것이다. 나의 박사학위 논문「과학과 인격(Science and Person)」도 비록 칸트와 후설의 철학관에 관한 이론적인 논의이지만, 역시 인간에 대한 관심이 그 배후에 깔려 있다.

물론 "인간이란 무엇인가?"란 질문에 아무도 한마디로 대답할 수 없다. 시각장애자가 코끼리를 이해하듯 인간에 대한 어떤 이해도 부분적일 수밖에 없다. 나는 1995년에 『고통 받는 인간』이란 책을 썼다. 인간은 고통 받는 존재란 사실에 관심을 기울인 것이다. 물론 인간에게는 고통만 있는 것도 아니고 삶의 대부분을 고통 가운데서 보내는 것도 아니다. 그러나 불행하게도 행복을 느끼는 시간은 그리 길지 않고 행복이 지속되면 행복한 줄 모르는 반면, 고통은 잠깐이라도 매우 아프고, 지속되어도 계속 아프다. 사람에게 고통은 심각하고 중요하다. 짐승도 고통을 당하지만 인간처럼 심각하게 느끼지도 않고 인간에게만큼 중요하지도 않다.

옛날에는 신, 운명, 하늘, 자연이 사람을 아프게 했다. 그들은 인간에게 불가항력이기 때문에 고통을 운명으로 수용할 수밖에 없었다. 그러나 지금은 사람을 아프게 하는 것이 주로 사람, 사람들로 구성된 사회, 사람들이 만든 문화물이다. 그리고 사람은 자연보다 사람을 더, 그리고 악랄하게 아프게 한다. 최근 역사에서 가장 큰 자연재난으로 알려진 것이 1931년에 중국에서 일어난 홍수인데, 그때 희생된 사람이 4백만 명이었다. 그러나 제2차 세계대전에서는 군인만 수천만 명이 전사했고 유대인 6백만 명이 학살당했다. 사망자의 수만 보더라도 자연보다는 인간이 훨씬 더 큰 고통을 준다는 사실을 알 수 있다.

그런데 사람은 다른 사람을 아프게 하지 않을 수도 있는데도 불구하고 아프게 한다. 그러므로 이제 인간의 고통은 주로 윤리적인 문제가 되고 말았다. 인간이 인간에게 고통을 가한다면 그것을 중단할 책임과 줄일 책임도 인간에게 있다. 윤리학은 바로 여기에 관심을 집중해야 한다고 생각한다. 물론 사람을 행복하게 하는 것은 좋은 일이고, 그런 일이 더 많이 일어났으면 좋겠다. 그러나 사람을 행복하게 만드는 것이 윤리적 책임이라고 할 수는 없다. 다른 사람을 행복하게 하지 않는다 하여 그 사람을 비도덕적이라고 비난할 수는 없지 않은가. 그러나 사람에게 고통을 가하거나(commission) 고통을 줄여줄 수 있는데도 불구하고 줄여주지 않는 것(omission)은 비윤리적이라 할 수 있다.

2. 부정과 고통에 대한 관심

2013년 한국연구재단이 주최하는 '석학과 함께하는 인문학 강좌'의 강사로 초청받았을 때, 나는 내가 과연 '석학'이란 칭호를 누릴 자격이 있는지 의심했다. 비록 박사학위도 받았고 대학교수도 역임했지만, 나는 1980년대부터 학문보다는 사회활동에 더 많은 시간을 보내고 더 큰 관심을 기울였기 때문이다. 물론 나의 학문적 배경이 사회활동의 기초와 이유를 제공했고 방법에 도움을 준 것은 사실이다. 그러나 새로운 이론을 발견하고 좋은 논문을 쓰는 것에 대한 관심은 조금씩 줄어들고, 오히려 사회를 좀 더 정의롭게 만들고 어려운 사람들을 돕는 것에 더 많은 관심과 노력을 기울이게 된 것이다. 그런 활동을 나는 모두 '직접 혹은 간접으로 다른 사람들의 고통을 줄이기 위한 것'으로 정당화하고 싶다.

사회문제에 처음 관심을 갖게 된 것은 4 · 19 혁명 때부터이다. 부정선거와 그것을 은폐하려는 정부의 위선이 젊은이의 정의감을 자극한 것이다. 영문과 동기로 늘 같이 붙어 다니던 이명섭(성균관대학교 명예교수), 서영호(목사)와 함께 열심히 항의시위에 참가하다 경찰 곤봉으로 좀 얻어맞기도 했다. 4 · 19가 끝난 후 우리는 서울대 문리대 몇몇 친구들과 함께 '새생활운동'이란 것을 시작했다. 준비총회의 결정에 따라 나는 재무부에 가서 대전시 전체 인구의 식량을 구입할 수 있는 액수의 돈이 커피와 양담배 밀수에 쓰인다는 사실을 알았고, 그 보고를 받은 수백 명의 학생들이 "커피 한 방울, 피 한 방울!" 등의 플래카드를 들고 거리에 나갔다. 다방을 습격하여 커피 잔을 엎지르고 피우고 있는 양담배를 빼앗았다. 새로 치러진 선거로 당선한 국회의원들이 군용 지프를 불법으로 개조하고 법에 없는 '가 번호'를 달고 타고 다녔는데, 하루는 그런 차를 100여 대나 붙잡아 서울시청 뒷마당에 강제로 끌어다놓고 모두 불태우자는 논의를 할 정도로 난동도 부렸다. 지금 생각하면 어이없는 짓이었지만, 그래도 나라와 사회를 정화해 보려는 순수성 때문인지 시민이나 경찰이 크게 제재하지 않았다. 빼앗은 양담배를 세종로 한가운데 쌓아놓고 태우면서 애국가를 부른 것은 지금 생각하면 너무 유치하고 감상적인 것 같아서 창피하기도 하지만, 그때 우리가 가졌던 애국심과 정의감이 그만큼 순수했던 것은 사실이다.

우리 사회의 썩은 모습은 오히려 군복무를 하면서 보게 되었다. 배경(백)이 없어서 배치된 부대가 하루 12시간씩 보초를 서야 하는 독립 경비 중대였다. 군수물자를 경비하는 것이 주 임무였는데, 5·16 군사혁명이 일어나고 군 기강 확립이 소리 높이 강조되었는데도 중대장으로부터 이등병에 이르기까지 도둑질 안 하는 사람은 거의 없어 보였다. 학교와 교회 사이만 왔다 갔다 한 나에게 그것은 너무나 큰 충격을 주었고, 영어학 교수가 되겠다는 나의 꿈이 한없이 어리고 무책임하게 느껴졌다. 사회를 고치고 의식을 바꾸기 위해서는 이론적인 언어학보다는 교육학을 풍부해야 하겠다고 결심하고, 기독교 교육의 기초를 얻기 위해서 신학교에 가기로 했다. 그런 목적으로 신학을 공부해도 좋다는 신학교의 허락과 장학금을 받아 미국 웨스트민스터(Westminster) 신학교에서 3년 동안 공부했다.

3. 장애자와 임종 환자

실천적인 목적으로 시작했지만, 유학생활은 나의 학문적인 관심을 다시 일깨웠다. 결국 미국과 네덜란드에서 보낸 10여 년은 공부하고 연구하는 학문의 시기가 되고 말았다. 주위 사회는 나와 무관하게 보였고, 매일 접하는 사회는 대부분 '너희들'의 현실이었다. 오직 추상적인 이론에만 몰두할 수 있었고 나는 그것을 적잖게 즐겼다.

그러나 1973년 귀국하자마자 일상의 세상은 다시 '나' 혹은 '우리'의 현실로 다가왔다. 대학과 지성계는 반독재 민주화와 노동자, 농민, 도시빈민의 권익 수호에 열을 올렸다. 그와 비슷한 운동이 활발했던 1960년대를 유럽에서 보냈기 때문에 한국사회의 그런 움직임이 나에게는 '어디서 본 것(déjà vu)' 같은 느낌이 들었다. 어느 정도 거리를 두고 보았기 때문인지 몰라도 나는 한국사회에 노동자, 농민, 도시빈민보다 더 소외되고 더 큰 고통을 당하는 사람들이 있다고 생각했다. 장애인들이 바로 그들이었다. 지금은 그때와는 비교할 수 없을 정도로 그들에 대한 인식이 크게 향상되었지만, 1970년대 우리나라 장애인들은 마치 존재하지 않는 사람들처럼 무시되고 천대받았다. "몸과 털과 피부는 부모로부터 받은 것이므로 다치지 않는 것이 효도의 기본(身體髮膚受之父母, 不敢毁傷, 孝之始也)"이라는 『효경(孝經)』의 구절 때문인지 우리는 장애인들을 지나치게 홀대하는 문화를 가지고 있었다.

처음에는 교인들이나 한국외국어대 기독 교수들과 함께 열악하기 짝이 없는 장애인 수용시설을 찾아다니며 조금씩이나마 구호활동을 했다. 그러다가 1970년대 말부터는 강사로 가르친 총신대 제자들이 장애인의 선교와 복지, 장애인에 대한 계몽을 목적으로 하여 설립한 '밀알선교단'의 고문이 되어 본격적으로 이 운동에 뛰어들었다. 그때는 방송 출연, 신문 기고의 기회가 비교적 많았는데, 나는 주로 장애인에 대한 우리 사회의 무관심과 편견을 바꾸는 데 힘을 쏟았다. 문민정부가 들어선 지 얼마 되지 않아서 총리, 장관, 청와대 비서실장과 수석 등 고위 공직자들에게 강연할 기회가 있었는데, 그때 강연의 상당 부분을 장애인 복지의 중요성을 강조하는 데 할애했다. 국가가 존재하는 것은 약자를 보호하기 위함인데, 지금 한국사회에서 가장 약한 장애인들을 위해서 아무것도 하지 않는 정부가 과연 존재 의의가 있는가 하고 비판했다. 그 강연 때문인지 몰라도 곧 장애인 전용 주차장이 생겼다. 그리고 얼마 되지 않아서 김영삼 대통령은 무슨 공로 때문인지 모르나 장애인 복지에 공헌한 지도자에게 주는 미국의 '루즈벨트 상'을 받았다. 본인이 장애인이었던 김대중 대통령과 이수성 총리를 비롯해서 역대 정권이 그래도 어느 정도 관심을 기울여서 지금은 장애인 복지가 상당히 향상되었다.

장애인 운동과 관계해서 잊을 수 없는 것은 '밀알학교' 건립이다. 그때 우리나라의 자폐아동을 위한 특수학교가 전무하다시피 해서 자폐아 학부모들의 고충은 이루 말할 수 없었다. 내가 이사장으로 봉사하던 '밀알복지재단'은 초등학교 부지에 자폐아를 위한 '밀알학교'를 짓기로 하고 서울시 교육위원회의 허가를 받았다. 그러나 그 주위 주민들의 님비(NYMBY) 운동이 격렬해서 고생을 많이 했다. 주위에 있는 비싼 아파트 아낙네들이 1, 2월 추운 겨울에 커다란 컨테이너를 공사장 한가운데 실어다놓고 거기서 밤을 새우며 공사를 방해했다. 서울대 내 연구실에 몇 번이나 쳐들어와서 차마 입에 담을 수 없는 악담을 퍼부었고, 급기야는 나를 명예훼손으로 고발해서 검찰의 수사도 받게 했다. 하는 수 없이 김주영 변호사의 자원봉사로 법인에 '공사방해중지가처분'을 신청했고 그것이 받아들여져 공사를 마칠 수 있었다. 그 재판은 우리나라 장애자 복지에 이정표를 세운 것으로 대부분의 일간지가 사설로 다뤄주었다.

'밀알학교'는 서울시청을 설계한 유걸 씨의 작품으로 건축대상을 받은 아름다운 건물이며 내부 시설은 세계 어느 나라 특수학교에도 뒤지지 않았다. 그러나 비용이 엄청나서 남서울은혜교회가 예배당 지을 돈을 다 바쳤고, 건축공사를 한 이랜드 건설도 이익을 전혀 남기지 않았으며, 열심히 모금도 했지만, 큰 빚을 지게 되었다. 여러 가지 궁리 끝에 교육 부장관 특별 교부금이란 것이 있다는 사실을 알고 당시 한완상 교육부장 관의 도움을 요청했다. 그러나 그는 약속을 실행하기 전에 퇴임하고 후 임 이명현 장관에게 다시 신청했다. 이 장관은 우리가 기대했던 것보다 훨씬 더 많은 액수를 보조해 주었다. 물론 빚은 아직도 갚고 있는 중이지 만, 그때 그 교부금을 받지 못했더라면 곧 이어서 터진 IMF 금융위기 때 문에 '밀알복지재단'과 학교는 파산될 수밖에 없었을 것이다. 기독교 재 단이라서, 우리는 모두 그것을 하나님의 특별하신 은혜이며 기적이라고 믿고 감사하고 있다. '밀알학교'는 아직도 자폐아동을 위한 특수학교로 는 한국에서 가장 뛰어난 교육기관으로 인정받고 있고, 교사들은 직업 이 아니라 사명으로 아이들을 돌보고 있다.

10년간 이사장으로, 그리고 지금은 이사의 한 사람으로 '밀알복지재 단'을 섬기면서 내가 끊임없이 강조해 온 것은 투명성과 순수성이다. 장 애인 복지를 위하여 기부한 돈은 매우 소중한 것이므로 한 푼도 허투루 써서는 안 된다고 입이 닳도록 강조하였다. 우리나라에서 처음으로 기 부자의 이름과 액수, 지출 내역을 소식지를 통하여 매월 발표하였다. 그 리고 장애인 복지를 표방했으면 그것만 일관성 있게 추구해야지 그것을 빙자해서 생계를 유지하고 명예나 권한을 누리는 일은 순수하지 못하다 고 강조했다. 금년에는 '삼일회계법인'의 '운영투명상'의 금상을 받았 다. 그런 노력이 기부자들의 신임을 얻어서인지, 지금 '밀알복지재단'은 매월 7-8억 원의 기부를 받는 큰 법인으로 성장해서 45개의 기관과 시 설을 두고, 아프리카, 동남아시아 등 21개국에서 복지활동을 펼칠 수 있 게 되었다. 2013년에는 장애인 센터의 개관식에 참석하기 위해서 아프 리카의 최빈국 가운데 하나인 말라위에 다녀왔다. 우리 부부가 보낸 작은 기부로 'SON BONG HO HALL'이란 간판이 붙은 커다란 건물 하나가 세워졌다.

1993년에는 말기 암환자를 돌보는 '샘물호스피스'를 설치하고 지금까지 그 이사장으로 섬기고 있다. 고칠 수 없는 병을 앓는 환자가 막대한 치료비를 지불하면서 병원에 입원해 있는 것은 누구에게도 도움이 되지 않는다. 그리고 가난한 가정에서 신음하는 말기 환자는 가족들에게도 큰 짐이 되어 '차라리 빨리 죽었으면' 한다. 아픈 것도 서러운데 가족들로부터도 그런 대우를 받는 것은 견디기 힘든 고통이 아닐 수 없다. 그런 분들을 모셔다가 통증 완화 치료만 하면서 편안하게 임종을 맞게 하는 것이다. 이사장으로서 직원들과 자원봉사자들에게 끊임없이 강조하는 것은 환우들의 인간 존엄성을 철저히 존중하라는 것이다. 우리는 가능하면 가난한 환자들을 우선적으로 수용하는데, 그들로 하여금 삶의 마지막에라도 인간 대접을 받게 해야 한다고 강조한다.

한때 '샘물호스피스'는 말기 암환자뿐 아니라 에이즈(AIDS) 환자도 수용하였다. 그러나 요즘 에이즈 악화를 막는 약이 나와서 임종을 맞는 환자가 별로 없다. 그런데 한 번 수용한 환자를 내보낼 곳이 없어서 호스피스가 아니라 에이즈 환자 수용소가 될 위험에 처했다. 그래서 하는 수 없이 에이즈 호스피스는 폐쇄하고 에이즈 환자 치과 치료를 시작했다. 에이즈 환자들에게 가장 고통스러운 것 가운데 하나가 치과 치료를 받을 수 없다는 것이다. 에이즈는 피를 통해서 전염되기 때문에 치과 의사들이 에이즈 환자의 치과 치료를 거부하기 때문이다. 그래서 2008년에 사회복지공동모금회의 보조로 큰 버스 하나를 구입하여 치과 의자 등 필요한 기구를 설치하고 전국 대도시로 돌아다니면서 선한 의지를 가진 치과 의사들의 자원봉사를 받아 치과 치료를 시작하였다. 치료를 받지 못해 고생하던 환자들이 얼마나 고마워하는지 모른다. 그러나 버스에 에이즈와 관계되는 어떤 표시도 하지 않는데도 불구하고 에이즈 환자를 기피하기 때문에 그 버스의 주차를 허용하지 않는 기관이 많고, 심지어는 보건 진료소조차 주차를 허락하지 않는 경우도 있어서 씁쓸하다. 지금은 주로 주차를 허용해 주는 교회 마당을 주로 이용하고 있다.

나는 '샘물호스피스'에서도 투명성과 순수성을 매우 강조한다. 결산(決算)이 5천만 원에도 미치지 못한 설립 첫해부터 공인회계사의 감사를 받도록 해서, 누가 봐도 이 기관이 영리를 목적으로 하는 것이 아님을 알 수 있도록 하고 있다. '밀알복지재단'이나 '샘물호스피스'의 이사장과 이사들은 회비는 낼지언정 어떤 수당이나 회의비는 받지 않는다.

내가 장애인, 암 말기 환자, 에이즈 환자 복지에 시간과 돈을 할애하는 것은 동정심이 많아서가 아니다. 천성 때문인지 철학을 공부해서인지는 몰라도 나는 비교적 냉정하다. 그들이 불쌍해서가 아니라 그들의 고통을 조금이라도 덜어주는 것이 나의 도덕적 의무라고 판단하고, 그렇게 하는 것이 나의 삶을 가치 있게 만드는 것이라 생각한다.

4. 시민운동

장애인 운동에 관심을 기울이면서 1970년대와 1980년대에 활발했던 민주화 운동에 나는 그렇게 적극적이지 않았다. 그리고 1979년에서 1980년의 혼란기에 나는 네덜란드 정부에서 제공한 연구비를 받고 네덜란드에 머물고 있었다. 어쨌든 나는 군부독재에 협조하지는 않았지만 비판적인 활동을 적극적으로 펼치지도 않았고 해직 같은 불이익도 당하지 않았다. 그런데 1980년 8월에 귀국해 보니 가까운 친구들 여럿이 해직되어 있었다. 비겁했다는 생각에 마음이 편치 않았고 양심에 가책도 받았다.

그 때문인지 모르지만 민주화가 이뤄지고 시민운동이 가능해지자 적극적으로 나서서 시민운동을 하게 되었다. 1987년에 장기려, 이세중, 이

만열, 이영덕 등 기독교 지도자들과 함께 '기독교윤리실천운동'(줄여서, '기윤실')을 시작했고, 1989년에는 서경석, 윤경로 등 다소 젊은 사람들이 시작한 '경제정의실천시민연합'(줄여서, '경실련') 창립에 가담하여 공동대표를 2년간 역임했다. 경실련 운동은 그 후 우후죽순처럼 솟아난 활발한 시민운동의 효시가 되었고, 우리나라에 토지공개념 확산과 금융실명제 실시에 중요한 공헌을 했다. 금융실명제가 도입되지 않았더라면 우리 사회는 지금보다 훨씬 더 부패해 있었을 것이다.

시민운동에서 내가 가장 큰 관심을 가졌고 많은 시간과 정력을 쏟아부은 것은 공명선거운동이었다. 1992년 경실련, 기윤실, YMCA, YWCA, 흥사단 등이 주축이 되어 '공명선거실천시민운동협의회'(줄여서, '공선협')를 조직하였고, 당시 활동했던 수많은 시민단체들이 공선협에 가입해서 같이 활동했다. 당시 우리나라 선거의 가장 취약한 부분은 군부재자 투표였다. 군부대 책임자는 가능한 한 여당 지지표가 많이 나오게 하려고 심지어는 병사가 기표한 투표용지를 투표함에 넣기 전에 감시하는 장교에게 보여주어야 하는 경우가 허다했다. 마침 14대 총선 직전에 ROTC 출신인 이지문 중위가 공선협 사무실에 찾아와서 병영 내의 선거 부정을 폭로하는 양심선언을 했다. 그를 체포하러 계단으로 올라오는 헌병을 몸으로 막던 기억이 새롭다. 국방부와의 끈질긴 싸움과 담판 끝에 군인들도 선관위 감독 하에 영외에서 투표하자는 동의를 얻어냈고, 이를 국회에 요청하여 선거법 개정을 성취했다. 그 후부터 병영 내의 선거 부정 시비는 다시 일어나지 않았다. 그것은 우리 선거가 오늘날 정도로 공명해지는 과정의 출발이리 여겨 뿌듯하게 생각된다.

14대 선거가 끝나자 정부에서 나에게 훈장을 수여하겠다는 연락이 왔다. 공명선거운동을 나 혼자 한 것이 아닌데 공선협에게 수여한다면 몰라도 나 개인이 훈장을 받는 것은 옳지 않다고 사양하였다. 그런데 훈장은 개인에게만 수여할 뿐 단체에는 수여하지 않는다 하였다. 그래서 내가 훈장을 받는 대신 공선협이 대통령 표창장을 받는 것으로 결정했다. 지금도 그때 훈장을 사양한 것을 후회하지 않는다. 그 후에 나는 정부공직자윤리위원회의 활동으로 모란장을 받았으므로 큰 손해를 본 것도 아니다.

그때 선거에서 가장 심각한 문제는 대통령 후보들의 대중 선거유세였다. 후보자들이 세를 과시하기 위하여 서로 다투어 여의도 광장 같은 넓은 장소에 지지자들 수십만 명을 일당을 주어가면서 동원하였는데, 이들을 전국 각지에서 수백 대의 버스로 실어 날랐다. 천문학적 액수의 돈이 든 것은 말할 것도 없었다. 그래서 공선협이 주동하여 그런 대중 유세를 금지하고 그 대신 후보자들이 텔레비전 토론을 통해서 자신들의 의견과 정책을 알리도록 선거법 개정을 추진하였다. 시민운동 대표들이 정당과 국회의원들을 설득하는 일을 분담했는데 나는 당시 민주당 의원들을 로비하는 책임을 맡고 당사를 찾아갔다. 마침 그때 민주당은 TV 토론을 적극 지지하고 있었기 때문에 김대중 당수를 비롯해서 당 간부들이 모두 나와 열렬하게 환영해 준 기억이 난다. 선거법 개정은 이뤄졌고 그 가장 큰 혜택을 본 것은 토론의 명수였던 김대중 대통령이었다.

두 번에 걸쳐 이룩한 선거법 개정은 금융실명제 실시와 더불어 나의 시민운동에서 가장 보람 있는 성취였다. 물론 나 혼자 한 것도 아니고 모든 공로가 시민운동에만 있었던 것도 아니었다. 그러나 우리가 그런 운동을 펼치지 않았더라면 개혁이 그렇게 빨리 이뤄지지는 않았을 것이다. 민주주의에서 공정한 선거만큼 중요한 것이 어디 있겠는가. 우리가 이룩한 두 번의 개정 후에도 선거법은 몇 번 더 개선되어서 적어도 선거에 관한 한 우리나라는 이제 상당한 수준에 이르렀다. 그런 점에서 나는 우리나라의 민주주의 발전에 조그마한 기여를 했다고 자부한다.

5. 환경운동

1972년, 아직 유럽에서 공부하고 있을 때 '로마클럽 보고서'로 알려진 『성장의 한계(*The Limits to Growth*)』가 발표되었고, 나는 그때부터 환경문제에 관심을 기울이기 시작했다. 구독하고 있던 『타임(*Time*)』지에 '환경(Environments)'이란 부분이 있었는데, 빼놓지 않고 스크랩을 했다. 귀국 후 잡지 등에 환경문제에 대한 글을 더러 썼으나, 그때는 웬 뚱딴지같은 소리를 하는가 하는 반응이었다. 나 혼자서 태양열을 이용하여 요리하는 기구를 구입하는 등 애를 썼으나 주위 사람들을 의아하게 하는 데 그쳤다. 1987년 '기독교윤리실천운동'을 조직하면서 그 강령에 환경을 보호한다는 문구를 넣고 정직과 더불어 검소, 절제를 가장 중요한 행동목표로 삼았다. 모든 소비는 환경을 오염시키고 자원을 고갈시키므로 가능한 검소하게 살아야 한다고 주장하고 '작은 차 타기 운동'을 펼쳤다. 나는 동덕여대 총장으로 재직할 때도 소나타를 탔고 지금은 프라이드를 타고 다닌다. 그 때문에 무시와 천대도 당하고 주위의 많은 사람들의 양심을 괴롭히기도 한다. 이미 10년 전에 1,300만 원이나 들여서 지붕에 태양광 발전 시설을 설치해서 매월 300킬로와트의 전기를 생산하고, 버려진 물통을 주워다가 빗물을 저장해서 텃밭에 뿌리는 등 유용하게 쓰고 있다. 그런 것을 설치하는 데 드는 비용이 그것으로 절약한 돈보다 더 들지만, 지구촌 환경 전체를 위해서는 이익이기 때문에 그 정도의 손해는 감수해야 한다고 생각한다. 냉방기를 설치하지 않아 여름에는 좀 덥게 살고 난방비를 아끼느라 겨울에는 좀 춥게 산다.

1998년부터 '한국휴먼네트워크'란 단체의 이사장직을 맡아서 조직적인 환경운동에 참여하고 있다. 2002년에 '푸른 아시아'로 개명한 이 단체는 이제까지 몽골의 네 지역에 약 50만 그루의 나무를 심었다. 우리나라에 날아오는 황사의 절반이 몽골에서 발원하는데, 몽골은 놀라울 정도의 속도로 사막화되고 있다. 우리 단체는 단순히 나무를 심는 것으로 만족하지 않고 그 나무가 상당한 크기로 자랄 때까지 물을 주고 양과 염소들로부터 나무를 보호한다. 지구온난화와 더불어 인구의 몇 배나 되는 양과 염소가 몽골의 사막화의 주범이다. 풀을 뿌리째 뜯어먹고 나뭇가지와 잎을 먹어치우기 때문에 새로운 나무들이 뿌리를 내릴 수 없다. 그래서 나무를 심는 땅 주위에 철조망부터 먼저 쳐야 한다. 그리고 나무만 심어서는 사막화 문제가 해결될 수 없으므로 '푸른 아시아'는 몽골 주민들이 목축업 외에 다른 방법으로 소득을 얻을 수 있도록 비타민 나무를 보급하고 채소 재배를 교육하고 있다. 즉, 지속 가능한 지역 공동체 개발을 돕고 있는 것이다. 그동안 몽골에서 가장 성공한 조림 활동과 사막화 방지 활동을 한 공로로 몽골 정부의 인정뿐 아니라 금년에는 유엔 사막화방지협약(United Nations Convention to Combat Desertification)이 수여하는 '2014 생명의 토지 상(賞)' 최우수 모델 상을 받았다.

'푸른 아시아'는 2013년부터 최근에 개방화가 이뤄진 미얀마 사막화 방지사업도 시작했다. 2008년 태풍 나르기스가 산림이 울창했던 미얀마를 강타한 후 이상하게도 국토의 중심부가 급속도로 사막화하고 있다. 가능한 한 빨리 대처하지 않으면 사막화가 심화될 것이란 판단 하에 열심히 식목 활동을 펼치고 있다. '푸른 아시아'는 한국의 환경 NGO 가운데 가장 활발하고 효율적으로 국제적 활동을 펴는 단체로 부상했다.

6. 윤리운동

이제까지의 사회활동에서 내가 가장 많은 관심을 기울이고 가장 많은 시간을 보낸 것은 윤리운동이라 할 수 있다. 3·15 선거를 비롯한 모든 부정선거, 새생활운동이 고치고자 했던 불법과 퇴폐, 진로를 바꾸게 한

병영의 부패, 그리고 한국 기독교계의 부끄러운 모습은 모두 능력과 지식의 결핍이 아니라 윤리적 타락에 기인한 것들이다. 즉, 그런 부정과 비리는 불가항력적인 것이 아니라 사람들이 마음만 먹으면 얼마든지 일어나지 않게 할 수도 있는데도 불구하고 자신들의 부당한 이익을 위하여 일으킨다고 보는 것이다. 그리고 그것이 한국인을 매우 불행하게 만들고 있다. 한국의 인간개발지수는 세계에서 15위로 심지어 프랑스나 핀란드보다 앞서지만, 한국인의 행복지수는 최하 수준이다. 미국의 퓨 연구소(Pew Research Center)가 지난 5월에 발표한 바에 의하면, 한국인의 행복지수는 100점 만점에 47점으로 우리보다 가난한 필리핀, 베트남, 인도네시아보다 더 낮다고 한다. 나는 그 원인을 모두가 출세해서 이름을 날리려 하고 모두가 1등이 되려는 한국인의 유난한 경쟁심과 이 치열한 경쟁이 낮은 도덕적 수준으로 인하여 공정하게(fair play) 이뤄지지 않는 데서 찾는다. 한국의 투명성지수는 세계에서 46위이며, 탈세율이 26.8퍼센트나 되어 그리스나 스페인과 비슷하고, 보험금의 13.9퍼센트가 사기로 지불되며, 교통사고 입원율은 일본의 9.5배나 된다. 이런 도덕적 수준은 경제, 정치, 학문, 예술, 스포츠 등 다른 분야의 발달도 크게 방해하고 있다. 한국의 투명성이 일본 수준(세계 16위)만 되어도 우리 경제가 매년 1.4퍼센트에서 1.5퍼센트 더 성장할 수 있다 한다.

나는 모든 비도덕적 행위가 결과적으로 약자들을 억울하게 하고 그들에게 고통을 가한다고 분석한다. 예를 들어, 뇌물은 "가난한 자의 돈이 부자에게 직행하는 것"이라고 베일리(Samuel Bailey, 1791-1870)라는 사람이 주장했는데, 매우 적절한 지적이라고 생각된다. 그런 점에서 모든 비도덕적 행위는 정의에 위배되는 것이다. 그러므로 도덕운동은 곧 정의를 위한 노력이고 약자를 보호하기 위한 활동이라 할 수 있다.

윤리에 대한 나의 관심 때문인지 몰라도 나는 '윤리'와 관계되는 직책을 수없이 맡아왔다. '기독교윤리실천운동'을 조직했고, 초대 정보통신

윤리위원장, 서울시공직자윤리위원장, 서울대학교교수윤리위원장, 정부공직자윤리위원, 간행물윤리위원, 목회자윤리위원을 역임했다. 그런 직책도 물론 해당 기관과 분야의 도덕성 제고에 어느 정도 공헌했을 것이다. '기독교윤리실천운동'은 수천 명의 회원과 10여 개의 지방조직을 두고 지금도 꾸준히 정직과 검소, 절제 운동을 하고 있으며, 최근에는 '자발적 불편운동'이란 기치를 내걸고 다른 사람의 편리를 위하여 스스로 좀 불편하게 살자고 서로를 격려하고 있다. 그리고 '좋은 교사', '기독법률가회', '교회개혁실천연대', '깨끗한 미디어 운동' 등 여러 단체들의 모판 역할을 했고, 한국 기독교계의 양심을 자극하며, 동시에 부패한 자들의 미움도 많이 받고 있다.

그러나 그런 직책과 기관을 통한 윤리운동보다는 강연, 방송, 그리고 신문과 잡지의 칼럼을 통한 도덕성 제고에 더 많은 시간을 보내고 있다. 윤리를 주제로 강연하고 방송에 출연하는 기회가 많이 생긴다. 경제가 어느 수준에 이르고 민주화도 어느 정도 이룩되었는데도 사회가 여전히 혼란하고 사람들이 행복하지 않은 것이 우리 사회의 도덕성이 낮기 때문이란 사실을 사람들이 조금씩 느끼고 있기 때문일 것이다. 방송 등 대중매체가 기고나 출연을 요청하면 오락이 아닌 한 사양하지 않는다. 시민들의 도덕성과 교양 제고에 도움이 된다면 기회를 놓칠 수 없다. 당장 효과가 나타나지는 않지만 가랑비에 옷 젖는다는 말과 같이 조금씩이라도 변화가 있을 것이라고 믿기 때문이다.

방송이나 신문에 나가서 '거룩한 소리'를 많이 하면 일상생활과 행동이 상당한 제약을 받는 것은 피할 수 없다. 그런 것이 싫어서 대중매체 노출을 피하는 사람들을 더러 보았다. 그러나 나는 그 때문에 그 중요한 임무를 포기하는 것은 너무 자기중심적이라고 생각한다. 나의 자유도 중요하지만 도덕성 결여로 약자들이 당한 억울함과 고통을 조금이라도 줄여주는 것은 더 중요하다. 그리고 나도 약하고 얼마든지 유혹에 넘어

갈 수 있다는 사실을 나는 누구보다 더 잘 안다. 그런데 강연, 칼럼, 방송 등에서 '거룩한 소리'를 많이 하는 것은 내가 좀 더 조심하게 하고 유혹에 넘어가거나 실수하는 것을 줄이는 효과가 있다. 자신의 굳은 의지와 결심만 믿는 것보다는 다른 사람의 감시와 견제를 받는 것이 오히려 지혜로운 것이 아닌가 한다.

그러나 모든 활동 가운데 가장 나의 기를 죽이고 절망적이게 하는 것이 이 '윤리운동'이다. 나의 노력이 전혀 효과를 보지 못하는 것 같기 때문이다. 사회와 종교계의 부패는 전혀 줄어들지 않고 있다. 어떤 때는 혼자서 "대한민국의 모든 윤리문제는 네가 다 해결하나?" 하고 나 자신을 비웃으며 도피하기도 한다. 이런 상황에 대처하기 위하여 나는 '선지자적 비관주의'라는 특이한 개인 철학을 가지고 있다. 이사야, 예레미야, 아모스 같은 구약 시대의 위대한 선지자들은 자신들이 아무리 외쳐도 사람들이 듣지 않고 고치지 않을 것을 미리 알았다. 그런데도 불구하고 그들은 외쳤고 그들이 예견한 대로 사람들은 듣지 않았다. 나도 그들과 같이 비관적이지만 그들의 본을 따라 노력해 볼 뿐이다.

7. 교회개혁운동

1980년대부터 나는 한국 교회의 부패를 걱정하기 시작했다. 기독교가 처음 한국에 도래했을 때 유교적 전통문화의 배척과 신사참배를 요구하는 일본의 핍박으로 어려운 시절을 보냈고, 해방 후에는 북한과 6·25 전쟁 중 점령된 지역에서는 무신론을 주장하는 공산주의의 모진 박해를 받았다. 그 때문에 한국 교회는 오히려 매우 순수했고 도덕적으로 깨끗했다. 나라의 독립과 현대화를 위한 공헌과 더불어 그런 도덕적 순수성은 사회의 존경을 받기에 충분했다. 해방 후 한국 교회가 세계 선교사상 가장 빨리 성장하게 된 것에는 이런 도덕적 권위가 크게 작용했다.

그러나 그런 엄청난 성장은 한국 교회의 암이 되고 말았다. 교회와 교인의 수가 늘어나고 재정적으로 넉넉해지자 돈, 명예, 권력 등 세속 이익을 탐하는 자들이 교회에 들어와서 지도자로 부상하고 교인들 다수도 그런 가치에 목을 매기 시작했다. 번영신학이라는 비성경적 사이비 신학이 들어와서 교회 성장을 위한 자본주의적 경쟁이 치열해지고, 비도덕적이고 비신사적인 수단들이 동원되기 시작했다. 그래서 마침내 한국 교회는 개신교 역사상 가장 부패한 교회가 되고 말았다.

신앙생활에 많은 관심을 가졌고 신학도 공부한 나로서는 교회의 이런 상황에 대해서 걱정하지 않을 수 없었다. 1983년에 한국 교회를 영어로 소개하는 *Korean Church Growth Explosion*이란 책이 출간되었는데 한국 교회 지도자 23명의 글이 실려 있다. 모두가 한국 교회가 얼마나 훌륭하며 얼마나 빨리 성장했는지를 자랑하고 찬양하는 내용으로 가득 차 있다. 그런데 유독 나만 "Some Dangers of Rapid Growth"란 비판적인 글을 썼다. 그것이 『타임』지 기자의 관심을 끌어 그 잡지에 소개되기도 했다. '기독교윤리실천운동'은 한국 기독교가 한국사회에 비판적인 목소리를 내고 한국사회 발전에 공헌하려면 먼저 스스로 도덕적 권위를 회복해야 한다는 전제에서 1987년에 창립되었고, 거기서 '교회개혁연대'가 파생해서 대교회의 목회 세습, 재정 비리, 사치스러운 예배당, 각종 선거 비리 등을 파헤치며 비판하고 있다. 특히 내가 신학을 공부했기 때문에 비판을 받는 목사들이 내가 신학이나 성경에 무식해서 허튼소리를 한다고 무시할 수 없게 되었고, 그것이 그들에 대한 나의 비판을 더욱 아프게 만드는 것이다.

교회 부패에 대한 나의 비판은 사회에 대한 각종 비판보다 훨씬 더 신랄하다. 도덕성에 관한 한 종교는 사회보다 우월해야 하고 종교는 사회의 도덕성 유지와 제고에 큰 책임을 져야 하기 때문이다. 책임이 그만큼 크다면 그 책임을 감당하지 못한 것에 대한 비난도 그만큼 클 수밖에 없다. 그 때문에 나는 교계에 막강한 영향력을 가지고 있는 대교회들과 그들의 조직에서 기피와 경계의 대상이 되고 말았다. 특히 1980년대부터 목사들도 세금을 내야 한다고 주장해서 많은 목사들로부터 미움을 받았다. "왜 집안의 약점을 세상에 폭로하느냐?", "교회의 잘못을 지적해서 너만 인기를 끄느냐?" 등의 비난을 받았다. 그런 비난에 대해서 나는 한국 기독교는 이미 보호받아야 하는 단계를 넘어서 사회에 대해서 책임을 져야 하는 위치에 있기 때문에 자체의 약점을 숨기고 보호하는 것 자체가 비도덕이라고 대응한다. 나는 지금 한국 기독교의 미래에 대해서 매우 비관적이다. 철저히 약해져서 세상에서 완전히 짓밟힘을 당해야 비로소 순수해지고 다시 일어설 수 있지 않나 한다.

8. 사교육 폐지 운동과 기부확산 운동

2008년에 '사교육걱정없는세상'이란 시민단체가 설립되었고, 2년 전부터 나는 그 이사장으로 돕고 있다. 그 단체는 우리 사회의 가장 큰 병폐들 가운데 하나인 사교육을 조금이라도 줄여보려고 시작되었고, 지난 6년간 상당한 효과를 거두었다. 비교적 계급차별이 크지 않은 우리 사회에 요즘 조금씩 계급이 형성되고 있는데, 사교육이 그 주범이다. 과거에는 머리 좋고 열심히 공부하는 학생이 좋은 대학에 들어가서 소위 '개천에서 용 나는' 경우가 많았는데, 이제는 돈이 많아야 사교육을 받고 좋은 대학에 합격할 수 있게 되고 있는 것이다. 그 외에도 사교육비 때문에 출산율이 떨어지고, 학교교육이 부실해지는 등 온갖 부작용이 다 일어나고 있다. 누군가 나서서 이를 막아야 하는데 마침 평소에 나를 따랐던 후배 송인수 선생이 발 벗고 나섰기 때문에 적극적으로 돕기 시작했다. 지금 이 단체는 우리나라에서 활동하는 NGO들 가운데 가장 활발하고 회원도 매우 많으며, 사회, 특히 교육계에 미치는 영향력도 가장 크지 않나 한다.

지난해에는 '선행학습금지법'을 제정, 통과시키는 데 성공해서 적어도 학교에서는 앞으로 배울 내용을 미리 가르치는 것이 금지되었다. 선행학습이 성행하면 그것을 받은 학생은 재탕하는 학교 수업에 흥미를 잃고, 그것을 받지 못한 학생은 적당히 시행되는 학교 수업에서 아무것도 얻지 못하는 결과를 가져와서 가난한 학생들에게 막대한 손해를 끼치고 공교육 전반을 황폐케 한다.

2012년부터는 '나눔국민운동본부'라는 단체의 대표로 기부문화 활성화 운동을 하고 있다. 선진국들에 비해서 기부를 별로 하지 않는 우리의 문화를 좀 바꿔보자는 운동이다. 그런 운동에 책임자가 되었기 때문에 기부와 관계되는 강연, 인터뷰, 방송을 할 기회가 많아졌다. 이런 활동 덕인지는 몰라도 한국의 기부지수는 2010년에 세계 81위였던 것이 2012년에는 46위로 올라갔고, 경제사정이 어려운데도 기부는 매년 15퍼센트에서 20퍼센트씩 늘어나고 있다. 최근에는 유산 기부에 대한 관심이 늘어나서 지난해에 유산 기부를 위해서 조직된 '참행복나눔운동'에는 이미 400여 명의 명사들이 가입되어 있다. 나는 거기서도 공동대표로 활동하고 있다.

다른 사람들에게 기부를 권유하려면 자신부터 기부하는 것이 마땅하다. 나는 1984년에 '유산 남기지 않기 운동'에 가입해서 유산의 70퍼센트 이상을 사회에 환원하기로 서약한 바 있다. 그동안 각종 시민운동과 복지운동에 관계한 덕으로 한 달에 회비만 해도 100만 원 이상이 자동적으로 나가고, 세금을 떼지 않고 받는 모든 강사료는 전액 기부한다는 원칙을 세웠기 때문에 수백만 원이 추가로 지출된다. 그래도 충분히 먹고 살 수 있는 것에 감사하며, "주는 것이 받는 것보다 복이 있다"는 성경의 가르침을 조금 실감하기도 한다.

9. 맺음말

자랑만 잔뜩 늘어놓은 것 같아서 좀 쑥스럽다. 그러나 기회, 환경, 건강, 재정 상황, 가족과 지인들의 이해와 도움 등 필요한 조건들이 주어졌기 때문에 10여 개의 이사장과 대표직을 맡아 바쁘게 활동할 수 있음을 인식하고 감사한다. 이런 활동 때문에 한 사람이라도 고통을 조금 적게 받을 수 있게 된다면 보람 있는 삶이라 하지 않을까 한다.

『철학과 현실』(2014년 겨울)

손봉호 고신대학교 석좌교수, 기아대책 이사장, 나눔국민운동본부 대표, 서울대학교 명예교수. 동덕여자대학교 총장, 한국외국어대학교 교수, 한국철학회 회장, 기독교윤리실천운동 대표, 경제정의실천시민연합 대표, 공명선거실천협의회 상임대표를 역임했다. 서울대학교 영문학과를 졸업하고 미국 웨스트민스터 신학교를 거쳐 네덜란드 자유대학교에서 박사학위를 받았다. 저서로『고통 받는 인간』,『나는 누구인가』,『오늘을 위한 철학』, *Science and Person* 등이 있고, 논문으로「후설에 있어서 태도(Einstellung)의 문제」,「현대사상의 반형이상학적 경향과 칸트 철학」,「합리적 인간관」,「生活世界」,「타자중심의 윤리」, "The Place of Ethics in Wittgenstein" 등이 있다.

그럼에도 불구하고, 나는 …

김 병 익

'그럼에도 불구하고' 라는 것

내 사회생활의 거의를 맺어온 책과의 인연을 중심으로 연재한 회고를 10여 년 전 단행본으로 정리하여 『글 뒤에 숨은 글』로 상자한 바 있고, 이런저런 글들에서 나 자신의 사사로운 이야기들을 부끄러움 없이 끼워 넣기도 해서 계간지 『철학과 현실』이 '나의 삶, 나의 길'을 청탁해 왔을 때 흔쾌하게 수락하면서도 내심 당혹해하지 않을 수 없었다. 즐거운 것은 물론 한국에서 가장 권위 있는 철학 잡지가 노후한 글쟁이에게 자기 고백의 기회를 주신 것에 대한 고마움 때문이지만, 당혹해한 것은 거기에 채워 넣을 이른바 콘텐츠가 너무 허망하다는 사실을 다시 돌이켜 확인하지 않을 수 없었기 때문이었다. 이 감사와 곤혹이 버무리며 문득 내게 떠올려준 것이 '그럼에도'란 말이었고, 그 말에 기대어 뭐가 됐든 산수(傘壽)에 가까운 나이에 스스로를 위한 반성문을 써보자는, '만용'이라기보다는 '사면'을 구하는 용기를 내기로 했다.

'그럼에도'라고 앞서 썼지만, 그 말은 내가 나도 모르는 사이에 자주 써온 말이다. 스무 해 전에 한 잡지와 인터뷰를 하는 중에 내가 글을 쓰면서 '그럼에도 불구하고'란 어휘를 자주 사용하는데 왜인가란 질문을 받았었다. 속으로는 '들켰구나!' 싶었지만, 그 들킴이 반가웠다는 것이 당시의 솔직한 느낌이었다. 나는 의도적이든 무심코든 간에 '그럼에도'란 말을 많이 썼고, 그 용어에 대한 내 나름의 애착을 가져왔었다. 그것은 반어이면서 긍정이고 양보절이면서 변증적인 의지를 가지고 있었다. 나 자신의 생각이나 의지는 단순하고 소심하지만, 그럼에도 운명이든 환경이든 나답지 않은 어떤 선택이나 행동을 하지 않을 수 없다는 것, 그것이 나 개인만이 아니라 세상의 대부분이 그렇고, 혹은 지적 진실이나 정서적 상황에서도 그렇다는 것을 당시의 나는 많이 깨닫고 있는 중이었다. 나는 '그럼에도 불구하고'라는 말로써 세상의 많은 이치를 받아들였고, 지난날들의 갖가지 내 아쉬움들을 그 말로 위로를 받곤 해왔다. 지금도 그렇다. 보고할 내용이 없음에도 말은 해야 함, 구할 용서를 위해 변명도 못하고 있음에도 당돌하게 고백을 드림…. 나는 이런 방식으로 내 삶을 꾸려왔고 지금의 이 글도 이런 자세로 진술하지 않을 수 없을 듯하다.

그러해서 나를

내가 사회생활을 시작한 것은 전방의 사병으로 만기 제대하여 요행 신문사 기자로 취업한 1965년이지만, 그 이전이 스물일곱 해 어리고 젊어 미숙한 시절을 나는 오히려 환한 기분으로 회상하곤 한다. 유년기로부터 청년기로 이르는 순진함을, 그것도 어린 나로서는 실감하기 힘든 해방과 전쟁과 전후의 어수선함에도 불구하고, 이미 당시의 느낌으로도 조용하고 낭만적으로 보낸 시절의 아름다움을 나는 먼저 고백하고 싶다. 그 후의 나는 물론 그 어린 시절에 얻은 것들로 밑천 삼은 것이고, 쉰 너머의 삶을 지탱해 왔으며, 그래서 지금도 그 성장기의 과정에 은근한 자부심을 느낀다. 나를 키운 그 몇 가지.

나는 일제가 태평양전쟁을 터트릴 즈음 먹고살기 위해 경상도에서 지 방도시 대전으로 이농한 부모님의 막내였다. 그 '막내'의 다행스러움! 내게는 가정에 대한 책임도 없었고, 어른들의 관심이나 기대를 받을 이 유도 없었다. 다행히 '돼지꿈을 꾸고 태어난' 나는 자라는 동안 굶주린 적도 없었고, 그 후에도 부자인 적도 없었지만 가난한 적도 없는 천운을 지니고 있었다. 여러 살 위인 형과 누이의 교과서나 책을 읽을 수 있는 복은 가졌지만 내게 떨어진 의무는 없었다. 그게 내게 자유스러움을 주 었고, 혹은 혼자를 즐길 수 있는 독자적 존재로서의 해방감도 가질 수 있 게 했으리라. 그런데도 불구하고, 사회생활을 하면서 나는 이런저런 공 적인 일들을 만났고 피하지 못해 책임을 맡기도 해야 했다. 지금도 나는 연하의 사람들에게 하대를 못하고 주로 젊은 필자들의 글에서 배우고 있 지만, 모임에 가면 나이 덕분에 가운데 자리에 앉아야 할 경우가 잦다. 스스로 어리다고, 여전히 성숙하지 못하다고, 무슨 일에든 적절한 자질 이 부족하다고 생각하면서도 나는 감당하기 힘든 일에 가끔 부닥쳐야 했 다. 이는 말 그대로, '그럼에도'라고 해야 할 것이 아닌지.

고등학교에 입학하면서 옆자리 친구의 꾐에 교회를 처음 나갔고, 그 로부터 대학 1학년까지 참으로 독실한 기독교 신자였다. 남들은 학교 공 부 혹은 대학입시 준비를 할 때 나는 때마다 새벽기도, 주일예배, 밤 예 배에 참석하고 교회의 이런저런 일들을 했다. 그런데 교회를 다니면서 정작 내가 좋아한 것은 기도나 성경 읽기보다 교회를 오가며 본 새벽 별 이나 밤거리의 가로수 향기가 아니었을까. 30분은 걸리는 그 길을 걸으 면서 소년 시절의 나는 자연이며 운명, 초월이며 세계에 대해 그저 느끼 고, 젖고, 막연히 어린애다운 사유를 했으며, 그 존재와 질서를 감지했다. 그러니 아마 나는 범신론에 가까운 신자였을 것이다. 서울로 대학에 들어와 드디어 젊은 날의 고뇌가 시작되면서 나는 기독교의 정통 교리에 회의를 갖기 시작했고, 드디어는 스스로 담배를 사서 피우는 일로 나의 배교를 선언했다. 갈수록, 그리고 오히려 신앙에 의탁할 노년의 나이에 이른 지금은 더욱, 교회에 대해 비판적이고 유일신이며 역사에 참여하는 신의 존재에 대해 부정하는 생각이 더욱 강해진다. 그럼에도 나는 기독교 혹은 종교가 인류에게 남겨준 문화와 사랑의 정신을 존경한다. 종교는 부인하되 그것이 안겨준 유산들에 대해서는 적극 평가하는 것이다. 더 나아가, 폴 틸리히가 말한 '종교인과 종교적 인간'의 구분에 동의하면서 스스로를 종교적 인간이라고 자찬하기까지 한다. 억지스러울 수 있는 논리임에 분명하지만 나는 그런 나 자신을 허용해 마지않는다.

고교생 때 신문과 잡지에서 보기 시작한 '실존주의'에 대한 내 받아들임은 대학 시절에 아주 적극적이었다. 지동식 목사님(연세대 신학과 교수)의 설교에서도 배웠지만 교회를 나가지 않으면서 그즈음 번역되기 시작한 카뮈의 소설들과 도스토예프스키의 대작들에서 나는 사르트르의 이른바 한계상황, 자유, 선택, 책임의 실존적 인간 윤리를 보았고, 그 세계 인식에 전적으로 공감하게 되었다. 그를 연줄로 하여, 손창섭의 자학적인 소설들, 황순원의 섬세한 양심의 문제들, 『순교자』의 김은국이 제기한 수난의 의미에 심취했고 문학작품에서든 현실에서든 나는 실존주의적 구도로 이해하게 되었다. 그것을 깨우쳐준 것이 칼 뢰비트가 『역사의 의미』 서론에서 제기한 '종말론'이었다. 한밤중 이 단어와 마주치면서 나는 이른바 '세계의 끝'을 본 듯했고, 그 시문으로 그 색 모누를 읽은 듯, 이 세상의 모든 일들을 그 종말론적 이해론으로 대조하게 되었다. 조가경 교수의 실존주의 강의에서 나는 정치학과 학생임에도 A를 받기도 했지만, 아마 나의 인식들은 '실존주의'라기보다 '실존적 감수성'이란 것이 더 정확할 것이다. 나는 지금도 그 '실존'이란 말을 좋아하고 그런 정서에 곧잘 빠져든다. 그것이야말로 기독교와 함께 내 젊은 시절에 얻은 가장 귀한 내면적 가치였다.

　대학 시절 얻은 게 두 가지 더 있다. 명색 정치학과 학생이었음에도 전공을 즐기지 않았고 같은 과 친구로 사귄 사람도 매우 한정되었다. 그럼에도 민병태 교수의 정치사상사는 매우 중요하게 여겨진다. 나는 그 과목에서 정치학이란 한정된 분야가 아니라 소크라테스와 아리스토텔레스, 플라톤에 이어 루소와 20세기의 라스키에 이르기까지의 서양 사상사를 배웠고 오늘의 세계문명의 바탕을 바라볼 수 있었다. 그리고 같은 과가 아닌 영문학과 동기생인 황동규와 사귀었고 그 우정은 근 60년이 지난 지금껏 계속되고 있다. 수줍은 내가 그에게 먼저 인사를 청한 것은 '시인'이란 존재에 대한 호기심 때문이었다. 대학 1학년에 문단에 진출한 그는 젊고 순진한 열정에 젖어 있었으며, 예술가로서의 매우 큰 자부심을 갖고 시와 음악, 문학과 학문에 대해 자신을 던지고 있었다. 나는 정치학도 좋아하지 않았고 시인도 아니지만 대학 시절의 그 강의와 사귐은 그 후의 내게 지적, 정서적 이해의 지렛대가 되었음을 고마운 마음으로 회상한다.

그럼에도 기자로

　막내로서의 자유로움의 특권, 교회의 내면적 가치 존중, 실존주의를 통한 세계 인식의 틀을 가지고 나는 문화부 기자 생활을 시작했다. 내 수선스러운 생애에서 거의 유일하게 벽감(壁龕)처럼 조용히 숨어 편할 수 있었던 31개월의 전방 졸병 생활을 마치고 취업을 해야 했는데, 정치학과 출신으로 나갈 수 있었던 곳은 신문사뿐이었다. 요행 1965년 동아일보 입사 시험에 합격해 수습기자가 되었지만 나는 기자란 직업, 기사라는 글쓰기에 문외한이었고 동아일보사의 위치도 그 시험 때문에 비로소 알게 될 정도였다. 그러나 수습교육 중에 나는 커뮤니케이션이야말로, 중세에서의 신학처럼 앞으로의 학문적, 사회적 대종(大宗)이 되지 않을까 예상할 정도로 언론의 현재와 특히 미래의 전망에 적극적이었다. 그리고 문화부 기자로서의 내 일도 매우 즐겼고 정직하게 자랑하면 꽤 잘하고 있었다. 나는 문화부의 여러 일 중에 주로 문학과 학술을 맡았고 출판과 종교 분야를 개척했다. 때마침 문학에서는 황동규, 마종기, 김승옥, 이청준, 김현, 백낙청 등 4·19 세대의 등장으로 문단의 거대한 세대교체가 활발하게 진행 중이었고, 학계는 식민사관을 극복하려는 이기백, 김철준, 천관우 등 해방 후에 등장한 한국사학자들의 주체적 사관 구성 작업이 활발하게 어우러지고 있었으며, 학계에서나 통치권에서 근대화론이 적극적으로 논의를 시작하고 있었다. 이 시기야말로 해방 20년, 6·25 반 세대, 그리고 4·19와 5·16의 갈등을 에워싸고 산업화와 민주화가 길항하며 앞 세대의 수난 의식을 극복하고 새로운 산업화로의 길로 나아가려는, 격렬한 시대적 전환기로 뜨겁게 달구어지고 있는 참이었다. 그것들이 문학작품으로, 학술 세미나로, 연구 저술로 역동적인 움직임을 시작하고 있었다.

이런 전반적인 움직임에서 문화부는 그 전체를 바라보기 참 좋은 위치였다. 정치부나 경제부, 사회부처럼 현실 속에서 그것들을 정리하기는 힘들 것이지만, 한발 옆으로 비켜나 그런 변화들을 바라보며 객관적인 관찰을 하고 작품이나 논문들을 통해 그 동정과 의미를 정리하기에는 아주 전망 좋은 자리였다. 그런 철이어서 내게는 항상 기삿거리가 넘쳤다. 문화계의 동네니 학계의 인식들만이 아니라 그 모든 것들과 현실의 일들을 문화적 시각으로 바라보고 그 의미를 구성해 본다는 것은 흥미롭고 보람 있는 일이었다. 가령 찬반이 넘치는 경부고속도로 건설에 대해 그것의 경제적 성과는 경제부 소관이지만, 그것이 가져올 변화의 의미는 문화부 일이었다. 나는 문화부 기자의 일을 문화 예술 행사의 소식에

만 한정하지 않고 그 움직임과 의미, 학계와 문단의 새로운 동향과 그 전망을 관찰하는 데 노력했다. 가령 고급 인력의 유출을 지적하며 '브레인 드레인' 문제를 시리즈로 보도한 것, 개신교와 가톨릭의 토착화와 불교의 현대화를 위한 움직임을 특집으로 다룬 것, 한국학의 구성을 끈질기게 촉구한 것, 대학생들의 정치적 저항을 주목하기를 바라고 썼지만 오히려 초점이 달리 흘러가버린 '청년문화론'을 제기한 것 등 몇 가지는 지금 돌이켜보아도 기특한 발상에 진지한 열정의 소산이었다. 사망 후 오히려 주목받는 셀린, 테야르 드 샤르댕, 조지 오웰 등 '사후의 영광'을 시리즈로 소개한 것, '예술가의 아내'로 작가, 화가 등 장인들의 내조에 헌신한 부인들의 수고를 전한 기획을 한 것 등 여러 기획, 특집을 만들어나갔다. 내가 이럴 수 있었던 것은 당시 문화부장이었던 작가 최일남 선생, 김재관, 권영자, 안병섭 등 선배 기자의 말없는 가르침 덕분으로 보아야 할 것이다. 그리고 그 기자 생활 중에 홍성원, 김현을 비롯한 평생의 친구들을 사귈 수 있던 것은 정말 망외의 귀중한 소득이었다. 그 사귐이 기자 생활 이후의 나를 버티게 해준 것이었다. 그리고 신문사 일 외에 기자였기 때문에 손댈 수 있었던 일들을 할 수 있었던 것도 정말 큰 도움이 되었다. 나는 『신동아』에 문학과 학술의 월간 동향을 칼럼으로 게재하는 것을 비롯해 이런저런 잡지에 글을 쓰기 시작했고, 조지 오웰의 『1984년』 등 번역에 손을 대기도 했다. 그러니까 문필 생활의 걸음을 디딘 것이었다. 그리고 무엇보다, 다음에 말할 계간지 『문학과 지성』에 동인으로 참여하게 된 것이 내 평생의 '업'이 되었다.

이 활달하고 풍요로운 문화부 기자 시절의 다른 한쪽은 정치적으로 견디기 어려운 때이기도 했다. 권력의 독점과 장기화를 기도하는 박정희 정권과 그의 폐쇄적이고 독재적인 통치에 저항하는 지식인들, 언론인들, 학생들 간의 대결이 한껏 고조되고 있었던 것이다. 나의 에세이 「지성과 반지성」은 이런 정치적 저항의 기류 속에서 쓰인 것이지만 그

긴장은 유신 선포로 크게 뜨거워졌다. 그렇게 까탈스러운 때 나는 뜻밖에 '기자협회장'으로 나서달라는 부탁을 받았다. 이 과정에 대해 먼저 설명이 있어야겠다. 1974년 2월, 동아일보사는 인사이동을 하면서 기자직으로 입사한 직원 몇을 업무부서로 발령 냈다. 후배 기자들은 이 조처에 정당한 저항 장치로 노동조합을 구성하기로 합의하고 전격적으로 서울시에 언론노조 결성을 신고했다. 이 사실을 알게 된 사측은 그 주동자들을 모두 해임 또는 무기정직으로 처분했고, 그러자 2선에 있던 기자들이 대책위를 구성해 회사에 대항했고 회사는 다시 그들에게 같은 처분을 내렸다. 나는 그 노조 주동 인물보다 몇 해 선배였고, '노동조합'이란 말이 익숙지 못한 데다 '기자노조'는 더욱 생소했지만 이 노조 사태에 대한 회사의 조처는 참으로 못마땅했다. 나는 노조 간부에게 내가 직접 행동으로 참여하지는 않겠지만 2차 대책위에 내 이름을 넣어도 좋다고 먼저 주문했고, 그래서 그 입사 기수 순으로 적힌 명단의 맨 위에 내 이름이 얹혔다. 그즈음 동아일보 노조 사태에 대한 사회적 여론도 나빠지고 사내 분위기도 심상치 않음을 알게 되었는지, 회사는 돌연 노조 임원의 처벌을 취소하고 대신 노조도 인정하지 않는다는 것을 발표했다. 그래서 노조 문제는 일단 유보 상태로 진정되었다. 그리고 반년 후쯤 이번에는 기자협회장의 스캔들이 터졌다. 당시 회장이 내무부 대변인 자리로 들어간다는 사실이 알려지자 기자들은 회장에 대한 냉혹한 비판을 가했고 그래서 그는 회장 자리와 대변인 자리를 포기해야 했다. 그러자 의식 있는 젊은 기자들이 모여 기자협회가 이리된 것은 메이저 신문의 기자들이 무관심했기 때문이라고 반성하고 기자협회를 통해 기자 본연의 태도와 정론 운동을 전개해야 한다고 합의를 보았던 것 같다.

9월 어느 날이었는지 몇 해 후배인 이부영과 또래 몇이 내게 와서 기자협회의 이런 사정과 자신들의 의지를 설명하고 내게 그 회장 자리를 맡아달라고 부탁했다. 나는 그 며칠 전에 이계익 선배 등과 언론자유선언을 도모하기로 상의한 바 있었지만 후배들의 이 부탁을 거절할 수는 없었다. 나는 언론계의 실제적 움직임에는 어두웠고 기자협회란 존재 자체에도 무지했으며 더구나 '회장'이란 자리는 무얼 어떻게 해야 하는지 전혀 알지 못하고 있었다. 그럼에도 나는 그 제의를 수락했다. 아마 '마지못해'라고 말하는 것이 정직할 것이다. 나는 언론자유를 신념으로 삼고 있었지만 그 운동의 중심 자리는 내게 가당치 않게 무거운 것이고 우선 한 조직체의 우두머리는 막내 의식에 젖는 내게 전혀 익숙지 않은 일이었다. 그런 나 자신의 빈약함을 너무 잘 알았기에 내가 동의했을 것이다. 일은 젊은 후배들이 해라, 그 결과는 내가 짊어지겠다는 뱃심이 아니었을까. 그만큼 언론자유는 최고의 과제였고 그 어려움을 함께하자는 요청을 나는 외면할 수 없었다. 그런데 동아일보사는 내가 기자협회장에 나간다는 사실을 보고받자 '무기정직'의 처분을 내렸다. 기자가 자신이 회원인 협회의 회장에 나간다는 것이 '기자의 대외활동 금지'란 사규에 어긋난다는 것이었다. 지난봄 동아노조 때문에 겁이 난 신문사 사주들이 모여 새 기자협회 구성이 기자 노조의 전초전이기에 자사에서 회장이 나오면 처벌하기로 합의했다는 것으로 소문이 나 있었다. 그것이 아마 사실이었을 것이다. 나는 편집국장에게 불려가 기자협회장 자리에 나서는 것을 만류하는 말을 들어야 했고 나는 물론 거절하고 월급이 반으로 줄어드는 무기정직의 처벌을 받겠다고 했다.

그런데 이런 처벌이 오히려 내게는 덕이 되었다. 동료 기자들이나 관심 있는 분들이 '촌지' 봉투를 주어 월급을 벌충하고도 남았고, 회사에 나가지 못하기에 기자협회에서 매일을 보낼 수 있었고, 때 이어 일어난 일련의 사태들에 바로 대응해 나갈 수 있었던 것이다. 회장에 취임한 일주일 만에 동아일보에서 기자들의 '10·24 언론자유선언'이 발표되었고 그 선언은 요원의 불길처럼 다른 신문, 방송, 통신, 그리고 지방으로 번지며 운동으로 터져나갔다. 조선일보의 백기범, 중앙일보의 홍사덕 등 5

명을 부회장으로, 그리고 열혈 기자들을 분과위원장으로 조직을 갖춘 기자협회는 매일 모여 확산하고 구체화하는 언론선언운동과 그 요구 주장들을 정리하며 집산하고 구체화시켜 나갔다. 이전에도 두어 차례 기자들의 선언이 있었지만 이번의 것이 달랐던 것은 언론계 거의를 망라했다는 점과 선언으로 그치지 않고 기관원의 편집국 출입을 거부하고 정부에서 시달하는 용어를 실제의 언어(가령 '물가 현실화'를 '물가 인상'으로)로 기사를 쓰는 등 여러 가지 실천적 작업으로 발전하고 있었다는 점이었다. 이를 못마땅하게 여긴 정부 조처들에 대해 항의하고 문제의 인사들을 비판하는 등 협회가 할 일들은 참 많았고 그 기세 때문에 한창 거들먹거리던 기관원들도 우선은 조심해야 할 정도였다. 나의 취임사는 "무능하고 무력한 게으른 회장"이 되겠다는 것이었는데 실제로는 아마 어느 회장보다, 그리고 내 생애의 어느 때보다 적극적인 활동을 해야 했던 것은 분명 아이러니였다. 그 언론자유운동에 대한 권력의 억압은 그해 말의 이른바 광고탄압 사태로 나타났고, 동아일보의 '백지광고'를 통한 시민적 저항이 일어났으며, 그걸 빌미로 이듬해 3월 동아, 조선의 기자 해직 사태가 발발했다. 나는 그 일련의 과정에 끼어들어야 했고, 기자사회 전반으로 문제화해야 했으며, 각계에 호소해서 해직기자의 생활비 보조도 마련해야(한 달밖에 못했지만) 했다. 밖으로만이 아니었다. 안으로는 내 선임자가 기획해서 작업 중인 『기자협회 10년사』 제작비를 위해 모금을 해야 했는데 동아 백지 광고 사태 때문에 이 책의 지원자가 거의 사라지는 난감한 사태에 부닥친 것이었다. 전에는 정계, 관계, 기업들이 의례적으로 광고 형태로 후원을 해주었던 것이 이번에는 고개를 저은 것이었다. 다행히 내가 문화부에서 알게 된 출판사들의 후원을 얻을 수 있었지만 광고를 내지 않고 돈만 준 곳이 많았고, 그래도 모자란 비용을 위해 안면도 없는 태평양화학 서성환 사장에게 요청해 거액을 얻어 가까스로 그 책의 간행과 배포를 마무리할 수 있었다.

이듬해인 1975년 4월 드디어 동아, 조선 사태에 대한 보고서를 국제 기자연맹에 제출한 것을 기관원이 우체국에서 포착하여 나를 비롯한 회장단과 사무국장 등을 남산으로 연행해 조사했다. 우리는 숨길 것도 없고 피할 것도 없이 있는 대로 조사에 응해 취조는 하룻밤으로 끝났지만 그 처리를 기관은 고심했던 것 같았다. 신문사에 따라 기자들의 기협 간부 연행에 항의하는 농성을 벌이는 사태까지 일어나고, 물론 여론도 좋을 리가 없게 되자, 중앙정보부도 어찌할 수 없이 회장단의 사퇴를 조건으로 방면시켜 주었다. 월남의 패망을 보면서 남산에서 대엿새를 보내는 동안 우리는 청와대의 결정을 기다리며 의외로 편하게 지냈다. 나는 농담만도 아니게 남산에 끌려가서 고문도 받지 않고 커피까지 얻어 마시며 대접받은 사람들은 우리가 처음이자 마지막이 아닐까라고 했다. 어떻든 그래서 나의 기자협회장, 동아일보의 기자직이 날아가버렸고 무직자가 되었으며, 그 덕분에 5월의 아름다운 봄을 집에서 마치 게으른 초등학생이 방학을 맞이하듯 편하고 자유롭게 지낼 수 있었다. 어떻게 생활할 것인가는 그 다음의 일이었다.

그럼에도 문학판에 들어가

누구나 문학소년 시절이 있기 마련이고 무슨 글인가를 끄적거려 본 적이 있겠지만 나 역시 그랬다. 대학에서도 전공보다 소설과 문학지, 교양지를 더 많이 보아왔지만, 나 스스로 문학자가 되겠다는 생각을 가져본 적이 없었다. 아니, 내 품새가 소설가나 시인이 될 자질이 없다고 생각한 것이 정확하겠다. 문학이란 천재나 하는 것이지 나 같은 범재며 세속적인 사람은 감히 나설 일이 아니라고 생각했던 것이다. 대학 시절 황동규, 그를 통해 마종기 등을 사귀고 문학에 대한 지식과 시인의 자질에 대한 생각을 많이 배웠지만, 그래도 그건 어디까지나 내 일은 아니었다.

신문사에 들어가 문학을 담당하며 내가 아는 문학인들과, 취재로 접촉한 시인, 소설가들, 원고 청탁 때문에 인사를 한 비평가들을 알고 사귀게 되었지만, 나 스스로 문학의 글쓰기를 한다거나 문단의 활동을 할 생각이 없었다. 그런데 문제는 김현이었다. 나보다 3년 아래지만 어느 술자리에서 내게 말을 놓겠다고 하더니 며칠 후 만날 때 대뜸 이름을 부르고 말을 놓는 것을 듣고 내가 당황하지 않을 수 없고 그런 그를 상대하기 위해 나도 말을 놓아야 했다. 그는 문학적 천분도 높았지만 사람을 사귀는 데도 대단한 수완을 가지고 있었다. 그런 그가 어느 날 문학동인지를 하는데 내게 그 참여를 요청했다. 나는 기자로 내 생애를 꾸려갈 생각이었고 감히 문학판에 끼어들 용기도 없었기에 사양했다. 그런데 며칠 되지 않아 나온 『주간한국』에 1960년대에 데뷔한 젊은 문학인들이 『68문학』을 창간한다는 기사가 나왔고 그 동인 명단에 내 이름이 끼어 있었다. 당혹스러웠고 김현에게 항의도 했지만 활자로 이름이 끼어 있어 이제 어쩔 수 없는 일이었다. 나는 그 전해에 『사상계』의 청탁으로 원고지 40장 가량의 글을 써본 적이 있었지만(후에 그게 나의 데뷔작이라고 소개되었다) 내 문학적 글쓰기는 여간 힘든 일이 아니었다. 그래도 내가 바라지는 않았지만 그 이름은 들어가 있는 상태였기에 무언가 나도 의무감으로 쓰지 않을 수 없었다. 4·19 세대로 이루어진 그 동인지가 『68문학』이었고 '비평'이라고 내 이름이 붙은 글이 최인훈의 작품론 「자유와 현실」이었다. 그러나 이 잡지는 주간지에 거창하게 보도되었지만 한 호로 그치고 말았다.

그리고 1970년 7월 초였다. 그길 분명하게 기억하는 것은 서울에서 처음 국제펜대회가 열리고 있었고, 거기서 「오적」의 김지하가 예민하게 문제되고 있었으며, 나는 그 일련의 과정들을 취재하고 기사를 쓰고 있었기 때문이다. 김현이 문득 찾아와 동아일보 근처의 다방에 마주 앉았다. 그는 대뜸 계간지를 만들자는 것이었다. 당시 한창 진행되었던 순수

/참여 논쟁에 상대는『창작과 비평』을 근거로 논지를 펴고 있는데 우리는 그런 잡지가 없으니 우리 둘이 그걸 만들자는 것이었다. 쉽사리 계간지 창간에 합의했지만 서로의 목적은 좀 달랐다. 그가 문학적 이유로 계간지 간행을 필요로 했다면 나는 기자로서 부자유한 언론 상황을 극복할 대체 방법으로 계간지를 희망했다. 나는 문학이란 우회로를 통해 비판의 자유를 이룰 수 있으리라고 김현의 제의를 넓게 받아들였을 것이며 서로의 의도는 조율 혹은 융합될 수 있을 것이었다. 그런데 나는 무슨 돈으로? 라고 현실적인 문제를 물었고 그는 김승옥이 사진식자업을 열기로 했고 그 이익을 잡지 운영비로 지원하겠다고 했다는 것이었다. 나는 그보다는 좀 실제적이었다. 김승옥의 사진식자업이 돈을 벌지 전혀 예상할 수도 없고 적어도 안정적일 수 없어 보였다. 그렇다면 내가 좀 더 알아볼 사람이 있었다. 서울지법 판사를 하다 최근에 변호사로 전업한 고교 친구 황인철이었다. 우리는 동인에 김치수와 유학 중인 김주연을 추가하기로 했고 황인철의 지원 여부와 발행처로 '일조각'의 수락 여부를 내가 알아보기로 했다. 이 일은 그 후 참 잘 진행되었다. 판사 월급에서 변호사 수입으로 갑자기 통장이 불기 시작한 황인철은 매호 원고료로 10만 원을 출연해 주기로 했고 '일조각'의 한만년 사장도 우리가 모은 원고를 편집해 넘기면 제작, 보급해 주기로 흔쾌히 수락했다. 우리는 한편으로 문공부에 정기간행물 신청을 했고, 다른 한편 원고 청탁하고 스스로 쓰기도 했다. 그리고 두 달이 채 못 된 9월 초에『문학과 지성』창간호가 김승옥의 장정으로 화려하게 간행되었다.

『창작과 비평』이 1966년에 창간된 후 4년 만에 나온 이 잡지는 그 체제는 가령 가로쓰기라든가 편집 체제를 문학만 아니라 역사, 사회과학 등으로 폭넓게 확대한다는 점에는 비슷했지만 그 논지는 대체로 대비적이었다. 문학적 참여와 순수, 리얼리즘과 모더니즘, 그리고 경제학과 역사학, 현실과학과 지성론 등으로 논지와 콘텐츠가 대조적이었다. 나로서는 그 둘 사이를 대결적이라기보다 보완적으로 생각했다. 근대화가 시작되고 경제적 산업화와 정치적 민주화가 동시에 추구되는데 그 민주화는 억압받고 있었고, 한 시대의 어려움에 대한 극복의 대안은 상대적인 오리엔테이션으로 나뉘어 전개되기 마련인데 '창비'는 평등을 보다 중시하고 있었고 '문지'는 자유를 앞세움으로써 상보적 관계를 이룰 수 있을 것이었다. '창비'는 문학에서나 지적인 인식에서 문제 제기적인 입장이었고, '문지'는 그 일방성을 저어하며 성찰적인 태도를 추구했다. 김현이 10년 후 문학의 참여/순수 논쟁을 다시 검토하며 프랑크푸르트학파의 논리를 인용하여 '창비' 쪽을 '실천적 이론'으로, '문지' 쪽을 '이론적 실천'으로 정리함으로써 이론과 실천의 관계성을 지적한 것이 정확한 판단일 것이다. 여하튼 두 계간지는 1970년대의 문단을 넘어 학계와 언론계의 공론장에 대비적인 계간지 문화를 열었다. 물론 '창비'의 위세가 훨씬 컸고 그 반향도 적극적이었지만, 온건한 진보주의와 자유주의는 '문지' 쪽에 더 많은 기대를 가지고 있었다.

나는 이른바 '4K'(김현, 김주연, 김치수, 김병익)의 일원이 되어 후에 인권 변호사로 맹활약하는 황인철을 연결하며 계간지 편집과 운영에 참여하면서 비평적 글쓰기에 끼어들었고, '문학평론가'로 행세하기 시작했다. 그즈음의 어느 날 내가 스스로 깜짝 놀란 것은 지방의 한 시인이 한국 문단에서 가장 무서운 사람이라고 나를 지적했을 때였다. 큰 신문사의 문학 담당 기자이고, 주목받는 계간지의 편집자이며, 스스로 비평 활동을 하고 있으니 그렇다는 것이었다. 요즘 식으로 '문학권력자'란 그 말을 듣고 보니 변명할 수 없이 끔찍 못하게 된 것이었다. 객관적으로 보면 그의 지적이 분명 틀린 것이 아니었기 때문이었다. 그러나 1975년 내가 신문사로부터 밀려나고 반년 넘이 놀고 난 다음 사정은 달라졌다. 나는 도서출판 '문학과지성사'의 대표가 되고 만 것이다. 계간 『문학과 지성』은 여전히 '일조각'에서 간행되었지만, 역시 프랑스 유학에서 조기 귀국한 김현이 동인들이 모인 가운데 출판사를 만들자고 제의하면서 그 이유로 잡지를 우리 자신의 것으로 만들기 위해 그 이름의 독립적인 출판사가 있어야 한다는 것과 언젠가 오늘의 나처럼 동인들 가운데 실업자가 될 수도 있는 경우를 대비해야 한다는 이유를 들었다. 그의 말대로 1977년에는 계간 『문학과 지성』을 '문학과지성사'로 가져와 잡지 이름값을 찾았고, 또 몇 해 후 김치수가 정치적 서명으로 이대 교수직에서 해직당해 있는 동안 이 출판사의 객원으로 근무했다.

그럼에도 출판인이 되고

김현의 제안과 구상대로 우리가 청진동 길가 건물 2층에 도서출판 '문학과지성사'를 창업한 것이 1975년 12월이었다. 그가 제의한 대로 우리 4K와 황인철이 2백만 원씩 투자한 1천만 원을 자본금으로 하여 고은이 축문을 외며 고사를 지내줌으로써 문을 연 '문학과지성사'의 출발은 초라하기 짝이 없었다. 청진동 해장국 골목의 한약방에 세든 우리는 후에 파주 출판단지를 성공적으로 조성하는 데 앞장선 이기웅 씨의 '열화당'과 함께 7평 사무실을 소녀 급사 한 사람을 두고 공동으로 고용하며 출판업을 시작했다. 나는 사실 출판 실무를 잘 몰랐고 출판사 운영 자체를 원하지도 않았다. 실업자가 된 내게 여러 사람이 출판사 운영을 권했지만 나는 책 '장사'란 것이 암담했고 그걸 경영할 자신도 없었다. 김현의 설득으로 코딱지만 한 사무실을 열고 시작은 했지만 기대는 별로 갖지 않았다. 그러나 좀 후에 20평가량으로 넓힌 사무실에는 많은 작가, 시인들이 사랑방처럼 들락거리기 시작했고 우리가 처음 낸 조해일의 『겨울여자』와 홍성원의 『주말여행』, 그리고 저녁을 먹으며 문득 제의가 나와 그 자리에서 편집까지 하게 된 『문학이란 무엇인가』와 『역사란 무엇인가』, 그리고 황순원 선생의 단편집들이 잇달아 활발한 시장 반응을 얻었다. 당시의 출판계는 대형 외판 전집이 시들해지면서 단행본 서적의 간행이 미처 자리 잡기 전이었다. 그랬기에 이미 잡지로 그 이름이 잘 알려진 '문학과지성사'의 상호가 독자들에게 잘 먹혀들었고 작가들도 우리에게 동정적이어서 도와주는 분들이 많았다. 교정보는 방법부터 제작처와 서점들 간의 거래를 이기웅 씨가 가르쳐주고 주선해 주는 덕분으로 나는 출판사를 운영할 수 있었고, 표지 장정과 광고는 시인 오규원, 당시 '세대사' 편집장이었던 권영빈, 그리고 재주 많은 김승옥이 맡아주었다. 그 소꿉놀이 같은 출판사 경영이 이런 숱한 도우미가 없었다면 어떻게 자라날 수 있었을까, 돌이켜보면 고마울 뿐이다. 처음 28만 원인가를 수금할 때의 씁쓸한 기분은 지금도 서늘하게 기억된다. 총판을 맡긴 진명서적으로부터 난생처음 어음이란 것을 받아들고 돌아오며 내가 드디어 장사를 하는구나 하며 든 체념 어린 자각은 결코 환할 수가 없는 것이었다. 나는 마지못해 출판사 경영을 맡은, 가장 하고 싶지 않은 책장사를 이렇게 시작했다. 그리고 오래잖아 그럴듯한 출판인이 되었다.

맨 초창기의 이 숙연한 자각 속에서 나는 조금씩 출판사 대표로서의 내 자리를 만들어갔다. 우선, 저자와 필자를 만나는 일이야 기자 시절이나 잡지 편집 때 이미 숙달되어 있었지만, 원고의 읽기와 교정보는 일은 다른 인력이 없기 때문에 낯선 눈으로 내가 보아야 했고, 편집부 직원들이 여럿 되었을 때도 그 버릇대로 내 눈을 반드시 한 번은 거치게 함으로써 내 이름으로 간행되는 책에 내 책임을 감당하도록 했다. 그것은 또 사장이 되더니 책 읽으며 글쓰기를 하지 않는다는 비난을 피할 수 있는 길이기도 했다. 그러면서 동인들과 함께 저자를 찾아내고 교섭하며 투고 받은 원고들을 검토하는 일, 그러니까 발행인, 편집자, 교정원의 일들을 하면서 종수도 늘고 규모도 커지기 시작했고, 문인들이 모여 운영하는 출판사로서 무언가 원칙이 있어야겠다는 생각이 자연스레 들기 시작했다. 가령 당시의 대부분 출판사들이 큰 수입원으로 삼은 외국 소설들은 번역 출판하지 않는다는 것, 잡문들을 모은 수필집이나 아동도서, 교재를 간행하지 않는다는 것, 자비 출판을 받지 않는다는 것, 저자들과 10퍼센트의 인세제로 채택하며 번역자와 편집자들과도 가능한 한 인세제로 한다는 것 등등, 그런 것들이 '문학과지성사'의 출판 지침으로 정해진 것들이다. 요컨대, 돈 될 만한 출판은 기피하는 셈이었고, 우리는 우리 출판사가 돈을 벌면 틀어져 깨진다는 말까지 이의 없이 공감했다. 인기를 끌기 시작한 시집 총서들에서는 친구인 황동규보다, 그러니까 4·19 세대보다 연상의 시인은 사양한다는 것도 이 방침에 끼어들었는데, 그것은 숱한, 그러나 동의할 수 없는 선배 시인들의 출판 청탁을 거절하는 명분으로 유용했다. 저서, 역서의 선택은 동인들의 논의로 결정하도록 했고 한 주에도 여러 번 만나는 그 동인들은 독서량도 많았고 그 대상도 넓었지만 그 결정만은 반대가 없어야 한다는, 계간지 편집 시절에 정했던 방침도 중요한 원칙이 되었다. 나는 여기에 앞으로를 위해 후배들도 동인으로 영입하기를 희망했고 동의를 받아 오생근과 김종철(후에 물러났다)을 끌어들였고, 1980년대의 무크지 시대에는 다음 세대의 문지 동인들을 구성했다. 이렇게 해서 규모도 커지고 인지도도 높아지면서 '문지'의 출판 작업도 상당한 주목을 받게 되었다. 가령 프랑스 문학의 김붕구 교수가 힘들여 저술한 『보들레르 연구』와 같은 큰 저서도 간행되었고, 조세희의 문제작 『난장이가 쏘아올린 작은 공』이 베스트셀러의 반열에 올랐으며, 재주가 뛰어난 복거일의 『비명을 찾아서』를 발굴하고, 정문길의 『소외론 연구』와 김학준의 『러시아혁명사』 등 당시로 보자면 큰일 날 일이지만 용케 금서를 면할 수 있었던 마르크시즘과 혁명의 문제작들을 간행할 수 있었다.

이렇게 해서 '문학과지성사'의 대표로서 나는 출판기업인이 되었다. 그러나 나는 결코 경영자 행세를 바라지 않았다. 4K의 공동저서 『현대한국문학의 이론』이 민음사에서 간행되고 잡지 『문학과 지성』의 편집

동인으로 비평가 명함을 들이대면서 나는 글쟁이로 자리매김되고 싶었다. 그리고 부지런히 신문 칼럼과 문학평론의 글들을 신문과 잡지에 썼고, 그것들을 모아 단행본으로 내고, 책상물림의 실력으로 몇 권의 책도 번역했으며, 한일, 한독 문학 교류 행사도 주관했다. 출판기업인이지만 그럼에도 나는 '서생'이라는 허영을 가지고 있었던 것이다. 계간 『문학과 지성』이 신군부에 의해 『창작과 비평』과 함께 강제 폐간되고 출판사도 청진동에서 통의동, 다시 아현동과 신수동을 거쳐 서교동으로 전세 사무실로 옮겨 가며 조금씩 그 크기를 불려갔지만, 내 그런 허영은 지워지지 않은 듯했다. 지금도 기억되는 것은 주 5일제 근무를 남보다 먼저 시행하던 어느 때, 금요일에 가져간 소설집 교정지를 토요일에 보고 다음 날 일요일에 60장 해설 원고를 써서 월요일에 가지고 나가 편집부원들을 놀라게 한 일이었다. 이럼으로써 나는 그들에게 내가 일에서도 글쓰기에서도 게으르지 않다는 것을 보여주고 싶었던 것 같다.

1990년 김현이 지병으로 참으로 아까운 나이에 작고하고 3년 후 우리가 크게 의지한 황인철 변호사도 역시 암으로 숨을 거두자, 나는 다음 세대를 위한 출판사로의 개편을 시작했다. 1980년대 그 삼엄한 신군부 시대를 무크지 간행으로 넘기고 드디어 잡지 등록이 자유로워지자 나는 동인들의 동의를 얻어 다음 세대에게 계간지 편집 책임을 맡기기로 하고 제호도 『문학과 사회』로 바꾸어 그들의 독자성을 보장해 주도록 했는데, 이제 출판사 운영자의 명의와 그 책임도 그들 세대에게로 넘겨주도록 하자는 것이었다. 나는 출판사와 잡지 간행이 세대에서 세대로 승계되기를 바랐고 동인들도 다른 욕심 없이 내 의견에 동의해 주어 그 준비를 즐겁게, 하나의 '작품' 제작처럼 진행할 수 있었다. 개인 회사의 명의를 주식회사로 바꾸며 주식을 발부했고, 그 주주도 믿을 수 있는 작가와 저자들로 한정해서 배분하도록 했다. 그 작업을 마치고 승계받을 젊은 동인 체제도 구성하게 된 후 2000년 새로운 밀레니엄 시대에, 그 21세기적

디지털 문명권에 적응하지 못할 나 자신을 퇴진시킬 수 있었다. 그래서 25년 아니 30년 동안 나를 감싼 '문학과지성'이란 무거운 이름에서 스스로를 해방시킬 수 있었고, 그 행복한 멍에로부터 벗어난 자유로움을 누릴 수 있게 되었다.

그러고 나서, 나는

내 퇴진이 그냥 모양새만이 아니라 실제적인 것으로 만들기 위해 나 자신의 집도 서울을 벗어나 신도시로 옮겨가고 일주일에 한 번 동인 친구들과 바둑 두고 저녁을 함께하는 모임을 계속 즐기며 '문지'와 직접적인 관계는 조금씩 줄여나가다, 이제는 아주 벗어나면서도 그 창업의 정신과, 동인들이나 문학 친구들과의 우정은 유지되도록 조심스레 처신하고 있는 중이다. '문지'로부터 물러난 이후 홍정선의 주선으로 인하대 국문과에 초빙교수로 3년간 인천을 오가기도 했고, 문예진흥원을 개편한 한국문화예술위원회에 때 아닌 위원장으로 2년 동안 근무했지만, 그 두 일이 내가 '문학과지성'의 대표였다는 연고로 말미암은 노후의 혜택이었다고, 그래서 그 일과 직책은 내 과외의 과분한 업무였다고 스스로 줄여 말하곤 해왔다. 사실 인하대 초빙교수는 나의 문학비평적 글쓰기의 연장으로 그 벅찬 일을 즐겨 맡았다고 고백할 수 있지만, 초대 한국문화예술위원장이란 직책은 내게 감당하기 불편한 일이었다. 당초 사양하고 있었음에도 내가 그 자리에 든 것은 이 위원회의 기획자인 이창동 문화부장관과 시인 황지우의 강권을 내가 거절하는 데 실패했기 때문이었다. 그럼에도 나는 그 직책에 대해 내가 할 수 있는 노력은 다했다고 말하고 싶다. 다만 관료체제의 공공기관에 내가 익숙하지 못했고 나도 그런 유의 조직으로부터 자유롭고 늙마의 안온을 원했기에 2년 만에 스스로 물러나고 말았다. 이 모든 공적인 업무에서 벗어날 때의 해방감! 그러고서 나는 내 일생의 가장 지루할 수 있는 시기를 그래도 내가 바라는 바의 '만년의 양식'으로 즐기며 평온하고 안락하게 지낼 수 있게 된 것이다.

그 다행스러움은 내가 나서서 선택했다기보다는, 오히려 피하고 싶고 멀리하고 싶어 했음에도 불구하고 마지못해 자리를 맡고 일들을 해야 했던 것들이 서로의 빌미로 인연의 꼬리를 물고 달아온 데서 이루어진 것들이다. 나는 그것을 '그럼에도 불구하고'의 변증으로 여긴다. 나는 능동적으로 취한 것이 아니고 마지못해 받아들인 것인데, 그럼에도 그런 자리에서 그런 일들을 하기에 내 나름의 정성을 다했다는 것은 스스로 대견스레 말할 수 있겠다. 내가 그럴 수 있었던 것은 어렸을 적부터 '무엇'이 되겠다는 생각을 한 적은 거의 없었고 '어떻게' 하고 싶다는 소망을 지녀온 덕분으로 여긴다. 다만 한 가지 일, 내 연분을 정하는 데는 내 집요한 고집이 있었던 것 같고 그것에 내 능동적인 노력을 들였던 것은 분명하다. 초등학교 5학년 때 전학 온 여학생을 혼자 점찍어두고 같은 대학을 다니면서 말을 거는 것조차 거절당했지만, 사회에 발을 들여놓을 때 우연히 다시 만나 인연을 맺은 아내나, 그처럼 집요한 의지를 의외로 발휘해야 했던 나나, 대학원에 적을 두고는 있었지만 둘 다 우리는 학자가 될 자질이나 역량이 없다고 포기했었다. 그렇기에 네 자식들이 굳이 까다로운 학문의 길로 들어서는 것을 찬성하지도 않았지만 만류하지도 못했다. 그럼에도 불구하고 네 자식들은 프랑스와 한국, 영국과 미국에서 학위 공부를 하고 그중 셋은 한국에서 가르치고 글을 쓰고 있고 공학을 한 아들은 미국의 연구소에서 일하고 있다. 부모인 내가 그리 권하지 않았음에도 끝내 자신들의 길을 찾아가는 자식들의 모습에서 나의 운명적 반어를 내가 발견하는 것일까? 거기서 나는, 내가 '그럼에도 불구하고'의 역설을 긍정적으로 수용하고 '무엇을'보다 '어떻게'를 삶의 중심 가치로 삼아온 나 자신의 소망이 일구어낸 결과를 보며 흐뭇해하고 있는지도 모르겠다. 나는 결국 내가 수동적으로 당해야 했던 일들을 힘들여 내가 할 일로 바꾸어 능동적으로 수고를 들였다고 말한다면 뻔뻔한 일이겠지만, 달리 쓸 수도 없다는 게 사실이다.

『철학과 현실』(2015년 가을)

김병익 문학비평가, 문학과지성사 상임고문. 서울대학교 정치학과를 졸업했다. 동아일보 기자, 한국기자협회장, 문학과지성사 대표, 인하대학교 국문과 초빙교수, 한국문화예술위원회 초대 회장을 역임했다. 저서로 비평집 『현대한국문학의 이론』(공저), 『전망을 위한 성찰』, 『숨은 진실과 문학』, 『새로운 글쓰기와 문학의 진정성』, 『이해와 공감』 등과 산문집 『지성과 반지성』, 『페루에는 페루 사람들이 산다』, 『글 뒤에 숨은 글』 등이 있고, 번역서로 조지 오웰의 『1984년』, E. H. 카의 『도스토예프스키 평전』, 휴즈의 『막다른 길』 등이 있다.

갚아야 할 빚이 많은 삶

정 길 생

나는 우리 세대에 드물지 않은 자수성가한 사람, 소위 말하는 'self-made man'으로 꼽힌다.

하지만 정말 혼자 스스로 이룬 사람이 있을까?

돌아보면 내가 걸어온 발자국 옆에는 힘겨운 순간마다 나의 삶을 붙들어준 이들의 발자국이 함께 있다.

나의 발자국 또한 누군가에게 그런 발자국이었기를.

철없던 시절의 행복

나는 식구는 많은데 먹거리는 부족해서 늘 끼니를 걱정해야 하는 경남 산청(山淸)의 산골 농가에서 태어났다. 7남매 중 여섯째로 태어난 나는 늦둥이에 사내라는 이유로 부모님과 네 명의 누나들의 사랑을 독차지했다. 다른 가족들은 배가 고파도 나는 배고픈 줄 모르고 자랐다. 누이들은 모두 초등학교도 못 마치고 가사를 도와야 했지만 나는 학교도 계속

다녔다.

초등학교 시절엔 머리가 좋다는 말을 많이 들었고, 졸업할 때까지 6년 내내 반장이었다. 학교 선생님들의 사랑과 관심도 각별했다. 농번기에 아버지가 나를 학교에 못 가게 할 때면 어김없이 담임선생님이 집으로 찾아왔다. 그러고는 "아무리 어려워도 길생이만은 꼭 공부를 시켜야 한다"고 아버지를 설득했다. 민영환(閔泳煥) 선생님의 설득이 없었다면 마을에서 20리나 떨어진 중학교에는 아마 가지도 못했을 것이다.

주경야독하던 산청중학교 시절, 한때는 소설가의 꿈을 키우기도 했다. 내 글에서 문학가의 자질을 발견한 국어선생님이 소설가가 될 것을 권했기 때문이다. 박래양(朴來陽) 선생님의 개인지도를 받으며 습작 소설도 몇 편 써보았더랬다. 글쟁이는 밥 먹기도 어렵다며 온 가족이 반대하는 바람에 소설가의 꿈은 곧 접어야 했지만, 그때 익힌 글쓰기는 두고 두고 내 삶의 소중한 자산이다.

허구한 날 점심을 거른 채 학교에서 돌아오면 보리죽 한 그릇을 먹은 후 소를 몰아 산에 오르곤 했다. 배가 고파지면 찔레 순을 꺾어 먹고 소나무 속껍질을 벗겨 씹으며 허기를 달랬다. 산골 개울에서 가재를 잡아 구워 먹기도 했고, 심심하면 전쟁놀이를 하며 친구들과 어울렸다. 비록 가난하기는 했지만 주어진 여건에 자족하며, 자연 속에서 구김살 없이 자랐던 그때가 내 생애 중 가장 순수하고 행복했던 시절로 떠오른다.

가난은 나를 힘겹게 하고

당시 산청중학교 졸업생 중 성적이 괜찮은 학생들은 대개 진주고등학교나 진주사범학교로 유학을 했다. 그러나 나는 그럴 형편이 못 되어 산청농업고등학교에 진학하기로 했다. 입학시험에 일등을 해서 장학금을 받을 테니 돈 걱정은 말라고, 진학을 반대하는 아버지를 설득했다. 그러나 장학금을 받겠다는 나의 야무진 꿈은 무산되고 말았다. 지원자가 정원에 미달해 입학시험이 치러지지 않았기 때문이다. 진학은 했지만 입학금과 수업료를 마련할 길이 막막했다.

내가 벌어서 갚는다는 조건으로 아버지가 돈을 변통해 주셨다. 빌린 돈을 갚고 학기마다 닥쳐오는 수업료를 해결하기 위해 나는 돈 되는 일이라면 무슨 일이든 마다하지 않았다. 주로 육체노동이었다. 당시 지리산 자락에서는 벌목 작업이 한창이었다. 나는 방과 후나 주말이면 현장에 나가 벌목 작업을 돕거나, 산속에서 구워낸 숯을 마을까지 지게로 나르는 일을 해서 한 푼 두 푼 모은 돈으로 수업료를 냈다.

그러니 대학 진학은 꿈도 못 꾸었고, 그저 고등학교 졸업 후엔 뭘 해서 먹고살까 하는 당장의 고민에 사로잡혀 있었다. 그러던 내게 큰 희망을 주는 일이 일어났다. 고등학교 1학년 때였다. 우리 마을의 한 초등학교 선생님이 고등고시에 합격하여 서울로 가게 되었던 것이다. 잔치가 벌어지고, 축하 현수막이 붙고, 마을은 온통 축제 분위기였다. 부러운 마음으로 그 모습을 지켜보면서, 나도 고시에 합격하여 법관이 되겠다는 꿈을 품었다. 나는 그분을 찾아가 고시 공부의 요령에 대해 이야기를 듣고, 책도 몇 권 얻어왔다. 그러고는 곧바로 고시 준비에 착수했다. 학교에서는 학과 수업을, 일터에서는 돈벌이를, 집에 와서는 침침한 호롱불 밑에서 새벽까지 고시 공부를 했다.

고된 시간이었지만, 1학년은 무사히 지나갔다. 그런데 2학년이 시작되자마자 우환이 덮쳐왔다. 아버지가 심한 복막염으로 쓰러진 것이다. 치료비를 감당하기도 벅찬 가정 형편에 학업은 계속할 수는 없는 노릇이었다. 나는 어머니에게 학교를 그만두겠다고 했다. 그러나 어머니는 집안일은 잊고 함양(咸陽)의 외가로 가서 공부를 계속할 방법을 찾아보라 하셨다. 외가에 가면 밥은 먹여줄 테니 학비는 내가 알아서 해결해 보라는 것이었다.

2학년 1학기를 마친 후 나는 결국 외가로 가, 거기서 안의(安義)고등
학교로 전학을 했다. 그런데 며칠 있어보니, 외가의 사정도 우리 집 사정
과 크게 다를 바가 없었다. 학교와의 거리도 너무 멀고 해서 한 달 만에
외가에서 나왔다. 그러고는 영어를 가르쳐주는 조건으로 학교 근처 동
급생의 집으로 들어가 기식하며 학교를 다녔다.

삶의 고삐가 이끄는 대로

안의고등학교의 면학 분위기는 산청농업고등학교와는 많이 달랐다.
많은 학생들이 서울에 있는 대학으로 진학할 준비를 하고 있었다. 서울
에 있는 대학들에 관한 정보도 넘쳐흘렀다. 집에 돈이 없어도 성적만 좋
으면 장학금으로 대학에 갈 수 있다는 것도 거기서 처음 알게 되었다. 그
때부터 나도 장학금을 받아 대학에 가야겠다는 생각을 갖게 되었다.

가진 것이라고는 전무했던 나에게 필요한 것은 전액 장학금이었다.
그런데 그때 마침 전액 장학금을 주겠다는 대학이 나타났다. 건국대학
교 축산대학에서 장학생 모집 공고가 났던 것이다. 성적이 우수한 학생
은 재워주고 먹여주고 입혀주고, 졸업 후 유학까지 보내준다고 했다.

꿈같은 장학생 모집 공고였지만, 축산대학이라는 이름이 마음에 걸렸
다. 나는 일곱 살 때부터 지게를 지고 아버지를 따라다니면서 지속적으
로 농사일에 시달려왔다. 그래서 농촌과 농업을 멀리 떠나는 것이 나의
간절한 소망이었다. 그런데 하필이면 농학의 한 분야인 축산학이라니,
영 마음이 내키지 않았다. 그러나 이런 기회가 다시는 없을 것이라는 생
각에 결국 지원을 했다. 그리고 42 대 1의 경쟁률을 뚫고 마침내 대학생
이 되었다.

입학 후 듣고 보고 공부하는 모든 것들이 축산과 관련된 것들이었다.
그런데도 축산학이나 축산업이 내 필생의 업이라고는 생각하지 않았다.

사법고시에 합격하여 법관이 되겠다는 꿈이 여전히 마음을 붙들고 있었기 때문이다. 그래서 한편으로는 전공과목을 공부하면서도 다른 한편에서는 아무도 모르게 사법고시 준비를 계속했다. 2학년을 마친 후 대학의 방침에 따라 학보병(學保兵)으로 육군에 자원입대하여 최전방 초소에서 18개월간 고된 복무를 하던 힘든 시절에도 고시 준비는 중단하지 않았다.

제대 후 곧바로 복학했지만 대학생활에 특별한 변화는 없었고, 그렇게 시간이 흘러 졸업이 가까워졌다. 대학은 실습 유학을 보내겠으니 덴마크와 일본 중에서 선택하라고 했다. 하지만 내 삶의 길은 프로스트의 '가지 않은 길'처럼 마음대로 선택할 수 있는 것은 아니었다. 나는 축산 선진국 덴마크로 가고 싶었다. 그러나 당시 내가 앓고 있던 중증 폐결핵(肺結核) 때문에 입국 절차가 엄격한 덴마크에는 갈 수가 없었다. 선택의 여지가 없었다. 그래서 부득이 일본으로 갔다.

1965년 6월, 나는 학우들과 함께 도쿄(東京) 근교에 있는 아사히브로일러(朝日broiler)라는 식품회사의 생산 공장에 배치되었다. 닭의 가공 처리 및 판매에 관한 기술과 일관 관리 시스템을 배우기 위해서였다. 그곳에서 무언가를 배워보겠다고 열심히 노력했지만, 5개월 후에 실시된 정기 신체검사에서 나의 지병이 들통 났다. 국외 추방도 감내해야 할 상황이었다. 그러나 다행히도, 나야 마사나오(南谷正直) 공장장은 나를 내쫓는 대신 회사 보험으로 근처 결핵요양소에 입소시켜 주었다. 그곳에서 입소 3개월 만에 우폐상엽(右肺上葉)을 절제하는 대수술을 받고, 1년 더 요양생활을 했다. 나야 공장장은 폐병으로 생사의 갈림길에서 헤매고 있던 나를 구해 준 내 생명의 은인이다. 또 내가 요양소에 있을 때 얼굴도 모르는 나에게 수시로 격려의 엽서와 김치를 보내주었던 일본 국제 친선협회의 고마쓰 히데코(小松秀子) 여사도 병마에 지친 나에게 새로운 용기와 희망을 심어준 고마운 분이다. 사실 실습 유학을 떠날 당시 나는 객지에서 유명을 달리한다 해도 하등 이상할 것이 없는 상태였다. 그런데 탐탁지 않게 여겼던 길에서 기적 같은 은혜를 입은 것이다.

몸과 마음의 힘을 얻은 나는 요양소에서 머무는 1년 동안 대학원 진학을 준비했다. 내가 가장 가고 싶었던 연구실은 가축 인공수정과 발생학 분야의 세계적 권위자인 교토대학(京都大學)의 니시카와 요시마사(西川義正) 교수의 연구실이었다. 요양소에서 퇴소하기 직전, 나는 교수님을 찾아가 그의 밑에서 연구하고 싶다고 청했다. 소개장 하나 없이 당돌하게 찾아온 외국인 젊은이에게 교수님은 강의와 실험을 청강하면서 대학원 입시를 준비하라고 연구실 입실을 흔쾌히 허락하셨다. 돌이켜보면 그때가 바로 내 인생의 클라이맥스가 시작되는 순간이었다.

1967년 봄, 요양소를 나온 나는 곧장 니시카와 교수의 연구실로 향했다. 교수님은 직접 나를 데리고 다니며 실험실을 안내하고 대학원생들을 소개해 주었다. 내 책상과 의자는 이미 마련되어 있었다. 내가 희망하던 연구실 진입에는 일단 성공한 셈이었다. 그러나 당장 그날부터 잘 곳이 없었다. 수중에 있는 돈이라고는 요양소에 있을 때 보험회사에서 생계 보조금으로 나온 푼돈뿐이었다. 하숙방을 얻기에는 턱없이 부족한 돈이었다. 실험실 조교에게 딱한 사정을 설명했다. 조교는 다른 학생들도 실험하느라 실험실에서 많이 자니까, 하숙방을 구할 때까지 당분간 실험실에서 잠을 자도 좋다고 했다. 그리하여 실험대 위에서 잠을 자고 학생식당에서 끼니를 해결했다.

입시 준비보다 입에 풀칠하는 것이 더 급했다. 호주머니에 남은 몇 푼마저 떨어지기 전에 일자리를 찾아야 했다. 돈이 되는 일이라면 아무리 힘든 노동이라도 마다않고 달려갔다. 일터에서 자는 날도 많았다. 마침 그때 교토한국교회 부설 성인 교육기관인 신명학교(信明學校)에서 국어와 국사를 가르쳐달라는 제의가 왔다. 성심성의껏 가르쳤더니 교회의 장로께서 가정교사 자리를 소개해 주었다. 교토에 방을 얻어 자취하고 있는 교토한국고등학교 3학년 학생이었다. 그의 부모는 내게 학생과 함께 생활하면서 지도해 달라고 했다. 일정한 지도비와 함께 식사도 제공해 주었다. 나에게 행운이 넝쿨째 굴러들어 온 셈이었다. 나는 5개월간의 실험실 숙식을 청산하고 그 학생의 하숙방으로 들어갔다. 거기서 6개월 앞으로 닥친 대학원 입시 준비에 매진했다.

1968년 봄, 외국인에 대한 배려라고는 전혀 없는 대학원 입학시험을 무사히 치러낸 나는 마침내 교토대학 대학원생이 되었다. 니시카와 교수님은 수시로 나를 불러 연구를 지도하고 사생활까지 챙겨주었다. 함께 살며 가르치던 학생이 고등학교를 졸업하여 내가 다른 일자리를 찾던 때에는, 이 사실을 알게 된 교수님이 일본 로터리 클럽에서 외국 유학생에게 주는 요네야마(米山) 장학금을 타게 해주었다. 입학 성적이 좋았던 때문이기도 했지만, 지도교수의 추천이 아니었다면 받을 수 없었을 장학금이었다. 장학금은 액수가 커서 숙식을 해결하고도 남을 정도였다. 나는 이후 5년간 생활비 걱정 없이 연구에만 전념할 수 있었다. 니시카와 교수님의 나에 대한 사랑과 배려는 영원히 잊지 못할 것이다.

동물발생학에 관한 연구는 흥미로웠다. 주어진 과제와 씨름을 하면서 열심히 연구했다. 실험하느라 밤샘하는 일이 허다했다. 실험 결과도 매우 고무적이었고, 학회에서 연구 발표도 자주했다. 그때마다 지도교수는 나에게 엄지를 추켜세우며 칭찬하시곤 했다. 이래저래 참으로 분망한 날들을 보냈다. 그러나 그처럼 분망한 생활 속에서도 사법고시에 대한 미련은 여전히 버리지 못했다. 전공 공부와 실험만 해도 벅찬데 고시 준비까지 하려고 하니 정말 시간이 모자라고 체력도 달렸다. 시간이 갈수록 마음의 고뇌도 깊어졌다.

마음의 갈등을 지닌 채 석사과정을 마치고 박사과정에 진학했다. 박사과정에서는 주어지는 연구과제도 점점 많고 어려워졌다. 결국 전공 연구와 사법고시 중 하나를 택하지 않을 수 없는 막다른 상황에 몰렸다. 많은 고민과 지인들과의 상담 끝에 나는 오랫동안 나를 따라다니던 사법

고시에 대한 미련을 애써 떨쳐내기로 결심했다. 그러고는 전공 연구와 실험에 전념하기 시작했다. 박사과정 1년차 때의 일이었다.

고시 준비로 잃어버린 시간을 만회하기 위해 나는 밤낮없이 실험에 매달렸다. 일주일 혹은 열흘씩 방바닥에 등도 안 붙이고 실험에 매달리는 경우도 허다했다. 그렇게 애쓴 결과 정해진 박사과정 기간 내에 모든 실험을 끝내고 학위 논문을 완성하여 심사에 회부할 수 있었다. 습관화된 긴장이 다소 풀리면서 안도의 한숨이 터져 나왔다. 고등학교 2학년 때 아무런 대책도 없이 부모의 슬하를 떠나, 삶의 고삐가 이끄는 대로 동분서주하며 숨 가쁘게 달려온 14년의 세월들이 꿈만 같이 아득하게 느껴졌다.

한 마리 연어가 되어

1972년 12월 나의 박사학위 논문이 최종 심사를 통과했다. 내게 자신의 교수 자리를 물려주겠다며 연구실 잔류를 권하는 니시카와 교수님의 고마운 말씀을 뒤로하고, 나는 마치 한 마리의 연어라도 된 기분으로 곧장 귀국했다. 국내에서 연구할 수 있는 길을 알아보기 위해서였다. 모교인 건국대학교의 곽종원(郭鍾元) 총장님을 맨 먼저 찾아갔다. 그간의 연구 내용과 앞으로의 연구 계획 등을 말씀드리고 니시카와 교수의 추천서를 전했다. 총장님께서는 나에 관해 이미 많은 이야기를 들었다고 했다. 나를 조교수로 채용하기로 유일윤(劉一潤) 이사장과도 합의했으니, 신학기부터 축산대학에서 강의를 맡으라고 했다. 이사장님과 총장님의 배려가 한없이 고마웠다.

1973년 3월 1일 드디어 나는 내가 졸업한 모교 축산대학의 조교수로 후배들 앞에 섰다. 축산대학 졸업생 중 최초로 모교의 전임이 된 감회는 각별했다. 당시 내가 맡았던 과목은 생화학(生化學)과 가축번식학(家畜

繁殖學) 관련 과목들이었다. 처음으로 교수가 된 직속 선배에 대한 학생들의 관심과 기대도 대단했다. 내가 들어가는 강의실마다 초만원을 이룬 학생들은 강의가 끝나면 환호와 박수로 나를 격려해 주었다. 고마움과 책임감이 교차했다. 강의 준비에 밤을 새는 것이 보통이었고, 어쩌다 다음 날의 강의 준비를 다 하지 못하고 잠이 들기라도 하면, 강의 때문에 쩔쩔매는 꿈을 꾸며 식은땀을 흘리기도 했다. 이러한 나의 노력에 대한 학생들의 반응은 뜨거웠다. 축산대학생이라면 누구나 한 번은 꼭 들어야 할 강의, 상급생이 후배들에게 추천하는 명강의가 된 나의 가축번식학 수업은 후배이자 제자인 학생들과 나의 합작품이라 할 만한 것이었다. 덕택에 나는 대학 본부에서 주는 '최우수 강의교수상'도 여러 차례 받았다.

그런데 내가 부임할 때까지 축산대학에는 가축번식학 실험실이 없었다. 그러다 보니 실험을 할 수가 없었다. 강의 외에는 할 수 있는 일이 없었던 것이다. 아이러니하게도, 그 덕에 좋은 강의를 하고 교재도 집필할 수 있었다. 약 3년 동안 나는 강의를 마친 후 매일같이 교수실과 도서관을 오가며 책을 썼다. 그때 쓴 책이『최신가축번식학(最新家畜繁殖學)』과『가축인공수정(家畜人工授精)』이다. 이 책들은 발간 후 동학 선후배들의 좋은 평가를 받으며 전국 모든 대학 축산 관련 학과들의 공통 교재로 채택되기도 했다.

실험실도 없이 교수실과 도서관을 오가는 나의 처지를 딱하게 본 은퇴 직전의 원로 교수님이 자기의 실험실을 내게 물려주었다. 실험대 하나 이외에는 아무것도 없는 텅 빈 공간이었기만, 공간을 확보한 것만도 큰 행운이었다. 나는 축산업계에서 요청하는 일을 해주는 대가로 받은 용역비와 대학에서 주는 실험실습비로 연구기자재를 하나둘 사 모았다. 동시에 대학원생들을 모집하기 시작했다. 조교수로 임용된 지 4년째가 되는 해부터였다.

우리 연구실은 하루가 다르게 발전했다. 내가 쓴 책이 전국 각 대학 축산학과의 교재로 채택되면서 여러 대학으로부터 대학원생들이 모여들었다. 상근하는 석박사과정 재학생의 수가 항상 30명을 넘었다. 연구 열기는 뜨거웠고 괄목할 만한 연구 성과도 쏟아져 나왔다. 대학 내외로부터의 연구비 지원도 크게 늘어났다. 대표적인 사례가 우리 연구실이 주축이 되어 설립한 동물자원센터에 대한 대규모 국가 지원이었다.

1980년대 후반, 정부는 국가의 기초과학 연구에 핵심적 역할을 할 '과학연구센터(Science Research Center, SRC)'와 산업기술 연구를 선도할 '공학연구센터(Engineering Research Center, ERC)'를 설립하기 시작했다. 전국 30개 대학으로부터 제출된 144개 연구 계획서를 대상으로 엄격한 심사를 거쳐, 1990년 초 그 결과를 발표했다. 서울대학교 이론물리학센터 등 6개의 과학연구센터와, 내가 제안한 건국대학교 동물자원연구센터 등 7개의 공학연구센터가 국가 지원 우수연구센터로 선정되었다.

이들 연구센터에 대한 연구비 지원액이 당시로서는 파격적으로 컸을 뿐 아니라 지원 기간도 9년이나 되었다. 그랬기 때문에 우수센터 선정 문제는 당시 각 대학의 자존심과 명예, 그리고 실리가 걸린 뜨거운 경쟁의 장이었다. 이 경쟁을 뚫고 건국대학교 동물자원연구센터가 선정된 것은 당시 대학가의 예상을 뒤엎는 이변이었다. 그래서 큰 화제가 되기도 했다. 나는 많은 사람들의 축하를 받으며 동물자원연구센터 초대 소장으로 취임했다.

동물자원연구센터는 9년 동안 정부로부터 70억 이상의 연구비를 지원받았다. 센터의 연구는 우리나라 동물생명공학에 관한 기초이론 정립과 산업기술 개발에 크게 기여했다. 우리나라 동물생명공학의 연구 방향과 내용을 완전히 바꾸어놓을 정도였다.

모교의 중흥에 신명을 걸고

이후 나는 학내의 크고 작은 위원회들로부터 참여해 달라는 요청을 받게 되었다. 연구에만 매진하기에도 바쁜 시절이었지만, 나를 그 자리에 있게 키워준 모교에 대한 고마움과 책임감, 소명의식으로 그때마다 최선을 다해 일을 도왔다. 그러자 부름은 대학 본부의 기획처장, 교무처장, 축산대학장, 생명과학연구원장에 이어 부총장직까지 점점 커져갔다. 어떤 경우든 나는 맡은 바 소임에 최선을 다했다.

내가 운영하는 동물자원연구센터가 정부 지정 우수연구센터로 선정되면서부터는 정부 각 부처로부터의 협조 요청도 많아졌다. 나는 과학기술부, 교육부, 산업자원부, 농림수산부 등 정부부처 산하 30여개 위원회에서도 봉사했다. 1995년에는 국가과학기술자문회의 위원으로도 활동했다.

1981년 가을, 미국 위스콘신대학에서의 연구년을 마치고 귀국했을 때에는 국내 의료계로부터 시험관아기(test tube baby) 생산기술을 전수해 달라는 요청이 쇄도했다. 이 기술은 사람뿐 아니라 동물의 발생학 연구에도 핵심적인 기술인데, 당시 국내에서는 이 기술을 체득한 연구자가 전무했다. 위스콘신대학에서 내가 이 기술의 이론과 실기를 익히고 돌아오자, 금세 사람들이 몰려들었다. 나는 배우기를 희망하는 의사들을 연구실로 초빙해 6개월 정도씩 교육과 실습을 시켜 돌려보냈다. 그리고 그들이 시험관아기 시술소를 개설하면 그 일에 숙달된 대학원생들을 보내 도와주었다. 지금 우리나라에는 많은 시험관아기 시술수가 있는데, 그 대부분이 내 연구실에서 훈련받고 돌아간 의사나 교수들이 개설한 것들이다. 그리고 그 시설들의 실무진 또한 내 연구실 출신의 석사나 박사들이 많다.

오늘날 이들에 의해 출산되는 시험관아기가 국내에서만 연간 만 명이 넘고, 이 일에 종사하는 자연계 출신 박사들도 수백 명에 이른다. 나의 작은 봉사가 많은 불임 여성들의 아픔을 해결해 주고, 국가의 인구 증가에 기여하며, 나아가 자연계 출신 젊은 박사들이 의료계에서 일할 수 있는 새로운 직업 영역을 하나 창출할 줄을 그때는 미처 예상하지 못했다.

내가 부총장직까지 수행하게 되자, 주변에서 자연스레 총장 선거에 입후보해 보라는 권유가 많아졌다. 탄탄한 학문적 기반과 오랜 보직 경력뿐 아니라, 건국대학교가 장학금으로 키운 졸업생이라는 점이 나를 총장 후보로 추천하는 이유였다. 나 또한 그것이 고마운 모교를 위해 내가 할 수 있는 일이라면 당연히 해야 한다고 생각했다. 우여곡절이 많았던 한 번의 낙마를 거쳐, 나는 제16대 건국대학교 총장이 되었다. 2002년 8월 30일 총장 취임식장에서 많은 분들의 축사를 들으며, 나는 나의 오늘을 있게 해준 모교의 중흥을 위해 신명을 바쳐 노력해야 한다고 스스로에게 다짐했다. 취임식을 치른 후, 나는 대학 구성원들에게 그간 준비해 온 대학의 비전과 발전 계획을 제시하고, 그 실현을 위해 혼신의 노력을 경주하기 시작했다. 주로 대학 발전을 위한 인적, 물적, 제도적, 재정적 인프라를 구축하는 일에 모든 역량을 집중했다.

임기 동안에 국내외로부터 400여 명의 우수한 신임 교수를 초빙했다. 이 숫자는 당시 건국대학교 전체 교수의 40퍼센트에 해당하는 것이었다. 서울과 충주, 양 캠퍼스의 마스터플랜을 새로 수립했고, 16동의 건물을 신축, 증축했다. 신축, 증축 연건평은 당시 기존 총건평의 80퍼센트를 넘는 것이었다. 60년을 두고 건설한 모든 건축물 총면적의 80퍼센트에 해당하는 건물을 나는 4년 동안에 건설했던 셈인데, 이는 늘어난 교수진들의 연구 및 강의 공간을 위한 것이지, 단순한 외형 키우기는 아니었다.

외려 단과대학과 학과의 통폐합과 명칭 변경, 그리고 행정 조직의 재편 등의 구조조정도 과감하게 단행했다. 국내외 저명 학술지에 게재된

논문에 대해서는 인센티브를 제공하는 등 연구 지원을 강화했고, 그만큼 교수들의 재임용과 승진에 필요한 연구 실적 기준도 강화했다. 마찬가지로 행정직원들의 업무평가 기준도 대폭 강화했다. 그 대신 교직원의 월급은 임기 중 매년 7퍼센트 이상 인상했다.

의생명과학연구원과 차세대혁신기술연구원 등 교책 연구원의 신설과 운영을 통해 대학의 특성화를 추구했다. 동시에 종합전산망 구축사업을 완료하여 교육과 연구 및 행정의 정보화를 추진했다. 대학의 국제화를 위해 신임 교수 10퍼센트를 외국인 교수로 충원하려고 노력했고, 800여 명을 수용할 수 있는 외국인 전용 기숙사도 신축했다. 또 구미 및 동남아 여러 대학들과 학생 및 학점 교류 협정을 체결하여 대학의 국제화를 도모했다.

학생들의 편의와 복지를 위해 학생상담실, 취업지원실, 원스톱 서비스센터 등을 확대, 개편했다. 민간자본을 유치하여 서울과 충주 캠퍼스에 3천여 명을 수용할 수 있는 최신식 학생 기숙사도 신축했다. 또 필요한 예산을 확보하기 위해 재단과 대학 자체예산 외에 민자 유치와 발전기금 모금을 통해 8백억여 원을 조달하기도 했다.

이러한 나의 노력은 건국대학교의 사회적 인지도와 위상을 크게 높였다. 내가 총장으로 취임할 당시 건국대학교에는 정부가 지원하는 BK21 사업단이 하나도 없었다. 하지만 내가 이임할 때에는 대형 4개와 소형 10개 등 14개의 BK21 사업단을 운영하는 연구실적 우수대학으로 부상했다. 중앙일보 대학평가에서도 내가 총장으로 취임한 2002년도 건국대학교의 전국 순위는 24위였는데, 내가 이임한 2006년도에는 13위로 올라섰다.

2006년 8월 25일, 대학에서는 성대한 총장 이임식을 열어주었다. 그날 많은 사람들이 나에게 건국대학교 역사상 대학을 가장 많이 발전시킨, 중흥의 총장이라고 칭찬해 주었다. 퇴임식을 끝낸 후 나는 캠퍼스 이곳저곳을 둘러보았다. 감회가 깊었다. 마지막으로 캠퍼스 안에 있는 나의 영원한 스승이자 은인이신, 건국대학교 설립자 유석창(劉錫昶) 선생의 묘소를 찾아 작별인사를 드렸다. 그러고는 수많은 소회를 뒤로한 채, 대학 시절부터 47년간 몸담았던 건국대학교를 떠나왔다.

선진 과학 한국을 꿈꾸며

하나의 여정이 일단락되었지만, 아직 끝은 아니었다. 총장으로 정년을 마친 나에게 많은 한림원 회원들이 원장에 입후보하기를 권하면서, 내 삶의 또 다른 막이 올랐다. '사단법인 한국과학기술한림원'(약칭 '한림원')은 기초과학연구진흥법에 근거하고 있는 법정기관이다. 과학기술 선진국들의 한림원은 그 역사가 수백 년이나 된다. 그러나 우리 한림원은 1994년에야 출범했다. 창립 멤버이자 회원심사위원, 감사, 회원 담당 부원장 등의 역할을 담당하면서 내가 보아온 우리 한림원은 아직 갈 길이 먼 상황이었다. 아마도 그 길을 닦을 최적임자라고 여겨졌던지, 2009년 가을 나는 500명 회원들의 직접선거를 통해 최초의 비서울대 출신의 한림원 원장으로 선출되었다. 전무후무한 일이 일어났다고 사람들은 놀라워했다. 한림원 제6대 원장으로 취임한 2010년 3월 1일은 내 생애를 통해 가장 영광스러운 순간이었다. 이후로 나는 우리나라 과학기술의 수준과 우리 한림원의 국제적 위상을 높이는 일에 역점을 두고 모든 역량을 쏟아 붓기 시작했다.

나는 우리나라 과학기술인들의 학문적 역량을 키우고, 우리 학문의 성과를 세계에 널리 알리는 일이 시급하다고 생각했다. 그래서 우선 탁월한 연구 성과를 내고 있는 국내외 거주 우리 과학자들과 노벨과학상 수상자급 외국 석학들이 함께 참여하는 대규모 워크숍(Frontier Research Scientists Workshop)을 매년 국내외에서 개최했다. 우리 한림원과 선진국 한림원들 간의 과학자 상호 교류와 공동학술행사 개최 등 실질적 교류를 확대하기 위한 노력도 강화했다. 당시 스웨덴 왕립한림원과 1년에 한 번씩 서로 오가며 실시하고 있던 심포지엄을 연 2회로 늘렸다. 그리고 이와 유사한 학술행사와 인적 교류를 실시하기로 미국, 독일, 프랑스, 캐나다 및 이스라엘 한림원과도 합의했다. 또한 동남아시아와 오세아니아 지역 33개국 한림원들의 연합체인 'AASSA(The Association of Academies and Societies of Science in Asia)'의 사무국을 우리 한림원에 유치했다. 이 사무국을 통해 그들의 활동을 측면 지원함으로써 우리 한림원의 국제적 영향력을 높일 수 있었다.

일본이 주관하는 'STS(Science and Technology in Society)' 포럼에는 2010년부터 매년 대표단을 파견했다. 노벨상 수상자들의 학술행사인 '린다우 포럼(Lindau Forum)'에도 공식 회원국으로 가입하여 2012년부터는 우리의 젊은 과학자들을 파견했다. 그리고 2013년 '린다우 포럼'에서는 한국의 날 행사를 성공적으로 개최하기도 했다.

후발주자인 우리 한림원의 존재를 세계에 널리 알리고 장기적으로는 세계과학기술한림원의 중심적 위치를 확보하기 위해서는 특단의 조치가 필요했다. 나는 과학기술계의 '다보스 포럼(Davos Forum)'을 표방하며 '세계과학한림원 서울포럼(Inter-Academy Seoul Science Forum, IASSF)'을 창설하여, 2012년 11월 조선호텔에서 제1회 포럼을 개최했다. 이 포럼은 이후 매년 한 번씩 서울에서 개최되고 있으며, 그때마다 10개국 이상의 선진국 과학한림원 원장들과 석학들이 참석하고 있어 우리 한림원의 국제적 위상 제고에 크게 기여하고 있다.

나는 우리 과학기술인들의 창조적 아이디어를 국정에 반영할 목적으로 2010년에는 국회의원 68명과 한림원 회원 142명이 참여하는 '국회-한림원 과학기술 혁신연구회'를 창립했다. 공동회장으로서 나는 과학과 정치, 과학과 국방, 과학과 외교 등 중요 국정 현안에 대해 우리 회원들과 국회의원들이 함께 연구하고 토론하는 포럼을 매년 2회씩 개최했다. 그 밖에도 석학 강연, 원탁 토론회, 학술 세미나, 콜로키움 등의 형태로 매년 40여 회의 학술행사를 개최했다. 이 모든 일들을 수행하는 데 소요되는 예산을 해결하기 위해 나는 관계부처와 협의하여 연간 국고 지원 예산액을 배 이상으로 늘리기도 했다.

3년이라는 짧은 기간이었지만 나는 선진 과학 한국의 꿈을 안고 최선을 다했고, 우리 한림원의 국제적 위상도 크게 향상되었다. 그간의 나의 노력이 마음에 들었던지 한림원 회원들은 원장 임기가 끝난 직후인 2013년 3월 나를 한림원 이사장으로 추대해 주었다.

매일을 삶의 마지막 날처럼

한림원 원장의 소임을 마친 때가 내 나이 일흔 둘이었다. 요새야 예순을 청춘으로 여기는 백세 세상이지만, 돌이켜보면 내게 일흔 둘은 기적과도 같은 나이다. 젊디젊은 시절부터 반갑지 않은 벗, 병마가 나를 따라다녔기 때문이다. 그것도 목숨을 쥐고 흔드는 무시무시한 것들이.

앞서 일본 유학 시절 이야기에서 언급했던 폐결핵이 시작된 것이 한참 튼튼해야 할 대학 3학년 겨울방학 때였다. 그저 심한 감기로 인한 것인 줄로만 알았던 기침과 고열에 폐결핵 진단이 내려졌고, 경제적 형편으로 인해 제때 약을 복용하지 못하면서 객혈(喀血)까지 하는 중증으로 진행되었다. 매일 아침 내 목구멍에서 토해져 나온 핏덩어리를 보는 충격은 매우 컸다. 당시만 해도 폐결핵은 불치의 병이었다. 핏덩어리를 볼 때마다 죽음의 그림자가 어른거렸다.

그런 건강 상태에서도 실습 유학을 떠난 것은 나의 잘됨만을 고대하는 가족들에게 죽음을 보이지 않기 위한 것이기도 했다. 부산에서 배를 타고 일본으로 떠날 때 나는 다시는 돌아오지 못할 것이라고 생각했다.

출항을 알리는 고동소리를 들으며 갑판으로 올라가 내 고향 산청 쪽을 바라보며 내 처지의 참담함과 부모형제들에 대한 죄스러움으로 복받치는 서러움을 주체치 못해 나는 울고 또 울었다.

일본에 가서 아사히브로일러라는 회사에서 실습을 하던 중 고마운 공장장 덕분에 결핵요양소에 입소해서 수술을 받게 되었다. 수술 전날 밤 나는 20년만 더 살 수 있게 해달라고 간절하게 기도했다. 그때쯤이면 부모님보다 앞설 일은 없으리라 생각했기 때문이었다. 성공적인 수술과 요양으로 나는 건강을 회복했고, 부모님보다 앞서가는 불효를 저지르지 않을 수 있었다.

그런데 거짓말같이 20여 년이 지난 1988년 가을, 교무처장 재임 시절에 나는 갑작스런 고열로 쓰러졌다. C형 간염이라고 했다. 폐를 수술할 때 수혈을 통해 감염된 C형 간염 바이러스가 그간 잠복해 있다가 지나친 음주나 과로 때문에 폭발했을 것이라 했다. 이미 만성이 되어 쉽게 낫지 않을 것이라고도 했다. 그러나 휴직까지 할 필요는 없으니 정기적으로 검진을 받으며 약을 복용하라고 했다. 의사가 시키는 대로 하는 것 외에 달리 방법이 없었다. 입원 열흘 만에 퇴원을 했다. 그리고 매 6개월마다 검사를 받으며, 병과 더불어 살아갈 각오를 했다.

정신적 영향도 있었겠지만, 그때부터 혹심한 피곤이 나를 떠나지 않고 괴롭혔다. 가장 힘들었던 시기는 1998년과 2002년의 총장 선거에 입후보했을 때였다. 입후보할지 말지를 놓고 고뇌가 깊었다. 혹시 총장이 되었다가 도중에 쓰러지면 모교에 대해 큰 죄를 짓는 일이기 때문이었다. 담당 이사와 상의했지만 이사는 알아서 하라고 했다.

총장의 일은 예상보다 격무였다. 정기검진과 투약은 계속했지만, 일에 파묻혀 내가 병자라는 사실을 잊을 때가 많았다. 그럴수록 당연히 간염도 점차 악화되었다. 총장 임기 중반인 2004년 가을, 담당 의사는 아무래도 암이 걱정되니 큰 병원으로 가보라고 했다. 담당 의사가 소개한 연세대 세브란스병원의 C형 간염 전문의에게 간염 바이러스 박멸 치료를 받기 시작했다. 치료는 지독한 부작용을 동반했다. 극심한 빈혈에 몸이 휘둘려 중심을 잡기가 힘들었다. 이를 악물고 참으며 1년간의 치료를 끝냈고, 마침내 바이러스는 소멸되었다. 그러나 이미 간조직의 일부가 경화된 상태였다. 몸과 마음이 참으로 고달팠다. 그러나 나는 총장으로서의 소임을 잊은 적도, 포기한 적도, 게을리한 적도 없었다. 한꺼번에 일들이 몰아칠 때면 젊은 처장들도 힘들어 했다. 자기네들 힘을 다 합쳐도 나 하나를 당하지 못하겠다며 엄살 아닌 엄살을 부렸다. 그럴 때마다 나는 말없이 웃음만 지었다.

병마는 나에게 혹독한 고통과 공포를 안겨주었지만, 그와 동시에 마지막 결전에 임하는 전사의 뜨거운 열정과 불굴의 정신을 길러주었다. 결국 나는 4년간의 총장 임기를 큰 과오 없이 마무리했다. 그렇다고 해서 열정과 정신력이 건강을 되찾아주는 것은 아니었다. 2006년 9월 퇴임 직후에 받은 종합검사에서 결국 1.5센티미터 정도의 간암이 발견되었다. 초기 암이라 외과적으로 바로 제거했고 평상생활로 돌아왔지만, 암은 소멸되지 않고 1-2년의 간격을 두고 다시 찾아왔다. 이제껏 세 차례 더 간암 제거 시술을 받았다. 지금도 6개월마다 정밀검사를 받고 있다. 어쩌면 이 암은 내 삶이 끝나는 날까지 함께 가야 할 고약한 동반자인지도 모르겠다.

이처럼 내 삶의 과반은 병마와 함께한 힘든 나날이었다. 당장 죽을병은 아니지만 지금도 나는 여러 지병들로 힘겹다. 그러나 이제 병에 대한 두려움은 많이 줄었다. 일흔 다섯. 냉정하게 생각해 보니 이제는 언제 죽어도 괜찮다는 생각마저 든다. 마흔 일곱이 소원이었던 때도 있었으니까. 그래서일까. 요즈음 나는 항상 오늘이 내 삶의 마지막 날이라는 생각으로 하루하루를 살아가고 있다.

동그란 길로 가다

지난날을 되돌아보면 얻은 것도 많고 잃은 것도 많다. 교수생활을 통해서 내가 얻은 가장 소중한 열매는 유능한 제자들이다. 학부생은 제외하더라도 나는 대학원 교육을 통해 석사 83명, 박사 40명, 박사후과정(Post Dr.) 6명, 합해서 129명의 특출한 인재를 배출했다. 이들은 오늘날 국내외 교육과 연구 분야에서, 특히 생명공학 분야에서 눈부시게 활약하고 있다. 이들이 양성한 석사 이상의 2세대 제자들까지 합치면, 생명과학계에서 흔히들 말하는 정길생 사단은 무려 300명이 넘는다.

사실 나는 재직 기간의 상당 부분을 보직에 할애한 편이다. 그러면서도 대학원생들과의 연구 활동에 소홀하지 않으려고 무척 애를 썼다. 보직을 맡았을 때에도 이른 새벽과 퇴근 후에는 반드시 연구실에 가서 대학원생들과 함께 연구와 실험에 몰두했다. 애쓴 보람이 있어 연구 활동을 통해서 얻은 수확도 적지 않다. 교수 재임 중 나는 국내논문 238편과 해외논문 106편, 계 344편의 연구 논문과 48편의 종설을 발표하고, 24권의 책을 발간했다. 교육과 연구를 위해 애쓴 공적이 인정되어 정부로부터 청조근정훈장과 과학기술훈장 혁신장도 받았다.

물론 총장 등의 보직과 한림원장 등의 대외활동을 통해 얻은 것도 많다. 능력을 발휘하고 봉사할 기회와 명예뿐 아니라, 곳곳에서 나를 이끌고 도와주는 분들과의 소중한 인연들을 얻었다. 학계에서 나를 이끌어주신 분으로 서울대학교 총장을 역임하신 조완규(趙完圭) 교수님이 계시다. 나와 전공 영역이 같다는 점 외에 어떤 사적 인연도 없었던 교수님이 학회에서 내가 하는 연구 발표를 한 번 들으신 후 나의 학계 활동의 든든한 지원자가 되어주셨다. 지금까지도 나에 대한 교수님의 배려와 성원은 변함이 없다. 학계에서 나를 길러주신 잊지 못할 어른이시다. 정부와 일하는 데 큰 도움을 주신 정근모(鄭根謨) 전 장관님도 참으로 고마우신

분이다. 동물자원연구센터가 정부 지원 우수센터로 선정될 당시 한국과
학재단 이사장이셨던 그분은 "건국대학교 출신으로 우수연구센터를 따
간 정길생이라는 교수가 도대체 누구냐?"고 물으셨다고 한다. 이후 장관
으로 재직하시면서 내게 과기부 안팎에서 우리나라 과학기술을 위해 일
할 기회를 많이 마련해 주셨다. 그것이 계기가 되어 나는 교육부, 산자
부, 농림수산부 등에서도 많은 봉사를 할 기회를 얻었던 것이다. 과학자
는 아니지만 나를 이끌어주신 또 한 분의 어른이 대한적십자사 총재를
역임한 서영훈(徐英勳) 선생님이시다. 나는 환경문제를 걱정하는 어느
모임에서 선생님을 처음 만났다. 그것이 인연이 되어 근 20여 년의 세월
을 두고 선생님을 가까이서 모신 적이 있다. 참으로 박학하시면서도 언
제나 인간적인 감화를 주시는 선생님에게서 느끼고 배운 것이 참 많다.
선생님께서도 나를 믿고 중요한 일들을 상의하시며, 나를 사회활동의
장으로 이끌어주셨다. 인격과 감화로 나를 키워주신 내 마음속의 스승
이시다.

그러나 잃은 것도 많다. 2012년 일본의 야마나카(山中) 교수가 줄기세
포의 역배양에 관한 연구로 노벨 생리의학상을 받았을 때 나는 몹시 아
쉬운 생각이 들었다. 수정란의 역배양에 관한 연구는 내가 그보다 20년
이나 먼저 시작했다. 당시 나는 서울대학교 모 원로 교수님의 요청을 받
고 그 연구실의 대학원생들 앞에서 포유동물 수정란의 역배양에 관한 나
의 아이디어를 발표한 적이 있었다. 그러나 당시로서는 너무 기발한 아
이디어였던 탓에 학계의 공감이 부족했고, 그래서 연구비도 얻지 못했
다. 부득이 여건이 성숙되기를 기다리고 있던 차에 보직에 차출되면서,
수정란의 역배양에 관한 나의 아이디어를 더 이상 살리지 못했다. 내가
그때 그 아이디어를 연구로 키워냈더라면 야마나카 교수보다 먼저 더 좋
은 연구 성과를 낼 수 있었을지도 모른다는 생각에 아쉬움이 남는다. 연
구에만 몰두하는 외길을 걷지 않고 보직에 너무 많은 시간과 노력을 들

였다는 후회가 불쑥불쑥 나를 사로잡는다. 그러나 어쩌랴. 가지 않은 길은 언제나 궁금증과 후회의 대상으로 남는 법이지만, 이제 그 마음조차 내려놓아야 함을 느낀다.

누구도 산정에 오래 머물 수는 없다
누구도 골짜기에 오래 있을 수는 없다
삶은 최고와 최악의 순간들을 지나
유장한 능선을 오르내리며 가는 것

절정의 시간은 짧다
최악의 시간도 짧다

천국의 기쁨도 짧다
지옥의 고통도 짧다

긴 호흡으로 보면
좋을 때도 순간이고 어려울 때도 순간인 것을
돌아보면 좋은 게 좋은 것이 아니고
나쁜 게 나쁜 것이 아닌 것을
삶은 동그란 길을 돌아 나가는 것

그러니 담대하라
어떤 경우에도 너 자신을 잃지 마라
어떤 경우에도 인간의 위엄을 잃지 마라

(박노해, 「동그란 길로 가다」)

나의 길에서 우리의 길로

나는 평생 많은 고난과 시련을 겪으며 살아왔다. 여러 면으로 부족한 내가 그 많은 어려움들을 극복할 수 있었던 것은, 그때마다 도움을 주고 이끌어주는 고마운 분들이 항상 내 곁에 있었기 때문이다. 따라서 오늘의 나는 수많은 사람들의 사랑과 배려, 그리고 성원이 만들어낸 결과물인 셈이다. 그래서 나는 스스로 이 세상에서 갚아야 할 빚이 가장 많은 사람이라고 생각한다. 빚을 졌으면 갚는 것이 도리다. 나도 내가 받은 은혜를 사회로 환원해야 한다고 늘 생각은 했다. 그러나 생각을 행동으로 옮기기는 어려웠다. 그러다 보니 항상 부채의식이 나를 따라다녔고, 마음을 무겁게 했다.

이러한 나의 마음을 과학계의 원로들에게 털어놓은 적이 있다. 그랬더니 그분들도 모두 나와 비슷한 심정이라고 했다. 그래서 우리는 '받은 은혜의 사회 환원'이라는 평소의 생각을 행동으로 옮길 방법을 두고 논의를 계속했다. 논의 끝에 우리 모두의 마음을 하나로 모아 작은 나눔부터 실천해 보기로 했다. 또 나눔 활동의 구심체 역할을 할 조직을 하나 만들기로 했다. 그래서 만든 것이 사단법인 '참행복나눔운동'이다. 이 법인은 2013년 9월에 설립되었는데, 많은 사회 원로들이 동참하고 있다. 나는 그분들의 뜻에 따라 지금까지 이사장의 책임을 맡고 있다.

이 법인의 이름에 우리가 지향하는 활동의 내용과 방향이 함축되어 있다. '참행복'이란 우리가 가지고 있는 재화나 재능을 일상생활 가운데 다른 사람들에게 조건 없이 나누어 줄 때 체험하게 되는 깊은 행복감을 말한다. 그리고 '참행복나눔운동'이란 나눔을 통해서 얻는 참된 행복을 더 많은 사람들과 더불어 누리기 위해, 많은 사람들에게 조건 없는 나눔을 권장하는 운동이다. 이 운동이 추구하는 궁극적인 목표는, 조건 없는 나눔을 통해 우리 국민 모두가 참된 행복의 주인공이 되고, 서로에 대한 신뢰와 사랑, 그리고 배려가 강물처럼 흐르는 선진 복지사회를 건설하는 것이다.

우리는 이 목표를 위해 현재 두 가지 사업을 수행하고 있다. 하나는 이 운동의 취지를 국민들에게 널리 알리고 많은 이들의 동참을 유도하는 사업이다. 전국에 걸쳐 개최되는 '참행복나눔포럼'이 그것이다. 다른 하나는 우리 사회의 소외 청소년들, 즉 다문화가정의 청소년들과 탈북 청소년 및 소년소녀 가장 등을 위한 멘토링 시스템(mentoring system)을 운영하는 사업이다. 우리는 이 사업을 위해 사회 지도층 인사들을 멘토(mentor)로 모셨다. 그리고 그분들이 소외 청소년들을 만나 그들의 상처받은 마음을 어루만져 주고, 미래에 대한 희망과 비전을 심어주는 일을 측면 지원하고 있다. 앞으로는 전국 각 대학의 대학원생들을 멘토로 영입하여 이 사업을 더욱 내실 있게 키워나갈 계획이다.

막상 이사장의 책임을 맡고 보니 여기도 어려움이 많다. 예산 확보도 쉽지 않고, 참여자의 수도 기대만큼 빨리 늘어나지 않는다. 그러나 실망하지 않는다. 아프리카에는 "빨리 가려면 혼자 가라. 멀리 가려면 함께 가라"는 속담이 있다고 한다. 함께하는 많은 분들의 가르침과 도움을 받으며 멀리 내다보고 한 걸음씩 나아갈 생각이다. 나눔의 대상을 더욱 확대하고 내용을 내실화해서 더 많은 사람들이 동참하는 국민운동으로 만들고 싶다. 일을 확대하면 어려움도 그만큼 많아질 것이다. 하지만 이 일은 내 생애의 마지막 과업이라는 생각이 든다. 그래서 비록 힘이 들더라도 건강이 허락하는 날까지 나는 이 길을 묵묵히 걸어갈 생각이다.

『철학과 현실』(2016년 봄)

정길생 (사)참행복나눔운동 이사장, 국가과학기술자문회의 위원, 아시아동물생명공학회 회장, 세계축산학회 제8회 학술대회 대회장, 건국대학교 총장, 한국과학기술한림원 원장과 이사장, KAIST 이사, 차의과학대학교 이사를 역임했다. 일본 교토대학교(京都大學校)에서 농학 박사학위를 받았다. 인재 양성과 생명공학 연구에 기여한 공로로 국가로부터 청조근정훈장과 과학기술훈장 혁신장을 받았다. 저서로 『알고 싶은 성 알아야 할 성』, 『가축번식생리학』, 『가축번식학』 등 20여 권이 있고, 344편의 동물발생공학 연구 논문이 있다.

젊은 날의 방황과 시련

박 범 진

1950년에 일어난 6 · 25 전쟁은 초등학교 5학년이던 나에게 일찌감치 세상에 대해 눈을 뜨게 한 커다란 사건이었다. 그때까지만 해도 세상물정을 전혀 모르는 순진한 소년이었던 나는 6 · 25 전쟁을 겪으면서 인간의 삶이 던지는 갖가지 의문에 접하게 되었다.

무엇보다도 6 · 25 전쟁 중 아버지가 월북한 것은 큰 충격이고 의문이었다. 가난한 농부의 아들로 태어나 초등학교를 나온 아버지는 일제 때 경찰 생활을 하다 해방이 되자 경위가 되어 청주와 보은 등지에서 근무하다가 6 · 25 전쟁이 일어나기 2년 전에 갑자기 경찰 생활을 그만두었다. 어머니께서 생전에 들려주신 얘기에 의하면 일제 때부터 독립운동을 하던 좌파 사람들과 가까이 지내던 아버지가 해방 후에도 관계를 유지하다 결국 경찰에서 권고사직을 당했다는 것이다.

갑자기 경찰 생활을 그만둔 아버지는 보은에서 대전으로 우리 가족을 데리고 이사하여, 대전에서 조그만 구멍가게를 차리고 가족을 부양했다. 나는 그때까지만 해도 아버지가 왜 갑자기 경찰 생활을 그만두었는지 전혀 몰랐다.

6 · 25 전쟁이 일어나자 아버지는 우리 가족을 대전 부근의 농촌에 있는 고모 집에 맡기고 자신이 경찰 생활을 했던 보은으로 떠났다. 그것이 아버지와의 마지막이었다. 전세가 역전되어 낙동강까지 밀려갔던 국군과 유엔군이 북상해 오자 아버지는 보은에서 자취를 감추었다는 것이 나중에 우리 가족에게 전해진 소식이었다.

당시 30세였던 어머니는 아버지 없이 대전에서 살 수 없다고 생각하여 외가가 있는 제천으로 우리 3남매를 데리고 갔다. 대전에서 제천까지 꼬박 일주일을 걸어서 갔다. 일곱 살짜리 여동생은 걸어서, 두 살짜리 남동생은 어머니가 등에 업고 갔다. 외할머니는 결혼한 지 10여 년 만에 형편없는 몰골로 불쑥 나타난 어머니를 붙잡고 이게 무슨 날벼락이냐며 하염없이 눈물을 흘리셨다.

이듬해 1월 중공군의 개입으로 전선이 남쪽으로 밀리면서 다시 국군과 유엔군이 후퇴를 하게 되자 우리는 외삼촌 식구들과 함께 피난길에 나섰다가 수안보에서 외삼촌 식구들과 헤어졌다. 방위군 제천 지역 책임자였던 외삼촌 식구는 상주로 향하고, 우리는 혹시 아버지가 돌아올지 모른다고 여겨 보은으로 향했다.

우리가 보은과 인접한 상주군 화북면 어느 마을에 이르렀던 어느 날, 태백산맥을 거쳐 지리산으로 향하던 북한 게릴라 부대가 갑자기 나타나 우리가 머물던 마을을 비롯해 인근 몇 개 마을을 점령했다. 게릴라 부대는 그들이 점령하고 있는 동안 마을 주민들이 바깥 지역으로 나가는 것을 막아 우리는 약 한 달 동안 그들 점령 지역에 갇혀 있어야 했다. 나중에 6 · 25 전사를 읽어본 결과 그 게릴라 부대는 그 유명한 '이현상 부대'였다.

'이현상 부대'에 갇혀 있는 동안 어머니는 이 부대에 혹시 아버지가 있을지 모른다는 생각에서 게릴라 부대 본부를 찾아갔다가 아버지 소식은 전혀 확인해 보지도 못하고, 오히려 그들에게 간첩 혐의를 받아 이틀 동안 감금을 당한 채 엄중한 심문을 받았다. 그들은 어머니 목에 권총을 들이대고 찾아온 목적을 실토하라고 윽박질렀다. 어머니를 따라갔던 나도 다른 방에 끌려가 심문을 당했다. 어머니는 이틀 만에 풀려났지만 가지고 있던 현금과 도민증을 그들에게 모두 빼앗겼다. 돈을 몽땅 빼앗긴 우리는 식량을 살 수 있는 돈이 한 푼도 없어서 몇 달 동안 아침부터 저녁까지 어머니와 내가 매끼 바가지를 들고 집집마다 찾아다니며 구걸하며 살아야 했다.

게릴라 부대에 갇혀 있던 어느 날 마을로 진격해 온 국군 부대가 마을을 향해 쏜 총에 나는 오른쪽 다리를 맞아 총상을 입었다. 다행히 다리를 관통하지 않아 중상을 면했지만 병원과 약국이 없는 깊은 산골 마을이어서 제대로 치료를 받을 수 없어 어머니가 매일 아침 입으로 고름을 빨아 고쳐주었다.

게릴라 부대가 점령 지역을 떠나고 총상을 입은 나의 다리가 다 나은 뒤 우리는 보은으로 다시 향했다. 보은군 산외면에 이르러서야 우리는 식생활 문제를 해결할 수 있었다. 어머니는 그곳 게릴라 토벌 국군 부대의 밥을 지어주고 밥을 얻어올 수 있었기 때문이다. 그 토벌 부대는 이영희 전 한양대 교수가 장교로 근무했던 '화랑사단'이었다.

그곳에서 나는 평생 잊을 수 없는 충격적인 사건을 겪었다. 어느 날 밤 국군 사병 4, 5명이 우리 가족이 묵고 있는 집에 들이닥쳐 어머니를 집단강간하려 한 것이다. 어머니는 집주인 할아버지와 할머니가 있는 안방으로 황급히 도망쳐 할아버지와 할머니 뒤에 몸을 숨기고 눈물을 흘리며 살려달라고 애원했다. 할아버지가 큰 소리로 호통을 쳐서 병사들을 쫓아버려 어머니는 간신히 변을 면했다. 내가 어렸을 때 겪은 이 충격적인 사건은 젊은 시절의 내가 좌파로 기울게 된 요인 중 하나가 되었다고도 할 수 있다.

오산까지 밀려갔던 국군과 유엔군이 다시 서울을 탈환하고 전선이 북상하자 어머니는 보은에서 아버지를 만날 수 있을지도 모른다는 희망을 버리고 우리 3남매를 데리고 다시 제천 외가로 갔다. 이번에도 일주일을 걸어서 갔다. 일단 다시 외가를 찾아갔지만 공무원 생활을 하던 외삼촌에게 기약 없이 의탁해서 살 수는 없는 일이었다.

어머니는 대전에 남겨두고 온 구멍가게를 팔아 그것을 밑천으로 삼아 무엇인가 해보겠다는 생각으로 대전을 찾아갔다. 대전을 찾아갔던 어머니는 크게 낙망하고 눈물을 흘리며 돌아왔다. 오랫동안 우리 가족의 소식이 끊기자 생활이 어려웠던 할머니가 우리 구멍가게를 이미 팔아버렸기 때문이다. 나는 어머니를 도우려 구두닦이를 했다.

우리의 딱한 사정을 안 어머니의 고종사촌이 시골이 살기에는 더 나을 것이라며 권유하여 어머니는 제천시에서 14-15킬로미터 떨어진 청풍이란 곳으로 우리의 거처를 옮겼다. 청풍은 천관우 전 동아일보 주필과 이춘구 전 신한국당 대표가 초등학교를 졸업한 곳이기도 하다.

어머니는 곧 비누, 치약, 빗, 머리핀 등 간단한 생활용품을 머리에 이고 마을마다 다니며 파는 행상을 시작했다. 어머니가 장사를 끝내고 돌아올 때는 내가 어머니가 있는 마을로 가서 물품 대금으로 받은 콩이며 팥이며 양곡들을 지게에 지고 왔다. 그때는 시골 사람들이 물품 대금을 현금 대신에 대개 양곡으로 주어서 연약한 어머니가 혼자 무거운 양곡을 이고 올 수 없었다.

그곳에서 나와 여동생은 전쟁으로 학교를 그만둔 지 2년 만에 뒤늦게 초등학교를 다시 다니게 되었다. 내가 다시 다니게 된 초등학교는 면 소재지에서도 한참 떨어진 조그마한 학교로 내 동기생으로는 남학생 15명, 여학생 9명 등 고작 24명밖에 되지 않았다. 그래도 나는 다시 공부를 하게 된 것이 너무 기뻐 열심히 공부를 했다.

우리 가족은 그곳에서 4년을 지낸 뒤 내가 중학교 3학년이 되었을 때 그곳을 떠나 제천 시내로 나왔다. 내가 면 소재지 중학교인 청풍중학교 1학년 때 청주에서 있었던 중학교 학력경시대회에 참가해 충청북도에서 일등을 한 일은 나로서는 평생 잊을 수 없는 감격스러운 일이었다.

나는 제천중학교로 전학하여 수석으로 졸업하고도 하마터면 고등학교에 진학하지 못할 뻔했다. 행상을 하며 얼마간 돈이 모이자 어머니는 농촌에서 콩, 팥, 고추 등을 사서 서울 도매상에 넘기는 중간상을 하기 시작했다. 서울에서 돌아오던 어느 날 어머니는 기차 안에서 깡패들에게 걸려 판매 대금으로 받은 돈을 몽땅 빼앗겨 알거지가 되었다. 어머니는 하도 기가 막혀 며칠 밤을 자지 못하고 울기만 했다. 그러더니 어머니는 우리 가족이 이제 함께 살 수 없으니 제일 어린 남동생은 고아원에 보내고 여동생은 남의 집 식모로 보내놓고 나와 어머니는 헤어져서 알아서 살자는 것이었다. 난감하기 그지없는 일이었다.

나는 서울 경복고등학교에 다니는 외사촌 형이 입학지원 원서를 보내주어 서울에 와서 시험을 보아놓고도 그 결과를 알아볼 생각도 못하고 그냥 집에 드러누워 앞날을 고민했다. 그러던 어느 날 내가 졸업한 제천중학교에서 연락이 왔다. 왜 고등학교 입학시험에 수석 합격을 하고도 학교에 가지 않았느냐는 것이었다. 당시 경복고등학교는 본교 중학교 출신 중에서 7개 반을 뽑고 나머지 1개 반은 타교 출신 중에서 별도 시험을 거쳐 뽑았는데, 내가 타교 출신 시험에서 수석 합격을 했다는 것이었다.

내가 당연히 서울의 고교에 진학한 줄 알았던 중학교는 내 형편을 알아보더니 난감해했다. 수석 졸업생이 고교 진학을 포기한다는 것은 있을 수 없는 일이었다. 그래도 한번 서울에 올라가보라는 학교의 권유에 따라 입학식이 끝난 지 열흘쯤 지나 서울로 올라와 경복고등학교를 찾아갔다.

학교 측의 안내로 교장실로 들어서자 교장선생님이 반갑게 맞아주면서 왜 입학식에 참석하지 못했느냐고 물었다. 그러더니 캐비닛을 열어 교복 한 벌과 교모와 가방을 선물로 주었다. 경복고는 입학식에서 본교 수석 합격자와 타교 수석 합격자에게 교복과 교모와 가방을 선물로 주고 축하해 주는 관행이 있었으나, 내가 입학식에 불참해 내게 줄 선물은 교장실 캐비닛 속에 넣어두고 있었던 것이다. 그때의 교장선생님은 맹형규 전 국회의원의 할아버지인 맹주천 선생이셨다.

입학시험에서 수석 합격을 한 덕분에 나는 고교 3년간 수업료 면제 혜택을 받았다. 거기에다 고교 3년과 대학 4년간 전액 장학금을 주는 '학원' 장학생으로 선발되는 행운을 얻어 고교 진학을 포기하려던 마음을 고쳐먹고 공부를 계속할 수 있게 되었다. 고교 3년간 수업료 면제 혜택과 고교에서 대학 졸업 때까지 장학금을 받게 된 것은 대단한 행운이었으나, 아무런 연고자가 없는 서울에서 학교를 다니기에는 난관이 적지 않았다. 당장 숙식을 해결할 길이 없었기 때문이다. 하루 이틀 어떻게 아는 집을 찾아 숙식을 해결하는 방식으로는 도저히 학교에 다닐 수 없는 노릇이었다.

담임선생님은 내가 수석 합격을 했다고 해서 나를 반장을 시켰으나 나는 일주일도 못 되어 도저히 학교에 다닐 수 없어 시골로 내려가야겠다고 했다. 당혹해하신 담임선생님은 좀 기다려보라 하시더니 교무실에서 다른 선생님들과 상의를 하셨다. 그러더니 방과 후에 화학을 가르치시던 어느 선생님을 찾아가보라고 하셨다. 내가 방과 후 그 선생님을 찾아가자 그 선생님은 대뜸 "너, 있을 데가 없어? 우리 집에 가자." 하시는 것이었다. 그날로 나는 선생님을 따라 선생님 댁으로 갔다. 선생님 댁은 열두서너 평 정도의 아주 작고 허름한 집이었다. 20대 후반의 사모님은 세 자녀를 키우면서 삯바느질을 하며 생계를 돕고 계셨다. 약 한 달 동안 선생님 댁에서 학교에 다니는 동안 사모님이 싸주시는 도시락을 가지고 매일 아침 선생님과 함께 걸어서 등교를 했다.

선생님 댁에 머문 지 한 달쯤 되었을 때 선생님은 "내일부터는 마포에 가서 학교에 다녀. 내 누님 댁이야. 중 3짜리가 있으니 그 녀석 좀 봐주면서 학교에 다녀"라고 하셨다. 그것이 계기가 되어 입주 가정교사로 고등학교 3년과 대학교 4년을 마칠 수 있었다.

그 선생님의 도움이 없었다면 어쩌면 고등학교를 다닐 수 없었을지도 모른다. 그래서 국회의원이 되어 교총 신문에 칼럼을 쓸 기회가 있었을 때 그 선생님을 생각하며 「나의 위대한 스승」이란 제목의 글을 쓴 일이 있다. 부인과 사전에 한마디 상의도 없이 제자를 불쑥 집에 데려가 지내도록 하는 일은 지금으로서는 상상도 할 수 없는 일이었다. 나는 평생 그 선생님에 대한 고마움을 잊지 못해 고교를 졸업하고도 약 40년간 선생님이 작고하실 때까지 1년에 한두 차례 선생님을 찾아뵈었다. 선생님을 찾아뵐 때마다 선생님은 사모님께 소주 상을 차리게 해 나와 술잔을 기울이며 즐거워하셨다. 선생님이 작고하신 뒤에도 나는 종종 사모님을 찾아뵙고, 찾아뵙지 못하면 전화로 문안을 여쭙고 있다.

나는 원래 이공계 대학을 택하려고 했으나 대학입시를 앞두고 눈 검사를 한 결과 적록 색약임이 밝혀져서 부득이 문과로 진학했다. 당초 고 3에 올라가면서 법대 진학을 염두에 두고 문과 반을 택했다. 그런데 여름방학 때 어머니가 계신 제천으로 내려갔더니 대학은 어딜 가려고 하느냐고 물으시기에 법대를 가려 한다고 하자 어머니는 법대는 절대로 안 된다고 펄쩍 뛰셨다. 아버지가 젊은 시절 정치에 휘말려 경찰에서 쫓겨나고 6·25 때는 월북까지 하는 걸 보신 어머니는, 나는 절대로 정치에 관심을 갖지 말고 이사나 기술자가 되어야 한다고 고집하셨다.

어머니의 고집이 워낙 완강해 여름방학이 끝난 뒤 서울에 올라와 2학기부터는 이과 반으로 반을 옮겼다. 내가 보기에도 나는 문과보다 이과가 적성에 맞았다. 수학과 물리가 제일 쉽고, 국어가 제일 어려웠기 때문이다. 이과 반으로 반을 옮겨 이과 공부를 하고도 눈 때문에 이공계로 진학하지 못한 것은 나의 팔자소관이라고 할 수밖에 없다.

　나의 대학생활 4년은 그야말로 격동기였다. 서울대 정치학과에 입학한 1960년에는 부정선거에 항의하는 4·19 학생혁명이 있었다. 2학년 때인 1961년에는 5·16 군사혁명이 일어났다. 대학 시절에 두 차례 혁명을 겪은 세대는 흔치 않을 것이다. 두 차례 혁명을 겪은 뒤끝이라 대학은 4년 내내 술렁이었다.

　4·19 학생혁명 이후에는 자유분방한 분위기 속에서 학생운동이 활발하게 전개되었다. 우선 서울대에서는 제일 먼저 '민족통일 서울대 학생연맹'이 결성되었고, 정치학과 학생들을 중심으로 사회주의를 연구하는 '신진회'라는 서클도 만들어졌다. 나는 이 두 조직에 모두 가입하여 선배들의 활동을 지켜봤다. '민족통일 서울대 학생연맹' 초기 의장은 윤식(전 국회의원)이었고, 후기 의장은 자유당 정권 때 필화사건으로 구속되었다가 풀려나 복학한 류근일(전 조선일보 주필)이었다. 사회주의를 연구하는 '신진회'는 유세희(전 한양대 부총장), 윤식, 이수정(전 문화부 장관), 이영일(전 국회의원) 등 정치학과 3학년생이 주축을 이루었다. 이 두 조직의 핵심 인물들은 5·16 군사혁명 후 모두 구속되어 옥고를 치렀다.

　나는 사회주의를 연구하는 '신진회'에 참여하여 활동하면서 많은 지적 자극을 받았다. 일요일마다 빈 강의실에서 모임을 갖고 토론을 벌일 때는 좌우파 간의 논쟁이 격렬했다. 좌파는 공산주의, 우파는 사회민주주의였다. 나에게는 격렬하게 벌이는 논쟁이 경이롭게 느껴졌다.

　아버지의 월북으로 어렸을 때부터 공산주의에 대해 관심을 가졌던 나는 사회주의에 관한 책을 이것저것 닥치는 대로 구해 읽었다. 마르크스의 『공산당 선언』, 레닌의 『제국주의론』과 『국가와 혁명』, 마오쩌둥의 『모순론』과 『실천론』 등은 말할 것도 없고, 그 밖에 많은 번역서들을 읽었다. 내가 대학을 다니던 1960년대는 제2차 세계대전 이후 독립한 신생 독립국가의 지도자들을 중심으로 한 비동맹운동이 세계의 주목을 받던 시기여서 우리도 어떤 체제를 지향해야 할 것인가에 대해 대학생들의 관심이 컸다. 1959년에 성공한 쿠바혁명을 소재로 쓴 C. 라이트 밀즈의 『들어라 양키여!』라는 책은 대학생들의 가슴을 뜨겁게 했다. '민족통일 서울대 학생연맹'과 '신진회'는 5·16 군사혁명으로 해체되고 말았다.

나의 대학생활 마지막 해인 4학년이 되었을 때, 어느 날 동기생인 이종율(전 국회의원)이 '신진회'와 같은 토론 서클을 만들어놓고 졸업하자고 제의했다. 내가 선뜻 그 제의를 받아들여 우리는 바로 '민족주의비교연구회'라는 서클을 만들었다. 회장에 이종율, 연구부장에 김경재(전 국회의원), 그리고 나는 총무를 맡았다. 지도교수로는 사회학과의 황성모 교수를 모셨다. 이 서클 때문에 대학을 졸업한 3년 후인 1967년 동백림 간첩단 사건에 엮여 이종율과 내가 감옥살이를 하게 됐다. 지도교수였던 황성모 교수가 서독 유학 시절 북한 공작원에 포섭된 간첩이었고, 그의 지령으로 서클을 만들었으니 반국가단체를 구성했다는 것이다. 재판 결과 황 교수의 간첩 혐의가 무죄가 되어 우리도 모두 무죄 선고를 받고 나는 6개월 만에, 이종율은 1년 만에 풀려났다.

나는 4학년 초에 평생 씻을 수 없는 과오를 저질렀다. 지하혁명당인 '인민혁명당(인혁당)'에 가입한 것이다. 당시 남북한을 비교해 봤을 때 북한은 남한보다 잘 사는 우월한 체제로 북한의 김일성은 일제 식민지하에서 무장투쟁을 한 독립운동가인 반면에, 남한의 박정희 대통령은 일본에 협력한 친일 장교였다는 점에서 남북통일은 북한을 중심으로 이루어지는 것이 옳다고 생각했다. 그래서 한 친구로부터 혁명정당이 태동 중이라는 얘기를 듣고 흔쾌히 '인민혁명당'에 가입했다.

지금은 상세히 기억 못하고 있지만 등사용지에 깨알같이 쓰인 당 강령은 남한에 민족자주정권을 수립하여 북한과 협상을 통해 평화통일을 이루자는 것이었던 같다. 입당은 북한산에 올라가 친구 앞에서 오른손을 들고 선서를 하는 형식으로 했다. 지금 생각해 보면 공산주의의 종말을 내다보지 못한 어리석고 부끄러운 행동이었다.

'인민혁명당'은 내가 대학을 졸업한 뒤 '한일회담'을 반대하는 학생 데모가 격화되어 계엄령이 선포되면서 학생 데모 배후 세력을 수사하던 중앙정보부에 의해 적발되었다. 중정은 당초 이 사건을 국가보안법 위반 혐의로 검찰에 송치했으나 사건 당사자들이 검찰 조사에서 고문에 의한 허위자백이라고 주장하여 검찰은 할 수 없이 반공법 위반으로 기소했다. 그 바람에 사건 당사자 일부만이 1년 내지 2년 정도의 가벼운 처벌로 끝나고 말았다. 조직의 말단에 속했던 나는 공소보류로 기소 대상에 들어가지 않았다.

이 '인민혁명당' 사건은 유신 시절인 1974년 '제2차 인혁당 재건위' 사건과 함께 끊임없이 조작 논란에 휩싸여 왔으나, 조작 사건이 아니라 실재했던 지하당이었다. 사건의 당사자로서 끊임없이 조작 논란이 이어져오는 상황을 지켜보면서 마음이 편치 않았으나, 당사자들이 많아 입을 열기 어려웠다. 국회의원이 되어 공적 활동을 하면서는 계속 입을 다물고 있다는 것이 국민들에게 무책임한 일이 아닐까 하는 생각이 들기도 했다. 그래서 언젠가는 내가 진실을 밝혀야겠다는 생각을 했다. 그러던 차에 2010년 명지대 국제한국학연구소 주최로 '박정희 정권과 학생운동'을 주제로 한 세미나가 열렸다. 류근일 전 조선일보 주필이 주제 발표를 하고 나는 토론자로 참여했다. 그 세미나에서 나는 '인혁당 사건'은 조작된 사건이 아니라 실재했던 지하혁명당이었으며, 다만 중정이 물증을 확보하지 못해 객관화하는 데 실패했을 뿐이라고 밝혔다. 그 뒤 세미나 내용이 출판되자 나의 증언이 언론에 보도되었다.

나는 대학을 졸업한 후 바로 조선일보에 입사해 언론인의 길을 걸었으나 기자 생활은 그리 순탄치 못했다. 입사한 지 한 달이 좀 지나 '한일회담'을 반대하는 학생 데모가 격화되고 계엄령이 선포되면서 나는 학생 데모의 배후 조종 혐의에다 '인혁당' 문제로 현상수배되어 검거 대상이 되었고 약 4개월간 도피생활을 해야 했다. 계엄령이 해제되고 '인혁당' 문제도 사건이 축소되는 쪽으로 결말이 나면서 신문사에 복귀했으나, 그 뒤 3년 후에는 '동백림 간첩단 사건'에 엮여 6개월간 옥살이를 해야 했다. 대학 졸업 직전에 만들어놓고 나온 서클 때문이었다. 재판을 받고 무죄로 석방되었으나 이제는 군 입대 영장이 나왔다.

뜨거운 8월 초에 입대한 나는 훈련 도중 혈압이 올라 쓰러질 뻔했다. 군 의무실에서 혈압을 재보더니 훈련을 중지시키고 육군병원으로 나를 보냈다. 입대 당시 29살이었던 나는 육군병원에서 당뇨병 진단을 받고 입대 4개월 만에 의병제대했다.

당뇨병 진단으로 오랫동안 나의 건강문제에 대해 품어왔던 의문이 풀렸다. 중학교 1학년 때부터 고등학교와 대학을 다니는 동안, 그리고 신문사에 들어와 기자 생활을 하는 동안 까닭 없이 자주 느껴왔던 피곤이 당뇨병 때문이었다는 것이 밝혀진 것이다. 청소년 시기부터 나타나는 당뇨병은 인슐린을 분비하는 췌장이 선천적으로 약하기 때문에 생기는 당뇨병 1형으로 평생 약을 먹거나 인슐린 주사를 맞아야 한다. 나는 올해로 당뇨병 진단을 받은 지 48년이 되었다. 처음 14년간은 약을 먹었으나, 그 뒤 34년 동안은 인슐린 주사로 건강을 유지해 오고 있다. 당뇨병이 오래되면 합병증이 나타난다. 15년 전에는 눈의 망막 출혈로 수술을 받았고, 3년 전에는 심장관상동맥 우회로 수술을 받았다. 당뇨병이 오래되긴 했으나, 그래도 매주 일요일 등산을 할 정도로 건강은 양호한 편이다.

나의 조선일보 기자 생활 동안 세상에는 공개하기 어려웠던 일이 두 차례 있었다. 하나는 이른바 '제2차 인혁당 재건위 사건'에 연루될 뻔한 일이었다. 유신체제가 선포된 지 얼마 안 되어 과거 '1차 인혁당 사건'

때의 선배 당원한테서 연락이 왔다. 몇몇이 모여 시국에 관해 얘기를 나눠보자는 것이었다. 언론인으로서는 동아일보 심재택 기자가 함께하기로 했다는 것이다. 은평구 기자촌에 있는 심재택 기자의 집에서 첫 모임이 있었다. 그 뒤 전농동에 있는 과거 인혁당 당원의 집에서 두 번째 모임을 가졌다. 두 번째 모임까지 참석한 뒤부터는 모임에 나가지 않았다. 대화의 내용이 점점 위험한 방향으로 나가고 있다고 느꼈기 때문이었다. 이 모임이 그 후 어디까지 진전되어 갔는지 알 수는 없으나, 우리 현대사에서 비극적인 사건 중의 하나가 되었다.

다른 하나는 유신체제를 타도하고 민주주의를 회복하기 위한 군부 쿠데타에 연루될 뻔한 일이었다. 하루는 지인으로부터 현재 군부에서 유신체제를 타도하기 위한 쿠데타가 준비 중이니 좀 참여해서 도와줄 수 없느냐는 것이었다. 유신체제를 타도하기 위한 군부 쿠데타가 준비 중이라는 얘기는 반가운 일이었으나 내가 여기에 참여하는 일은 너무나 위험하다고 느껴서 직접적인 참여는 거절하고 쿠데타에 성공하면 적극 돕겠다고 했다. 나중에 안 일이지만 이 쿠데타 음모는 보안사에 적발되어 실패로 끝난 것으로 전해졌다. 박정희 대통령은 이 쿠데타 음모 사건이 세상에 알려지는 것을 피하기 위해 관련자들을 처벌하지 않고 조용히 제대시키는 것으로 정리한 것으로 알려졌다. 나의 조선일보 기자 생활은 11년 만에 끝났다. 1970년대 들어 유신체제가 선포되면서 정권의 언론 탄압이 극심해지자 동아일보 기자들을 선두로 기자들의 언론자유 투쟁이 번지기 시작했다. 동아일보에 광고를 내지 못하도록 탄압하자 동아일보 기자들은 신문제작 거부 농성에 들어갔다. 동아일보는 광고 탄압을 견디지 못하고 기자, 아나운서, PD 등 121명을 파면하는 것으로 정권에 굴복하고 말았다. 조선일보도 신문제작 거부 농성 사태가 벌어지자 33명의 기자를 파면했다. 나도 파면 대상에 포함되었다. 신문사에서 쫓겨난 동아일보와 조선일보 해직기자들은 '언론자유수호투쟁위원회'를 구성하고 복직을 요구하는 투쟁을 수십 년간 계속해 왔으나 뜻을 이루지 못했다. 내가 속한 조선일보 해직기자들은 41년째 월례 모임을 갖고 있다.

동아일보와 조선일보 기자들이 신문사에서 쫓겨난 유신 시절, 해직기자들의 정신적 구심점은 천관우 전 동아일보 주필이었다. 천관우 선생은 기자들보다 먼저 정권의 압력으로 신문사를 떠나 민주화 운동 지도자의 한 사람으로 활동하고 있었다. 그런 만큼 매년 정초 불광동 천 선생의 집은 해직기자들로 북적거렸다. 그렇게 북적거리던 천 선생의 집이 1980년 신군부가 집권하면서는 찾는 해직기자들이 하루아침에 발길을 뚝 끊어 썰렁해졌다. 천 선생이 민주화 운동에서 손을 떼고 통일원 고문이 되었기 때문이었다. 해직기자들은 천 선생이 변절했다고 여긴 것이다. 해직기자들이 천 선생을 외면했다고 해서 나까지 그럴 수는 없었다. 천 선생은 나의 제천 고향 선배이기도 했기 때문이다. 천 선생이 통일원의 고문이 되었다고 하루아침에 해직기자들이 등을 돌린 것은 너무 야박하다고 여겼다. 그래서 명절 때마다 나는 변함없이 불광동 천 선생 댁을 찾아뵈었다. 내가 천 선생을 찾아뵐 때마다 천 선생은 부인에게 술상을 차리게 했다. 나는 천 선생이 따라주는 술을 마시며 왜 민주화 운동을 그만두셨는지 물었다. 천 선생은 광주 유혈 사태를 보고 더 이상 재야운동을 해서는 안 되겠다고 생각했다는 것이다. 나는 천 선생의 그 말을 듣고 그럴 수 있다고 생각했다.

한번은 천 선생이 나와 술을 마시다가, "박 선생, 나도 박 선생과 동창이야"라고 하셨다. 그게 무슨 말씀이냐고 묻자, "내가 대학시험에 떨어져서 제2고보 보습반을 1년 다녔거든"이라고 말씀하셨다. 제2고보는 내가 다닌 경복고등학교의 일제 때 이름으로 당시는 학원이 없어 대학입시 낙방생들이 보습반을 다녔다는 것이다. 천 선생은 제2고보 보습반을 1년 다니고, 또 대학입시에 낙방해서 다시 제1고보(현 경기고등학교) 보습반을 거쳐 겨우 서울대 사학과에 입학했다는 것이다. 제천 청풍에서 어렸을 때 신동으로 알려졌던 천 선생이 3수 끝에 대학에 들어갔다는 것은 놀라운 일이었다.

나는 언론을 떠난 뒤 약 10년을 중소기업에서 보냈다. 출판사와 슈퍼마켓, 전자손목시계 회사와 두 곳의 주류 회사에서였다. 회사에서의 직급은 차장에서 시작하여 부장, 이사, 상무까지 지냈다. 이렇게 저렇게 회사를 전전하며 보낸 중소기업에서의 생활은 비록 월급은 시원찮았지만 그런대로 생활은 되었다. 나는 장사가 적성에 맞는 듯했다. 중소기업에서 보낸 10년은 기업경제를 통해 무역, 유통, 금융, 금리, 환율, 재정, 조세, 회계 등 경제문제 전반에 걸쳐 경제 지식을 습득할 수 있는 좋은 기회가 되었다. 지내고 보니 소중한 기간이었다. 그리고 서민생활과 노동현장을 이해하는 데 귀중한 체험을 하게 했다. 그러한 귀중한 체험은 나중에 정치를 하는 데 더없이 소중한 자산이 되었다. 또 중소기업에서 보낸 10년은 다방면에 걸쳐 체계적으로 기획 독서를 할 수 있는 귀중한 시간을 제공해 주기도 했다. 두 차례 혁명을 겪으며 어수선한 분위기 속에서 보낸 대학 때나 바쁜 기자 생활을 하며 보낸 언론사 재직 시에는 제대로 책을 읽을 수 없었다. 내 일생 동안 중소기업에서 일하면서 가장 많은 책을 읽을 수 있었던 것 같다. 아마도 수백 권은 되었을 것이다.

슈퍼마켓에서 일할 무렵 나는 하마터면 '인혁당'과 같은 사건에 또다시 휘말릴 뻔했다. '통일혁명당 사건'으로 옥살이를 하고 나온 대학 친구가 찾아와 새로운 혁명조직을 함께 만들자는 것이었다. 이미 나는 '인혁당'이 실패로 끝난 뒤 다시는 경솔한 행동을 하지 않겠다고 생각하고 있었기 때문에 그의 제의를 거절했다. 그리고 신중하게 생각하라고 충고했다. 그 친구는 나를 만나러 세 번이나 찾아왔으나 나는 끝내 응하지 않았다. 그가 만들자고 제의한 혁명조직은 2년 뒤 중정에 의해 적발된

'남조선민족해방전선'이었다. 나는 그를 당국에 고발할 수는 없었다.

　구로공단에 있는 전자손목시계 회사에서 일하는 동안 은행으로부터 대출을 받을 때마다 이사로서 몇 차례 연대보증을 한 것 때문에 회사가 부도가 나면서 나는 거지가 될 뻔했다. 내가 퇴사한 뒤 얼마 되지 않아 회사가 부도가 나자 바로 22평짜리 아파트를 두 군데서 가압류를 하고 집 안의 피아노, 냉장고, 텔레비전, 전화기 등에 압류 딱지를 붙였다. 회사가 부도가 날 것 같은 느낌이 들어 회사를 그만두자마자 친구의 이름으로 아파트에 가등기를 해두어서 다행히 아파트를 빼앗기지는 않았다. 친구의 이름으로 가등기를 해두었던 아파트는 상당한 기간이 지난 뒤 친구 앞으로 본등기를 해 소유권을 옮긴 뒤 바로 팔아 아내의 이름으로 새 아파트를 샀다. 연대보증 때문에 거지가 될 뻔했다가 간신히 거지 신세는 면했지만, 연대보증에 의한 채무변제 의무를 이행하라는 금융기관의 요구는 내가 국회의원이 된 후에도 계속되었다. 나에 대한 빚 독촉은 법정관리에 들어갔던 회사를 새 회사가 인수하면서 15년 만에 해결되었다.

　조선일보를 떠나 약 10년을 중소기업에서 보낸 뒤 뜻하지 않게 서울신문 논설위원으로서 언론인으로 돌아왔다. 과거 조선일보에서 같이 근무했던 이우세 서울신문 사장으로부터 논설위원으로 오지 않겠느냐는 전화를 받은 것이다. 원칙적으로는 조선일보로 돌아가야 마땅하지만 최선이 아니면 차선을 택할 줄 알아야 한다는 것이 나의 평소의 생각이었기 때문에 그 제의를 받아들였다. 약 10년간 언론계 공백이 있었지만 논설위원으로 감히 갈 생각을 한 것은 중소기업에서 보낸 10년 동안 충분한 독서를 통해 논설위원을 할 정도의 지식은 갖추고 있다고 자신하고 있었기 때문이었다. 나는 별 어려움 없이 논설위원으로 쉽게 적응했다.

　내가 정치에 몸을 담게 된 것은 1987년 시민혁명으로 민주주의가 회복된 다음 해 실시된 13대 총선이 계기가 되었으나 사실은 1981년 11대 총선 때 출마를 할 뻔했다. 11대 총선을 앞두고 신당 창당을 하고 있던 민정당과 민한당, 두 당에서 참여를 권유해 왔기 때문이었다. 민정당 쪽에서는 이재형 전 민정당 대표위원과 허문도 전 청와대 정무 수석비서관이 연락을 해왔고, 민한당 쪽에서는 언론계 선배인 손세일 전 의원이 연락을 해왔다. 당시 백화양조 이사였던 나는 이재형 전 대표위원의 연락을 받고 사직동 이 대표위원 댁을 네 차례 방문해 많은 얘기를 나누었으나, 정태기 조선일보 해직기자 대표가 보안사의 수배 대상이 되어 있는 상태에서 여당을 하기는 어렵다고 생각했다. 그래서 야당을 하기로 결심하고 민한당 창당 발기인으로 참여하겠다고 손 전 의원에게 통보했다. 그러나 창당 발기인 대회 전날 밤 창당 발기인 명단에서 내가 제외되었다는 연락이 왔다. 당시 5 · 17 쿠데타로 집권한 신군부는 새로 신당 창당을 허용하면서 1, 2, 3당에 자신들의 구미에 맞는 인물들을 배치하기 위해 각 당의 창당 발기인 선정에 깊이 개입하고 있었던 것이다. 나는 1당 배치 대상도 2당 배치 대상도 아니었던 것이다. 그렇게 해서 나는 두 당으로부터 참여 권유를 받고도 정치에 참여할 수 없었다.

11대 총선 때 출마를 할 뻔했다가 못하게 된 이후로는 정치를 해보겠다는 생각을 완전히 접었으나 정치에 몸담을 기회가 다시 온 것은 정말 우연이었다. 서울신문의 논설위원을 2년 한 뒤 편집부국장을 하고 있을 때였다. 13대 총선을 앞두고 언론계 선배인 심명보 민정당 사무총장으로부터 전화가 왔다. 민정당 후보로 서울에서 출마를 해달라는 것이었다. 뜻밖의 제안이라 답변을 할 수 없었다. 집에 돌아와 아내와 상의했다. 아내는 강력히 반대했다. 아내는 정치에 대해 혐오감이 대단했다. 아내가 반대한다면 할 수 없다고 생각했다. 이틀 뒤 아내는 내가 하고 싶다면 해도 좋다고 한발 물러섰다. 내가 조선일보를 떠나 10년간 중소기업을 전전했던 모습을 지켜본 아내는 나의 새로운 앞길을 막고 싶지 않았던 모양이다. 아내가 반대하지 않는다면 새로운 도전을 해보고 싶다는 생각이 들었다. 나는 심명보 총장에게 전화를 걸어 출마 결심을 전했다. 나는 13대 총선에서 서울 양천갑구에 출마해 1등과 3천 표 차이로 3등을 했다. 참담한 실패였다. 무엇보다 아무런 사전준비 없이 선거에 뛰어든 것이 가장 큰 패인이었다. 선거에 즈음하여 단 1천만 원도 준비가 안 된 상태에서 당에서 충분히 뒷받침할 테니 돈 걱정은 하지 말라는 말만 순진하게 믿은 것이 불찰이었다. 당시에는 선거운동원에게 돈을 주지 않으면 나의 선거벽보도 붙여주지 않았고 현수막도 걸어주지 않았다. 당은 선거 중반전이 지나도록 선거자금을 지원해 주지 않았다. 그러자 지구당 간부들은 "돈도 없으면서 여기는 왜 왔느냐?"고 불평들을 했다. 당은 선거 종반전에 이르러서야 선거자금을 보내주었다. 그러나 너무 늦어 선거자금을 실효성 있게 쓸 수 없었다.

나는 대학 1학년 때 4·19 학생혁명에 참여했던 감격을 오랫동안 지녀왔으나 내가 직접 선거에 뛰어들면서 부끄럽기 짝이 없는 짓을 했다. 표를 얻기 위해 저소득층에게 쌀 표를 돌리고 집집마다 타월을 돌렸다. 당원들에게는 활동비라는 명목으로 거액의 돈을 뿌렸다. 나는 처음에 그건 안 된다고 반대했으나 지구당 간부들은 여당은 원래 그렇게 선거를 해왔다는 것이었다. 불법 선물을 돌리고도 낙선한 뒤 나는 선물을 돌리는 것이 득표와는 별 관계가 없다고 결론을 내리고, 그 다음부터는 일절 선물을 돌리지 않았다. 나는 4년 재수 끝에 14대 총선에서는 차점자와 상당한 표 차이로 당선되었다. 민정당과 통일민주당, 신민주공화당 등 3당이 민주자유당으로 합당한 것이 큰 도움이 되었다. 나는 국회의원이 되어 본격적으로 정치를 하게 되면서 바로 정치의 위선을 맛보았다. 그것은 14대 대통령 선거를 앞두고 벌어진 민자당 대통령 후보 당내 경선에서였다. 노태우 대통령은 자기 후임을 뽑는 대통령 선거에 나설 대통령 선거 후보는 민주적인 당내 자유경선을 통해 선출하겠다고 수차례 공언을 했었다. 그러나 그는 약속을 지키지 않았다. 3당 합당에 참여한 김영삼 전 통일민주당 총재에 맞서 박태준 최고위원이 민정계를 대표하여 경선 후보로 나서려 하자, 노태우 대통령은 그를 주저앉혔다. 박태준 최고위원이 경선에 나선다면 탈당을 하겠다고 김영삼 후보가 위협을 했기 때문이다. 박태준 최고위원 대신 이종찬 전 원내총무가 민정계를 대표하는 단일후보가 되면서 그의 지지율이 김영삼 후보보다 올라가자 이 후보를 지지하는 의원들에게 압력을 가해 하나둘씩 이탈을 시켰다. 이를 보다 못한 이 후보가 경선 거부 선언을 해 민자당 대통령 후보 경선은 결국 파행으로 끝나고 말았다. 나는 경선이 진행되는 동안 이종찬 후보의 비서실장을 맡아 그를 도왔다. 이종찬 후보 편에 섰던 많은 의원들이 떠나갔으나 나는 끝까지 그의 곁을 지켰다. 내가 이종찬 후보 편에 섰던 것은 영남이 너무 오래 집권했기 때문에 호남에 정권을 넘길 수 없다면 중부권 출신이 한 번 집권하는 것이 좋겠다는 생각에서였다. 이종찬 후보가 경선 거부 선언을 하고 마침내 당을 떠났을 때 나는 그를 따라 함께 당을 떠나지는 않았다. 나도 파행으로 끝난 당내 경선에 실망하여 한때 당을 떠날까를 생각하기도 했으나 당에 남았다.

내가 8년간 국회의원 생활을 하는 동안 가장 활발하게 활동을 한 시기는 김영삼 대통령 시절이었던 것 같다. 집권당 총재를 겸하고 있던 김영삼 대통령 아래서 민자당 대변인 1년 4개월, 신한국당 총재 비서실장 2년 3개월 등 3년 7개월간 당직자 생활을 했기 때문이다. 민자당 대변인 시절 나의 맞수 야당 대변인은 박지원 의원이었다. 박 의원은 김영삼 대통령을 비롯해 당 대표위원, 사무총장, 원내총무, 정책위 의장은 말할 것도 없고, 심지어 대변인인 나에게까지 입에 담지 못할 인신공격을 했다. 나는 당 대변인은 당의 입장을 설명하는 역할을 하는 것이지 상대 당 간부에 대해 인신공격을 해서는 안 된다고 생각해 처음 6개월간 야당에 대한 공격과 비판을 하지 않았다. 그러나 박지원 대변인의 되풀이되는 인신공격을 더 이상 방치할 수 없어 나도 반격을 가하기 시작했다. 제일 먼저 박 대변인이 뉴욕 한인회장 시절 전두환 대통령의 미국 방문 때 환영위원회 위원장으로서 공항에서 전 대통령을 환영하는 모습을 보도한 신문기사를 복사해 기자실에 돌렸다. 이 사실이 보도되자 박 대변인이 광주학살의 주범인 전 대통령 환영위원회 위원장을 했다는 것이 말이 되느냐며, 박 대변인에게 항의 전화가 폭주했던 것으로 알려졌다. 이 기사가 나간 후 박 대변인은 한동안 여당에 대한 인신공격을 멈추었다. 나는 당 대변인들의 인신공격 위주의 활동이 우리의 정치 발전에 전혀 도움이 되지 않는다고 여겨 정당의 대변인 제도를 폐지할 것을 제의하기도 했다.

당 대변인을 하는 동안 여러 가지 일들이 있었지만, 가장 기억에 남는 사건은 북한 김일성의 사망이었다. 평양을 방문했던 지미 카터 전 미국 대통령의 중재로 김영삼 대통령과 정상회담을 하기로 했던 김일성이 갑자기 사망하자 야당 일각에서 조문을 해야 한다는 주장을 했다. 이에 대해 나는 6·25 전쟁을 일으켜 수많은 국민을 죽음으로 몰아넣은 전쟁 주범에 대해 조문을 한다는 것이 말이 되느냐며 조문을 강력히 반대하는 성명을 발표했다. 그때까지만 해도 북한에 대한 국민의 적대감이 대단했기 때문에 조문을 반대하는 성명을 낸 것은 다수의 국민감정을 대변한 것이었다. 김일성 조문을 둘러싼 논쟁은 국민들 사이로 번져 한동안 계속되다 사그라졌다.

당 총재 비서실장을 하는 동안에는 매주 대통령이 주재하는 청와대 수석비서관 회의에 당을 대표하여 참석했다 매주 청와대 수석비서관 회의에 참석하는 것은 국정 전반을 파악하고 이해하는 데 큰 도움이 되었다. 당 총재 비서실장을 하는 동안에는 대통령이 외국 국빈 방문을 하거나 국제회의에 참석하기 위해 외국을 방문할 때 당을 대표하여 공식 수행원의 한 사람으로 수행했다. 외국 정상과 확대 정상회담을 할 때는 회담에 배석하여 정상회담의 진행을 지켜봤다.

나는 당 총재 비서실장을 하는 동안 대통령에게 정치적으로 중요한 세 가지를 건의했다. 하나는 국무총리 선임에 관한 것이었다. 김영삼 대통령은 재임 마지막 해에 접어들어 아들 현철의 비리가 불거지면서 국민 여론이 악화되자 정국 수습책을 찾기 위해 고심하고 있었다. 수석비서관 회의가 있던 날, 김 대통령은 회의를 마친 후 나에게 집무실로 함께 가자고 했다. 자리에 앉자마자 김 대통령은 정국 수습을 위해 개각을 해야겠다면서 누가 총리로 좋겠느냐고 나의 의견을 물었다. 나는 당내에서라면 이한동 국회 부의장이 좋겠고, 당 밖에서라면 고건 전 서울시장이 좋겠다고 했다. 김 대통령은 이한동 부의장에 대해서는 한마디 언급 없이, 왜 고건 시장이 좋으냐고 물었다. 고건 시장은 평생 공무원 생활을 하면서 돈봉투를 한 번도 받은 일이 없는 깨끗한 공직자이며, 서울시장 때 한보에게 택지와 관련된 불법 특혜를 주라는 압력을 거부하다 해임된 소신 있는 분이라고 내가 평소 아는 대로 설명했다. 김 대통령은 며칠 뒤 개각을 하면서 고건 전 서울시장을 국무총리에 임명했다. 나는 내가 총리가 된 듯 기뻤다.

두 번째 건의는 대통령 선거 당내 후보 경선에 관한 것이었다. 아들 현철의 비리 문제를 조기에 수습하기 위해 개각을 단행했으나, 악화된 국민 여론은 전혀 수그러들지 않았다. 대통령은 연일 고심했다. 수석비서관 회의가 있던 날 회의를 마친 뒤 나는 김 대통령에게 건의드릴 말씀이 있다고 했다. 김 대통령을 따라 대통령 집무실에 들어가서 자리에 앉자마자 대통령 후보 당내 경선을 앞당겨 조기에 실시할 것을 건의했다. 악화된 국민 여론을 잠재우려면 국민들이 아들 문제를 빨리 잊어버리게 해야 한다고 했다. 그러자면 대통령 후보 당내 경선을 앞당겨 실시하되 선거인단 수를 10만 명 정도로 대폭 늘려서 미국의 예비 선거처럼 권역 별로 다니며 유세를 하고 경선 투표를 하는 것이 좋겠다고 했다. 그러면 언론은 온통 경선 관련 보도에 집중하여 아들 문제를 외면할 것이라고 했다. 당내에서는 그동안 대통령의 레임덕 현상을 막기 위해 대통령 후보 선출 시기를 8월 정도까지 늦추려 했으나, 김 대통령은 나의 건의를 받아들여 5월로 앞당겨 경선을 실시했다. 선거인단 수를 내가 건의한 대로 10만 명 정도까지 늘리지는 못했으나, 과거 1,500명 정도의 대의원으로 대통령 후보를 선출하던 방식에서 벗어나 1만 5천 명으로 대폭 확대하여 권역별로 경선을 실시토록 했다. 과연 9명의 경선 후보가 나서 선거운동을 시작하자 모든 언론은 이들에 관한 기사로 온 지면을 메워 아들 현철의 문제는 그날로 언론의 관심에서 사라졌다.

마지막 세 번째 건의는 김대중 비자금 사건과 관련된 것이었다. 15대 대통령 선거를 앞두고 이회창 씨가 신한국당 후보로 선출되자 그에 대한 국민 지지율이 50퍼센트를 훌쩍 넘어 김대중 야당 후보와의 경쟁은 이미 끝난 것이나 다름없었다. 그런 유리한 위치에 있던 이회창 후보는 두 아들의 병역비리 문제가 불거지면서 지지율이 14퍼센트까지 떨어지는 위기를 맞았다. 야당은 정상적인 방법으로는 선거에 승산이 없자, 이회창 후보의 두 아들이 몸무게를 조작하여 불법적으로 병역면제를 받았다고 폭로 공세를 폈다. 야당의 폭로 공세에 이회창 후보는 심대한 타격을 받아 궁지에 몰리게 되었다. 이런 위기를 맞은 신한국당은 자신들도 김대중 후보의 약점을 찾아 공격하자고 결정하고 주로 법조계 출신 의원들로 특별대책반을 구성했다. 특별대책반은 전두환, 노태우 대통령 비자금 수사 때 함께 조사했던 김대중 후보의 비자금 자료가 청와대 민정 수석비서관실에 있다는 것을 알아내고, 그 자료를 입수해 폭로하는 맞불 작전을 펴기로 했다. 그 자료를 입수한 신한국당은 강삼재 사무총장이 기자회견을 갖고 김대중 후보가 거액의 불법 비자금을 은닉하고 있다고 폭로하고 검찰에 고발했다. 언론은 강 사무총장의 기자회견 내용을 대대적으로 보도했다. 나는 그 기자회견을 보고 드디어 이들이 큰일을 저질렀다고 생각했다.

　나는 바로 청와대 부속실로 전화를 걸어 대통령 면담을 요청했다. 이튿날 오후 세 시에 들어오라는 연락을 받고 다음날 청와대를 방문했다. 김영삼 대통령이 무슨 일이냐고 물었다. 나는 김 대통령에게 김대중 후보의 비자금을 검찰이 수사해서는 안 된다고 했다. 첫째, 검찰이 김대중 후보의 비자금을 수사하게 되면 제2의 광주사태를 각오해야 할 것이라고 했다. 정정당당하게 정상적으로 선거를 하려 하지 않고 검찰을 시켜 경쟁자를 잡으려 한다면 내가 광주 사람이라 해도 가만있지 않을 것이라고 했다. 제2의 광주사태가 발생하면 군대가 나와야 하고, 그러면 선거를 치르지 못해 헌정 중단 사태가 올지 모른다고 했다. 둘째, 검찰이 수사를 하게 되면 국가기관의 윤리성 문제가 제기될 수 있다고 했다. 남의 예금을 적법한 절차 없이 조사한 것은 대통령이 결단하여 시행한 금융실명제법을 정면으로 위배한 것으로, 국가기관이 불법으로 관여한 사실이 드러나게 된다고 했다. 김대중 비자금은 국가기관이 아니면 알 수 없는 내용이었다. 그런 만큼 잘못하면 미국의 워터게이트 사건과 비슷한 사건이 될 수 있다고 했다. 김 대통령은 워터게이트 사건이 뭐냐고 물어 나는 그 사건 내용을 자세히 설명했다. 셋째, 검찰이 수사를 하게 되면 전두환, 노태우 전 대통령 비자금 사건 때 검찰에 불려가 조사를 받고 법정에서 증언을 해야 했던 다수의 경제인들이 다시 국내외적으로 망신을 당해야만 한다고 했다. 가뜩이나 경제가 어려운 상황 속에서 우리의 유력한 경제인들에게 다시 국내외적으로 수모를 겪게 하는 것은 국가 이익에도 어긋나는 일이라고 했다. 넷째, 솔직히 말해서 불법 정치자금은 여당이 야당의 몇 배를 써놓고 야당의 불법 정치자금을 수사하는 것은 정치 도의상 있을 수 없는 일이라고 했다. 김영삼 대통령은 아무 말 없이 나의 말을 경청하기만 했다. 이틀 후 김 대통령은 김대중 비자금 수사를 대선 이후로 연기하라고 검찰에 지시했다. 나의 건의가 김 대통령의 결심에 어느 정도 영향을 주었는지 알 수는 없으나, 나는 김 대통령의 결단이 옳았다고 생각했다. 김 대통령이 검찰에 김대중 비자금 수사를 대선 이후로 연기하라고 지시하자 이회창 후보는 기자회견을 갖고 김 대통령의 탈당을 요구했다. 김 대통령은 처음에는 탈당을 단호하게 거부하다 며칠이 지나 마음을 바꾸어 탈당을 했다. 나는 수십 년간 김 대통령과 동고동락을 했던 가신 그룹에 속하지는 않았지만, 당 총재 비서실장으로서 2년 3개월 동안 가까이서 모셨던 분을 쫓아낸 편에 서서 선거운동을 할 수는 없었다. 더욱이 이회창 후보의 행위를 잘한다고 공감하지도 않았다. 그래서 나도 탈당을 했다. 김 대통령이 탈당한 뒤 포항에서 열린 당원 결의대회에서 신한국당은 수천 명의 당원이 참석한 가운데 김 대통령의 인형을 만들어놓고 몽둥이질을 하고 손뼉을 치며 환호하는 소동을 벌였다. 이는 공산당이나 운동권 학생들이 하는 짓이었다. 김 대통령이 비록 당을 떠났지만, 그는 여전히 국가안보를 책임지고 있는 군 통수권자였다. 군 통수권자의 인형을 만들어놓고 몽둥이질을 하는 것은 언필칭 보수정당으로서는 있을 수 없는 일이었다. 나는 이 광경을 보고 우리의 이른바 보수세력은 보수가 무엇인지 모르는 무지한 집단이라고 생각했다.

나는 신한국당을 떠난 뒤 정치를 접을까도 생각했지만, 정치를 그만두기에는 너무 이르다고 여겨 이인제 의원이 추진하던 국민신당에 참여하여 사무총장을 맡았다. 국민신당에는 이만섭 전 국회의장, 홍재형 전 경제부총리, 서석제 전 총무처 장관을 포함하여 현역 의원 7명이 함께했다. 이인제 의원이 신한국당 대통령 후보 경선에서 2등을 한 뒤 탈당하여 독자 출마를 한 것은 김 대통령이 시켰기 때문이라고 생각하는 사람들이 있었으나, 그것은 사실이 아니다. 김 대통령은 우리 정치사에서 주류 정치세력을 떠나 성공한 사례가 없다는 점을 지적, 이인제 의원의 탈당을 끝까지 말렸으나, 이 의원은 탈당 하루 전날까지만 해도 탈당하지 않겠다고 김 대통령에게 약속해 놓고 약속을 어기고 탈당을 했다는 것이 당시 청와대 정무 수석비서관이었던 조홍래 전 의원의 설명이었다. 이 인제 의원이 신한국당을 탈당하여 독자 출마를 결행한 것은 이회창 후보의 지지율이 14퍼센트까지 떨어지는 것을 보고, 이는 국민이 이 후보를 버렸다고 생각했기 때문이었다. 이 의원이 국민신당을 창당했을 때만 해도 이 의원에 대한 지지율이 30퍼센트를 넘었으나, 보수세력의 표가 다시 이회창 후보 쪽으로 결집되면서 이인제 후보는 대선에서 19.5퍼센트인 5백만 표를 득표해 3위에 그치고 말았다. 이회창 후보가 김대중 후보에게 패한 것이 이인제 후보 때문이라고 비난한 사람들이 많았으나 이는 잘못된 주장이다. 이회창 후보가 김 대통령을 쫓아내지만 않았다면 그는 당선되었을 것이다. 김 대통령을 지지하는 부산·경남지역 유권자들은 이회창 후보가 김 대통령을 쫓아낸 것을 김 대통령이 이인제 후보를 지지하기 때문이라고 생각했다. 이회창 후보는 부산·경남지역 유권자들에게 그릇된 메시지를 보냈던 것이다. 그 결과 이인제 후보는 부산·경남지역에서 29.5퍼센트의 지지를 받았고, 김 대통령의 고향인 거제도에서는 이인제 후보가 한 번도 가지 못했는데도 1등을 했다. 이회창 후보의 낙선은 전적으로 그의 그릇된 행동이 가져온 결과였다. 대통령선거가 종반전에 접어들면서 이인제 후보의 지지율이 크게 떨어지고 이회창 후보와 김대중 후보의 양자대결로 선거가 압축되어 가자 양쪽에서 이인제 후보의 선거대책본부장인 나에게 은밀하게 만나자는 연락이 왔다. 이회창 후보 쪽에서는 나의 경복고 동기인 김덕룡 의원, 김대중 후보 쪽에서는 민자당 대통령 후보 당내 경선 때 내가 비서실장을 맡아 도왔던 이종찬 씨였다. 나는 양쪽의 제의를 모두 거절했다. 양쪽에서 만나자고 하는 속내는 만나지 않아도 뻔히 알 수 있는 일이었기 때문이다. 한쪽은 이인제 후보의 중도 사퇴를 종용하기 위해서였을 것이고, 다른 한쪽은 중도 사퇴를 하지 말고 끝까지 가달라는 부탁이었을 것이다. 나는 선거가 한창 진행되고 있을 무렵 이인제 후보의 의중을 확인해 두고 있었다. 만약 지지율이 떨어져 당선 가능성이 없어지면 중도 사퇴할 생각을 하고 있느냐고 물었다. 이에 대해 이 후보는 단호하게 말했다. 장렬한 전사를 할지언정 비겁하게 중도 사퇴하는 일은 없을 것이라고 했다. 그런 만큼 양쪽에서 만나자는 제의를 일언지하에 거절한 것이다. 신한국당은 선거 도중 민주당과 합당하여 당명을 한나라당으로 바꾸었다. 한나라당은 선거에서 패배한 뒤 김대중 대통령 정부에 대해 첫날부터 발을 걸기 시작했다. 일반적으로 민주국가에서는 선거가 끝난 뒤 새 정부가 들어서면 선거에 패한 정당이 적어도 6개월 내지 1년간은 새 정부에 밀월 기간을 주었으나 한나라당은 그러지 않았다. 당장 김대중 후보와 제휴한 김종필 자민련 총재의 국무총리 임명에 대해 인준을 거부했다. 그리하여 김종필 총재는 6개월이 지나도록 국회의 인준을 받지 못해 총리서리로 직무를 수행해야 했다. 김대중 대통령의 새 정부는 신한국당 정권이 초래한 외환위기를 수습해야 할 막중한 국가적 과제를 안고 있었다. 국민들은 외환위기를 맞아 국민의 힘을 모아 위기를 극복하자며 금 모으기에 적극 나서고 있었다. 이런 와중에 외환위기를 초래한 데 대해 책임감을 느껴야 할 한나라당이 첫날부터 정부가 하는 일을 방해하고 나선 것은 큰 잘못이었다. 나는 김영삼 대통령을 도왔던 한 사람으로서 외환위기로 인해 많은 국민들이 고통을 겪게 된 것에 대해 책임감을 느끼고, 김대중 정부가 외환위기를 조기에 수습할 수 있도록 돕는 것이 정치인으로서 마땅하다고 생각했다. 그래서 새정치국민회의의 합당 제의를 거절해서는 안 된다고 생각하고, 합당을 앞장서 추진했다. 국민신당이 새정치국민회의와 합당을 하자 국민 여론이 크게 바뀌어 김종필 총리서리는 6개월 만에 국회 인준을 받아 서리 꼬리를 뗄 수 있었다. 김대중 대통령은 16대 총선을 앞두고 새정치국민회의를 해체하고 새천년민주당을 창당했다. 나는 16대 총선에서 낙선을 했다. 당을 바꾸었기 때문이었다. 선거구민은 내가 왜 신한국당을 떠나야 했는지를 이해해 주지 않았다. 나는 김대중 대통령의 외환위기 극복 노력을 돕겠다는 생각으로 합당에 찬성했으나, 곧 김대중 정부에 실망했다. 호남 편중 인사와 국가 기강 문란, 그리고 부정부패가 너무 심했기 때문이었다. 16대 대통령 선거를 앞두고 새천년민주당 대통령 후보 당내 경선이 끝나자, 나는 새천년민주당을 탈당, 정몽준 의원의 국민통합21 신당 창당에 참여했다. 국민통합21 창당 과정에서는 창당 기획위원장을 맡아 창당 실무 작업을 총괄하는 역할을 했다. 국민 지지율이 30퍼센트를 훌쩍 넘던 정몽준 의원의 지지율이 30퍼센트 이하로 떨어지면서 새천년민주당의 노무현 후보와 후보 단일화를 추진했다. 몇 차례 협상 끝에 누가 후보가 되든지 집권을 하게 되면 DJP 연합처럼 공동정부를 구성, 운영하기로 하고, 후보는 여론조사로 결정하기로 했다. 여론조사 결과 노무현 후보로 단일화가 이루어져 정몽준 의원은 노무현 후보를 돕는 입장이 되었다. 후보 단일화 합의는 투표 전날 정 의원의 파기 선언으로 깨어져 당초 약속했던 공동정부 구성은 실현되지 못했다. 나는 대통령 선거가 끝난 뒤 이제는 정치를 그만둘 때가 되었다고 생각하고 정계를 떠났다.

내가 정치를 하는 동안 뜻있는 일을 했다고 생각되는 것을 두어 가지만 더 얘기한다면, 하나는 정치자금과 관련된 것이고, 다른 하나는 지방교육재정교부금법과 관련된 것이다. 정치자금과 관련하여 말하면, 내가 국회의원으로서는 처음으로 1만 원, 2만 원 등 소액 후원금 모금을 시작한 것이다. 부패정치를 청산하고 깨끗한 정치를 실현하려면 정치자금을 소액화, 투명화해야 한다는 것이 평소 나의 생각이었기 때문이다. 소액 후원금 모금을 시작하자 좋은 반응을 일으켜 소액 후원금이 답지했다. 지방교육재정교부금법과 관련해서는 기초 지방자치단체들도 자기 지역 내 학교에 대해 예산 지원을 할 수 있도록 내가 대표 발의를 해서 법을 고친 것이다. 이 법의 개정으로 기초 지방자치단체들이 지역 내 교육에 대해 관심을 갖고 경쟁적으로 학교를 돕게 되었다.

나는 정치를 그만둔 뒤 지인의 소개로 잠시 한성디지털대학교(현 디지털서울문화예술대학교) 총장으로 일할 기회를 가졌다. 내가 정치를 하는 동안 교육위원회에서 주로 활동한 것이 그런 기회를 갖게 해준 것 같다. 나는 평소 한국의 오늘을 건설한 위대한 힘은 교육에 있다고 생각하는 사람이었다. 자원이 없는 우리의 유일한 자산은 사람뿐이므로 우리 국민을 올바른 가치관을 가진 능력 있는 국민으로 교육시켜야 한다는 것이 나의 생각이었기 때문에, 나는 국회의원을 하는 동안 교육위원회에서 주로 활동했다. 내가 사이버대학 총장으로 일할 수 있었던 것은 나에게 더할 수 없는 귀중한 경험이었다. 내가 한성디지털대학교의 총장을 하고 있을 무렵 탈북 난민이 대량 발생하고 북한 인권 문제가 국내외적으로 크게 주목을 받게 되었다. 그러면서 나도 이에 대해 관심을 갖게 되었다. 북한 인권 국제회의나 세미나가 열리면 자주 참석하여 북한의 인권 상황에 관한 탈북자들의 증언을 듣고 북한 동포들이 얼마나 참혹한 상황에 놓여 있는지 인식하게 되었다. 사실 1990년대 중반 김영삼 대통령 시절에 당 총재 비서실장으로 청와대 수석비서관 회의에 참석하고 있을 때 반기문 외교안보 수석비서관이 북한의 심각한 식량난에 관해 종종 보고하는 것을 들은 일이 있어 북한의 상황에 대해 어느 정도 알고 있었지만, 그렇게 참혹한 줄은 몰랐다. 나는 탈북자 문제와 북한 인권 문제에 관심을 갖게 되면서, 젊은 날 한때 북한을 중심으로 통일해야 한다고 생각하고 '인민혁명당'에 가입했던 일이 새삼 부끄럽게 느껴졌다. 그리고 억압과 궁핍 속에서 고통을 겪고 있는 북한 동포들에 대해 미안하다는 생각이 들기도 했다. 그래서 이제 내가 해야 할 일은 늦었지만 탈북 동포들을 돕고 북한 인권과 북한 민주화를 위해 조그만 힘이나마 보태는 일이 아닐까 생각했다. 10여 년 전부터 '북한인권시민연합'의 고문으로 참여하기 시작하여, 지금은 '새로운 한국을 위한 국민운동' 산하 '통일준비운동본부' 공동대표, '자유통일문화원' 고문, '국민통일방송' 미디어 후원회원 등으로 북한 인권과 민주화를 위해 활동하는 단체들을 뒤에서 돕고 있다. '북한인권시민연합'에서는 '한겨레 계절학교' 교장으로서 방학 때마다 탈북 청소년들에게 국영수 등 기초과목 학습능력을 키워주기 위한 교육에 제일 큰 관심을 쏟고 있다.

현재 북한의 연이은 핵실험으로 우리는 중대한 도전에 직면해 있다. 유엔 안보리를 중심으로 국제사회가 북한에 대해 강력한 경제제재를 가하고 있으나, 여기에 북한이 굴복할는지는 알 수 없다. 중국은 경제제재와 함께 대화와 협상으로 북한 핵 문제를 해결하자고 주장하고 있으나, 대화와 협상으로 해결할 수 있을지 의문이다. 남북한은 1971년 '남북적십자회담'을 시작으로 45년간 대화를 해왔지만, 아무런 진전을 보지 못했다. 북한 핵 문제와 인권 문제를 해결하려면 종국적으로 자유통일 이외에는 방법이 없지 않을까. 요즈음 그런 생각이 점점 굳어져가고 있다.

나는 대학 시절부터 통일 문제에 관심이 많았기 때문에 1990년 10월 3일 독일이 통일될 때 베를린을 방문하여 일주일간 머물며 그 역사적 현장을 보고 온 일이 있다. 10월 3일 0시 제국의회 발코니에서 독일의 지도자들이 감격적인 기념연설을 하는 장면도 수만 명의 독일인 청중과 함께 지켜봤고, 오전에는 하원 의사당에서 양 독일 하원의원들이 합동회의를 갖고 통일을 결의하는 장면도 지켜봤다. 우리 국내에서는 독일 통일은 서독이 동독을 흡수 통일한 것이라고 말하는 사람들이 많지만, 독일 통일 과정을 구체적으로 면밀히 살펴보면, 독일 통일은 서독이 동독을 흡수 통일한 것이 아니라 동독이 서독에 합류한 합류 통일이다. 1989년 11월 베를린 장벽이 무너졌을 때 독일이 그렇게 빨리 통일될 줄은 아무도 몰랐다. 서독의 콜 총리는 독일이 통일되려면 10년 정도 기다려야 할 것 같다고 했고, 동독의 개혁정권도 단계적 통일을 생각하고 있었다. 예상을 뒤엎고 독일이 빨리 통일된 것은 동독 주민들이 조속한 통일을 강력히 요구했기 때문이었다. 라이프치히에서 30만 명, 드레스덴에서 20만 명, 동베를린에서는 1백만 명의 동독 주민들이 조속한 통일을 요구하는 대규모 데모를 했다. 독일 통일이 동독 주민의 요구로 조속히 이루어진 과정을 생각해 보면, 우리의 통일도 통일의 기회가 왔을 때 북한 동포들이 어떤 태도를 취하느냐가 제일 중요하다. 북한 동포들이 남쪽과의 통일을 반대하면 통일을 할 수 없다. 그런 만큼 우리는 북한 동포들의 마음을 얻기 위한 노력을 중시해야 한다. 그런 점에서 새로운 삶을 찾아 우리 남쪽에 와 있는 2만 8천여 명의 탈북민이 우리 사회에 잘 정착하여 행복한 삶을 살아갈 수 있도록 돕는 것이 무엇보다 중요하다. 탈북민이 남쪽에서 행복하게 살아가는 모습을 북한 동포들이 알아야 북한 동포들이 통일의 기회가 왔을 때 기꺼이 통일을 받아들일 것이다. 내가 '북한 인권시민연합'의 '한겨레 계절학교' 교장으로서 탈북 청소년 교육에 관심을 쏟고 있는 것도 탈북민의 정착을 돕기 위한 조그마한 일 중의 하나이다.

『철학과 현실』(2016년 여름)

박범진 미래정책연구소 이사장. 서울대학교 정치학과를 졸업했다. 조선일보 기자, 서울신문 논설위원, 14, 15대 국회의원, 한성디지털대학교 총장을 역임했다.

나의 ‘대안 찾기’ 여행

안 병 영

1. 지난 세월, 모든 게 공부거리인 것을

내 뇌리에 각인된 생애 첫 번째 기억이 바로 1945년 8월 15일 해방되던 날 서울 거리의 역동적인 모습이다. 1941년 9월생이니, 그때가 만으로 네 살 되기 얼마 전 일이다. 많은 사람들이 함성을 지르며 떼 지어 돈암동 전찻길 쪽으로 몰려가는 극적인 모습을 아직도 생생하게 기억한다. 파도처럼 밀려가는 사람들의 물결, 그리고 거기서 분출하는 환희와 열광의 도가니가 어린 나에게 꽤나 충격적으로 감지되었던 것 같다. 앞뒤 없이 그 장면만 오롯이 선명하게 남아 있다. 훗날 내가 엘리아스 카네티(Elias Canetti, 1905-1994)의 『군중과 권력』을 읽으면서 내 뇌리에 불현듯 떠오른 것이 바로 그날 군중의 모습이었다.

나는 내 생애 첫 기억이 해방된 그날이라는 사실에 얼마간 의미를 두고 싶다. 그래서 자각(自覺)의 차원에서 내가 진정한 ‘해방둥이’라고 늘 생각했다. 그때부터 내가 깨어난 의식 속에서 생각하며 세상을 살아왔기 때문이다. 아울러 내가 한글로 공부하고 한글로 글을 쓴 최초의 한글 세대였다는 점, 그리고 학교에서 교과서를 통해 민주주의를 익혔다는 점에도 크게 무게를 두고 싶다. 그 후 세월이 유수처럼 흘러 70여 년이 지났다.

돌이켜보면 지난 세월은 실로 격변의 연속이었다. 그동안 한국은 격세지감(隔世之感), 상전벽해(桑田碧海)라는 상투적 표현이 무색할 만큼 급변했다. 우리는 짧은 시간 안에 인류가 오랜 역사를 통해 경험한 온갖 영욕과 명암을 압축적으로 체험했다. 외세강점과 해방, 절대빈곤과 풍요, 권위주의와 민주주의, 향리문화와 글로벌리즘, 농경사회와 4차 산업혁명이라는 천지개벽의 연속을 당대에 골고루 거쳤다. 나 자신도 그 격동의 세월과 함께했다. 다섯 살 때 해방, 열 살 때 6·25 한국전쟁, 그리고 스무 살 때 4·19 혁명을 온몸으로 겪으며 청년기로 접어들었다. 이후 청장년기에는 한국 역사의 가장 역동적인 시간인 산업화와 민주화의 고단한 도정을 동행했고, 학계와 관계를 거쳐, 이제 인생의 황혼에 접어들어 강원도 고성의 외진 시골에 와서 '인생 3모작'을 실험하고 있다.

내 평생 직업이 학자, 그것도 사회현상을 공부하는 사회과학자라는 것을 고려하면, 시(時), 공(空)의 차원에서 한 생애에 이처럼 질풍노도와 같은 극적인 역사의 소용돌이를 체험하며, 거기서 발효하는 온갖 현상과 의미를 학습, 고뇌, 탐구할 수 있었던 것은 적어도 내 공부의 맥락에서 엄청난 축복이라고 생각한다. 그렇게 볼 때, 지난 70여 년의 세월은 엄청난 자극과 동기부여, 영감과 상상력, 숙고와 개안(開眼)의 원천이었다. 따지고 보면 고되고 신산(辛酸)한 세월이었지만, 그 삶이 여전히 내게는 최상의 공부거리였다. 그리고 이제 저만치 떨어진 국토의 변방에서, 그윽한 자연의 품속에서, 빈 마음으로 큰 세상을 내다보고 있다. 이 모든 것이 사회과학자로서 나에겐 넘치는 행운이다.

2. 학문의 길에 들어서다

나는 경기중고등학교를 나와 연세대학교 정치외교학과를 다녔다. 주위에선 수줍고 내성적인 내가 왜 딱히 그 전공을 택했는지 의아해하는 사람도 있었다. 그런데 돌이켜보면 나는 어려서부터 정치에 관심이 무척 많았다. 중학교 1학년부터 『동아일보』에 게재되었던 백광하의 명정치단평 「단상단하(壇上壇下)」에 빠져 밥은 걸러도 그 칼럼은 놓치지 않았던 기억이 남아 있다. 그러나 정치라는 영역은 내 뜨거운 관심의 대상이었을 뿐, 나 스스로 직접 정치를 해보겠다는 생각은 그때나 그 이후에나 추호도 없었다. 내가 원래 권력 추구나 승부사 기질과는 거리가 멀기 때문에 정치라는 거칠고 냉혹한 세계에 들어간다는 것은 상상조차 하지 않았다. 단지 일찍부터 정치가 우리의 삶에서 무척 중요한 영역이라는 것을 절감했고, 그것을 관찰하고 해석하고 예측하는 일이 무척 흥미롭고 재미있었다.

대학 2학년 때 4·19를, 그리고 이듬해에 5·16을 겪었다. 4·19 혁명의 소용돌이 속에서 한창 솟구쳤던 민주주의에 대한 기대와 열망이 5·16 군사 쿠데타로 순식간에 무너져 엄청난 좌절과 상실감에 휩싸였다. 그런 가운데 장준하와 함석헌의 『사상계』가 유일한 위안이자 희망의 폿대였다.

시대는 암울했지만 졸업이 가까워지면서 내가 앞으로 무엇을 할지 진지하게 생각하기 시작했다. 큰 방향은 쉽게 정해졌다. 내가 워낙 다른 재주가 없고 그나마 곧잘 하는 일이 글공부이니, 내가 할 일이 여기서 크게 벗어나서는 안 된다고 생각했다. 다음으로는 내가 돈을 벌고 사적 이익을 챙기는 일보다는 공공의 가치를 추구하는 일, 명분 있는 일을 좋아하니 사적 영역보다는 공적 영역에서 일하는 것이 바람직하다는 생각도 함께 했다. 그러면서 가능하면 내가 전공한 정치학이 쓰임새가 있는 일을 찾는 것이 좋겠다는 생각도 염두에 두었다.

그렇게 방향을 정하니 내가 갈 길은 학자, 언론인 그리고 공직자 세 갈래였다. 이 셋 어느 것도 내 적성에 맞는 듯싶었고, 내심 얼마간 잘할 것 같은 자신감도 있었다. 궁리 끝에 서울대학교 행정대학원에 진학했다. 일단 거기서 학업을 이어가면서 진로를 차분히 탐색해 보자는 심산이었다.

행정대학원에서 두 하기를 마칠 무렵, 나는 공부 쪽으로 내 길을 확정했다. 당시 서울대학교가 미국의 미네소타대학교와 협약을 맺어 그 대학으로부터 도서 지원을 받았는데, 신간 사회과학 도서들이 대부분 행정대학원으로 왔다. 그런데 나는 당시 도서관장을 맡으셨던 안해균 교수님의 조교로 일을 하고 있었기 때문에 새로 들어오는 정치학, 행정학, 사회학 등의 최신 서적들을 매우 일찍, 그리고 손쉽게 접할 수 있었다. 그래서 난생처음 교육과정과 관계없이 나 스스로 공부거리를 탐색하고 학습하는 방식을 터득해 나갔다. 미국에서 갓 출간된 새 책을 첫 번째로 대출받아 밤새워 읽으면서 느꼈던 희열과 지적 충만감은 아직도 잊을 수가 없다. 그러면서 멀고 힘이 들더라도 이 길을 가야겠다고 다짐했다.

나는 사람이 일생의 직업을 선택할 때 세 가지 조건, 즉 자신이 '특히 잘하는 일', '제일 좋아하는 일', 그리고 '가장 보람 있게 생각하는 일'이 함께 맞아떨어질 때가 가장 바람직한 경우라고 생각한다. 그런 맥락에서 볼 때, 내게 학자 내지 교수라는 직업은 바로 그런 일자리다. 그러니 나는 분명 행복한 사람이다.

3. 오스트리아에 유학가다

아직까지도 내가 가장 자주 받는 질문 중 하나가 왜 미국으로 유학을 가지 않고 유럽으로 유학을 갔느냐, 또 유럽 중에서도 독일이나 프랑스 같은 큰 나라가 아니고 동구 가까이에 있는 변방의 작은 나라 오스트리아로 유학을 갔느냐는 질문이다.

내가 유학을 가던 1960년대에 우리에게 미국은 '외국'의 동의어였다. 따라서 외국 유학 하면 누구나 당연히 미국 유학을 연상했다. 그런데 미국 유학은 내게 처음부터 그리 매력적이지 않았다. 모두가 대세라고 여기며 우르르 몰려가는데, 내가 무턱대고 따라가야 할 이유가 없다는 생각이 내 마음 한구석에 자리 잡고 있었다. 미국은 모든 문물에서 월등한 최강국가라고 하지만, 역사와 학문적, 지적 전통이 일천(日淺)하고, 이념적으로 지나치게 자유주의에 편향되어 있으며, 제도 실험의 경험이나 정책 사례의 다양성도 떨어지기에 자연과학도라면 몰라도 사회과학을 공부하는 사람이 굳이 그곳으로 유학을 가야 할 필요는 없다는 생각을 갖고 있었다. 그래서 유럽 유학을 선호했다. 그러던 중 오스트리아에서 가톨릭 계통의 장학생을 선발한다는 소식을 들었다. 우선 시험과목이 독일어와 서양사였는데, 독일어는 고등학교 이후 손에서 떼지 않았고, 서양사는 워낙 어려서부터 즐겨 탐구하던 취미 과목이라 내게 안성맞춤이었다.

무엇보다 오스트리아라는 나라가 내 마음을 크게 흔들어놓았다. 나는 일찍부터 '세기말(世紀末) 빈(Wien)'의 예술과 문화에 크게 매혹되어 있었다. 또 이 나라는 비록 제1차 세계대전 이후 대제국에서 알프스 산간의 소국으로 전락했지만, 나치의 먹구름이 몰려오기 시작한 1930년대 중반까지 의학과 자연과학뿐만 아니라, 심리학과 정신분석학, 논리학과 철학, 경제학과 법학 등 중요 학문 분야마다 고유한 학파를 형성하며 지성문화에서 세계적으로 앞서가던 나라가 아닌가. 특히 내겐 프로이트, 후설, 비트켄슈타인, 노이라트, 슘페터, 켈젠, 포퍼 등 20세기 인문사회과학 분야의 가장 독창적인 이론가들의 찬란한 아이디어가 같은 시기에 빈이라는 한 도시에서 싹트고 영글었다는 것이 실로 풀기 어려운 수수께끼였다. 그래서 나는 르네상스 시대 피렌체에 비견되는 지성의 도시 빈에 가면, 분명 내게 엄청난 학문적 영감을 자극할 수 있는 신비의 샘이 있을 것만 같았다.

또 하나, 오스트리아가 당시 나를 사상적으로 크게 자극했던 것은 동서 냉전의 소용돌이 속에서 이 나라가 기적처럼 성취한 '중립화 통일'이었다. 냉전의 핵(核)지대로 4대 연합국에 의해 나뉘어 점령되었던 이 나라가 10년간의 끈질긴 정치 협상에 의해 중립화 통일을 이룩했다는 사실은 실로 냉전시대에 기록된 가장 반(反)냉전적인 레전드였다. 그래서 그곳에 가면, 마치 천형(天刑)처럼 나를 옥죄는 냉전의식에서 벗어나 보다 자유로운 영혼으로 세상을 내다보고 무언가 통일을 향한 새로운 해결책이 섬광처럼 찾아올 것 같은 상념에 사로잡혔다. 그것이 한 줄기 빛처럼 나를 고무하고 설레게 했다.

나는 대학원에서 공부했던 실용학문인 행정학보다는 정치사상과 같은 철학 공부를 하고 싶었다. 또 그것이 유럽 학문의 진수가 아닐까 하는 생각을 했다. 그동안 기능과 실천에 역점을 두는 실용학문에 매진했기 때문에, 이제 보다 본질적인 것, 특히 심오한 이론에 대한 갈증이 무척 컸다. 이 점도 내가 유럽을 선택한 중요 요인이었다. 그러나 이 꿈은 공부하는 과정에서 뜻대로 실현되지 않았다.

오스트리아 유학을 간다니 모두가 의아해했다. "아니, 음악이라면 모를까…", "미국 세상인데, 그곳에 다녀와서 어쩌려고…"가 전형적인 반응이었다. 그러나 나는 전혀 흔들리지 않았다. 미국 학문은 이미 학부와 대학원에서 그런대로 제법 익혔으니, 이제 구대륙 유럽에 가서 고전을 접하고 오랜 역사 속에서 온갖 풍상을 다 겪은 숙성한 정신세계와 마주하고 싶다는 기대와 열망에 크게 부풀어 있었다. 마치 신대륙을 향해 먼 뱃길에 나서는 항해사의 옹골찬 결의 같은 것이 내 내면에서 꿈틀거리고 있었다. 그래서 그곳에 가면 내 학문과 인생을 흔들어놓을 창조적 영감이 샘솟고, 새로운 인식의 지평이 열릴 것이라는 환상에 사로잡혀 있었다. 그러면서 분명히 나의 이러한 외로운 결단이 언젠가 내 학문과 삶의 양식에 긍정적 보상을 할 것이라는 확신이 있었다.

1965년 10월 4일 나는 마침내 유학길에 올랐다. 3대 독자 외아들이 연세든 조부모와 부모님을 뒤로하고 떠나는 발걸음은 무척이나 무거웠다. 후에 내 아내가 된 동갑내기 여자 친구에게 공부를 빨리 끝내고 오겠다는 빈말을 남겼으나, 당시의 상황으로 보아 두 사람의 인연이 다시 이어지기는 하늘의 별 따기 같은 일이었다. 떠나기 전날 저녁, 혜화동 로터리에서 그녀와 작별했다. 소슬한 가을바람이 옷깃을 여미게 하는데, 김포공항으로 가는 길가에 하늘하늘 피어 있는 코스모스가 나를 더욱 처연하게 만들었다. 그 후유증인가? 나는 아직도 10월 초 찬바람이 불어오면 예외 없이 슬픈 감정이 솟구쳐 가슴이 시려온다. 이 모진 '가을앓이'는 아마도 평생을 함께할 것 같다.

내가 유학했던 1960년대 후반의 유럽은 산업사회가 절정에 이르고, 지속적 경제성장과 복지국가의 확장, 계급 간 연대 형성 등을 바탕으로 이른바 '복지자본주의'가 안정적으로 제도화되던 시기이다. 아직도 많은 이가 자주 추억하는 '굿 올드 데이즈'였다. 전후 궁핍과 혼란 속에서 심신이 크게 위축되었던 나에게 모든 게 경이롭고 귀중한 학습 자료였다. 그런 가운데, 나는 1968년 4월 '프라하의 봄'과 5월 '68혁명'(파리 '5월 혁명')을 가까이서 경험했다. 두 사건 모두 충격적이었고, 산 공부였다. 전자는 동구 공산주의 체제에서의 자유화 운동의 촉발제였고, 후자는 서구 자본주의 체제의 변혁을 촉구하는 역사적 드라마였다. 전자는 공산주의 체제가 이미 역사적으로 한계에 이르렀음을 웅변으로 증명했다. 나는 그때의 충격을 바탕으로 훗날에 출간한 『현대 공산주의 연구』(한길사, 1982)의 구상을 시작했다. 그런가 하면, 후자는 비록 혁명 자체는 실패했지만 사회문화적 맥락에서 볼 때, 그간 서구를 지배하던 기성 권위 구조, 애국주의, 종교 등 보수적 가치의 축을 평등, 성해방, 인권, 공동체주의, 생태주의 등의 진보적 가치 쪽으로 크게 바꿔놓았다. 실로 놀라운 변화였다.

나는 유럽에서 공부하는 동안 공식적 교육과정 못지않게 그곳, 그리고 그 시대의 역사와 철학, 문화와 생활양식, 그리고 그들의 세계관을 익히는 데 주력했다. 그러면서 비교론적 입장에서 버릇처럼 유럽을 대서양 건너의 미국 및 내 나라 한국과 견주어보면서 많은 것을 사색하고, 학습하며, 고뇌했다. 나는 아직도 내 청년기 5년간의 유학생활이 나의 사유의 틀과 관점, 그리고 갖가지 대안 찾기 방식에서 크게 자리하고 있다는 사실에 스스로 놀랄 때가 많다. 내가 지난 2013년에 출간한 『왜 오스트리아 모델인가』(문학과지성사)가 바로 그때 오스트리아에서 싹튼 문제의식을 반세기 가까이 숙성시킨 결실이다.

유학을 갈 때는 홀몸이었는데, 귀국 길에는 네 식구가 되었다. 그곳에서 결혼해서 남매를 낳았다. 내 생애에 더할 수 없이 값진 선물인 그 아이들이 벌써 50 고개를 넘고 있다.

오스트리아 유학 후 나는 일정한 간격을 두고 독일, 미국 그리고 캐나다에서 각각 1년씩 연구의 기회를 더 가졌다. 그때마다 나는 내 경험세계의 확장을 통해 내 학문적 지평을 넓혀보려고 애를 썼다.

4. 학자로 산 반세기

내가 시간강사로 처음 대학 강단에 선 것은 1965년 이른 봄이었다. 이후 1971년 초 유학에서 돌아와 1년간의 강사생활을 거쳐 한국외국어대학교 행정학과에서 3년 반(1972년 3월-1975년 8월), 그리고 연세대학교 행정학과에서 32년(1975년 9월-2007년 2월) 동안 교단에 섰다. 정년 후 12년이 다가오지만, 나는 아직도 현역 학자라고 자부한다. 그동안 나는 가르침을 통해 수많은 제자들을 키우는 큰 기쁨을 누렸다.

나는 학자, 특히 사회과학자에게는 그의 생활철학이 어쩔 수 없이 자신의 공부 속에 녹아 있다고 믿는다. 따라서 그 사람의 기본 사유체계를 알면 그가 무엇을 어떻게 공부해 왔는가를 알 수 있다고 생각한다. 그런 맥락에서 내가 그간 격동의 세월 속에서 반세기 이상 학자로 살면서 중시했던 철학과 가치는 무엇인지 돌아보면, 대체로 아래와 같이 집약되지 않을까 한다.

(1) 자유와 평등의 변증법

나는 늘 스스로 이념적으로 '중도개혁자'라고 자처했다. 그러면서 자유나 평등이라는 큰 가치 중 어느 쪽에 극단적으로 몰입되기보다는 양자를 변증법적으로 지양(止揚)하는 것이 바람직하다는 입장을 지녔다. 나는 특히 우리 사회의 이념 과잉을 우려했다. 이념적 양극화가 심화되면, 정치는 교조화(敎條化)되고, 정치사회나 지식인의 담론 구조도 이념의 소용돌이에 빠져 격돌만을 일삼게 된다. 이렇게 되면 실사구시를 추구하는 정책 생산에는 소홀히 하게 되고, 민생정치와는 등을 돌리게 된다. 따라서 나는 급진적 변혁보다는 점진적 개혁을 지지했고, 이념적 대결보다는 합의와 상생을 추구했다. 그런 관점에서 나는 경제성장과 사회복지는 선순환이 가능하며, 교육에서도 수월성과 형평성의 균형과 조화가 이루어져야 한다는 주장을 해왔다.

나는 체제 안에 있어도 스스로 핵심이 아닌 주변에 터를 정하고, 늘 대안을 모색하며 비판적 지성으로 남아 있기를 원했다. 말하자면, 'unattached within'의 입장이었다. 그래서 자주 중도주의자의 고독을 반추하며 시대의 도도한 흐름과는 얼마간 다른 소리를 해왔다.

(2) 자아준거성(自我準據性)

사회과학은 그 사회의 문화와 토양을 반영하는 학문 영역이다. 따라서 사회과학자들은 그 사회의 시대적 소명과 필요를 바르게 인식하고 그에 슬기롭게 대응해야 한다고 믿는다. 그런 맥락에서 나는 한국의 여러 사회과학자들이 이 땅에서 내 것이 아닌 '미국 학문'을 하면서 자신이 학문적으로 '첨단', '선구'에 있다고 자부하는 게 못마땅했다. 그래서 기회 있을 때마다 사회과학의 자아준거성을 강조하며, 한국사회가 목마르게 필요로 하는 분야와 과제가 무엇인가를 발굴하는 데 힘썼고, 그들 주제에 대해 개척적 연구에 주력했다. 권위주의, 발전주의 국가에 의해 산업화가 주도되고 성장 담론이 지배하던 1970년대부터 한국사회의 분배와 복지문제의 중요성을 인식하고 복지국가 이론과 복지행정 분야에 선구적 연구를 한 것이나, 시대에 앞서 북한 연구 및 공산주의 체제 비교 연구를 개척한 일, 한국 행정학의 한국적 맥락을 강조하며 한국 행정의 체계적 연구와 이론화에 앞장선 일, 이후 이어진 조직 내 민주주의와 탈(脫)관료제 연구 시리즈, 그리고 장관 재직 때부터 시작한 교육복지에 대한 선구적 연구 등이 그것이다.

(3) 학문 간 벽 허물기

우리가 사는 사회에서는 실제로 모든 게 한데 얽혀 서로 영향을 주고받으며 돌아가는데, 학문이 분야마다 자기 필요에 따라 전공이라는 이름으로 세상을 나누고 칸막이까지 했다. 그래서 나는 전공이나 학과의 벽을 넘어 학자생활을 해온 편이다. 따라서 나는 행정학자이며, 정치학자이고, 사회학이나 정치경제학도 남의 영역이라고 느껴보지 않았다. 역사와 철학도 늘 함께했다. 그래서 그때그때 내가 몰입했던 분야도 다양하고, 나름 꽤나 넓었다고 생각한다. 그러다 보니 학문적으로 한 우물만 깊게 파는 경우에 비해 힘겹고, 에너지 손실도 컸다. 그러나 일찍부터 시작한 이러한 '융합'과 '통섭' 연구 방식은 내게 학문하는 재미와 희열 그리고 의미를 배가시켰다.

(4) 이론과 실천의 접목

나는 학문을 하면서 이론과 실천을 의미 있게 엮는 데 관심을 많이 쏟았다. 특히 순수학문의 성격이 짙은 정치학과 실천과 실용에 역점을 두는 행정학을 슬기롭게 접목시키려고 애썼다. 이렇게 노력하는 과정에서, 나는 내가 보다 역동적이며 살아 있는 학문을 하고 있다는 자의식과 이러한 연구가 우리 생활세계를 개선할 수 있다는 자부심을 느낄 수 있었다. 또 이러한 연구 자세가 내 의식을 항상 깨어 있게 했다. 내심 주저하면서도 두 번 장관직을 맡았던 것도 바로 이런 일련의 이론과 실천을 접목하려는 욕구와 무관하지 않았다. 이 논점은 아래에서 재론한다.

(5) 권력과 돈, 연고와 거리두기

나는 권력과 돈, 그리고 연고와 거리를 두려고 나름대로 노력을 해왔다. 두 번이나 장관을 지낸 사람이 권력과 거리를 두었다니 이해가 안 된다고 할지 모르나, 내 평생 현실정치의 자장(磁場) 근처에서 맴돌아본 적은 한 번도 없었다. 또 정부와 정책을 연구하는 학자이지만, 정부 용역을 극력 피했고, 특히 권위주의 시대에는 더욱 그랬다. 아울러 학연, 지연, 혈연 등 연고주의 네트워크가 우리 사회를 멍들게 하는 주범이라고 여겨, 이러한 음습한 사회관계의 늪에서 스스로를 멀리하려고 노력했다.

아울러 이(利), 불리(不利)를 따지기보다 의(義)와 불의(不義)를 가리려고 애썼다. 검약과 절제를 생활의 모토로 하면서, 가능한 한 내 말/글과 행위/삶의 양식 간의 괴리를 줄여보려고 노력했다.

5. 이론과 실천 사이에서

나는 행정학과에 둥지를 틀고 평생 행정학과 교수로 재직했지만, 연구 내용으로 따지면 '정치학 바탕의 행정학' 내지 '행정학과 함께하는 정치학'을 했다고 볼 수 있다. 말하자면, 정치학과 행정학의 경계를 넘나들며, 많은 경우 양자를 연계융합, 통섭하는 식의 공부였다. 그러면서 내가 고집스럽게 정치학이나 행정학 어느 한쪽을 고수하려고 필요 이상으로 애쓰지 않은 걸 잘했다고 생각한다.

정치학은 보다 본질학문에 가깝고 이론적 성격이 강하다. 반면 행정학은 실용학문의 속성이 뚜렷하며 실천적 측면이 두드러진다. 그러나 정치학과 행정학은 학문체계상 분류일 뿐이시, 살아 있는 정치와 행정의 세계는 서로 이어지며, 상호 교호하고 보완한다. 따라서 행정을 외면한 정치나, 정치와 무관한 행정은 생각하기 어렵다. 학문의 세계에서도 정치학과 행정학의 통섭은 당연하다. 그러나 어느 쪽으로 치중하느냐에 따라 이론과 실천 사이를 오가게 된다. 나는 이론에 크게 기울어지면 실천 쪽이 허전하고, 실천에 역점을 두면 이론 쪽이 아쉬워서 평생 양쪽을 바쁘게 오갔다. 그러다 보니 이 나이가 되었다.

1970-80년대 엄혹한 권위주의 시대를 거치면서, 많은 행정학자가 행정학을 '관리기술학'으로 협의로 정의하고, 그곳에 도피하면서 정치세계와는 무관하게 행정의 능률문제에 집중했다. 그러나 나는 이러한 연구 방식은 행정학을 권위주의 정치의 시녀로 만드는 것임을 역설했고, 시종일관 정치적 민주주의 없이는 민주행정, 공정행정, 좋은 행정은 있을 수 없다는 입장을 강력히 피력했다. 아울러 우리 사회의 민주화를 위해 특히 1970년대 말부터 1980년대에 걸쳐 언론매체에 체제 비판적 정치평론을 100편 가까이 쓰면서, 민주화를 위한 교수 서명에 앞장섰다. 이렇듯 시대와 함께하는 실천적 지성으로 살아보려고 애썼다. 그러나 체제변혁운동이나 현실정치의 세계와는 가까이하지 않았다.

6. 두 번 국정에 참여하다

나는 체제 민주화가 이룩된 이후, 마치 운명처럼 김영삼 정부와 노무현 정부에서 교육부 수장으로 두 번(1995년 12월-1997년 8월, 2003년 12월-2005년 1월) 국정에 참여하게 되었다.

장관은 정치와 행정이 만나는 접점에 자리하고 있어, 대통령/청와대, 국회, 정당, 언론, 시민사회와 밀접하게 상호작용하면서 정책 결정과 집행, 그리고 부처 관리의 책임을 두루 수행하는 막중한 역할을 수행한다. 백면서생인 나는 나랏일에 관여하면서 실로 필설로 다 할 수 없는 어려움을 겪었다. 그러나 그동안 이론으로 배운 것을 실천의 장에서 실험, 검증하는 값진 기회를 얻을 수 있었다. 장관이라는 직책은 나라에 봉사할 수 있는 매우 중요한 '일'자리이자, 동시에 행정학자로서 쉽게 접하기 어려운 절호의 '공부' 기회였다. 두 번, 그것도 보수 정부와 진보 정부에서 장관직을 고루 수행하면서, 나는 책이나 이론으로 익힐 수 없었던 '살아 있는' 공부를 넘치도록 할 수 있었다. 학자의 국정 참여에 대해서, 나는 그것이 권력 추구나 자리 욕심 때문이 아니라, 나라 사랑과 국정 기여의 열망, 그리고 학문적 탐구욕에서 비롯된다면 긍정적으로 볼 수 있다고 본다. 그러나 분명한 것은 공적 책임을 수행하는 과정에서 권력에 예종(隷從)하는 대신 학자적 양심과 자존을 잃지 말아야 하며, 자리에서 물러난 후 공직에서 배우고 익힌 것을 충분히 학문세계에 환류(還流)해서 공직에 참여한 학자로서의 의무와 책임을 다해야 한다고 생각한다. 나는 두 번의 장관직 체험을 바탕으로 2015년에 『5·31 교육개혁 그리고 20년』(공저, 다산출판사)을 펴냈다.

2004년 가을 내가 참여정부에서 부총리 겸 교육인적자원부장관으로 재직할 때 이야기이다. 교육부 출입기자들과 기자회견을 끝낼 즈음이었다. 어떤 기자가 내게 물었다.

"장관님, 제가 보기에 장관님은 '노무현 코드'는 아니신 것 같은데, 그럼 어떤 코드십니까?'

나는 곧장 서슴없이 대답했다.

"저는 국민 코드입니다."

그러자 "와" 하고 웃음이 터졌다. 그들은 내가 그냥 농담하는 것으로 느낀 듯했다. 그런데 다음 순간 내 진지한 낯빛을 보고 그들의 웃음기는 빠르게 걷혔다. 나는 다시 힘주어 말했다.

"저는 국민 코드입니다."

예상했던 질문도 아니었고, 준비했던 대답도 아니었다. 그런데 대답을 하면서 이게 정답이라고 생각했다.

나는 두 번의 교육부 수장을 지내는 동안, 나를 임명한 두 대통령과는 아무런 정치적 연분이 없었기에 얼마간 운신이 자유롭다는 이점이 있었으나, 대신 청와대나 당, 정, 그 어디에도 마땅히 터놓고 의논할 상대나 나를 지지해 줄 세력이 없었다. 그러다 보니 중요한 결정을 앞두고 마치 홀로 백척간두(百尺竿頭)에 서 있는 것처럼 외롭고 힘든 경우가 많았다. 1997년 3월 '초등영어'를 도입할 때, 2004년 4월 'EBS 인터넷'을 출범할 때, 같은 해 봄 '교원평가'를 처음 공표할 때, 그해 10월 말 '2008년도 입시개혁안'을 발표할 때 등과 같은 중대한 발표나 시행을 앞두고 그 전날 밤은 예외 없이 하얗게 지새웠다. 역사의 하중(荷重)에 눌려 한숨도 못 자고 밤새 뒤척이던 기억이 아직도 새롭다. 그런 가운데, 나는 장관 퇴임 후 '깨끗하게' 그리고 '떳떳하게' 대학으로 복귀해야 한다는 목표 외에 정치적으로 아무런 다른 욕심이 없었다.

이러한 상황에서 나는 내 갈 길을 분명하게 정했다. '좌고우면(左顧右眄)'하지 말고 '국리민복(國利民福)'만을 염두에 두고 나라의 미래만을 고민하자, 그리고 '일'로 승부하자는 결의가 그것이었다. 무엇보다 나라의 백년대계를 생각해야 하는 교육이라는 영역은 적어도 당리당략이나 이념적, 정치적 고려에서 벗어나야 한다는 것이 내 기본적 입장이었다. 그런데 실제로 이러한 결심을 실천하기는 상황이 그리 녹록지 않았다. 주요한 정책 결정에는 늘 크고 작은 정치적 이해관계가 얽혀 있기 때문에 당, 정, 특히 청와대와의 정책 조정 과정에서 자주 어려움을 겪었다. 그러나 나는 그 난관을 극복하는 것이 내 책무이자 운명이겠거니 생각했다.

내가 이해하는 '국민 코드'는 한마디로 '국리민복(國利民福)'의 관점이다. 여기에는 당연히 한국의 미래에 대한 고뇌가 함께 담겨 있다. 이 맥락에서 볼 때, 나는 무릇 한 나라의 교육정책의 거시적 틀은 경쟁력 강화에 역점을 두는 '수월성'과 교육기회의 평등을 중시하는 '형평성'을 슬기롭게 조합한 중도 지향의 정책 혼합(policy mix)이 되어야 한다고 생각했다. 그런데 이념적 성향으로 볼 때, 김영삼 정부는 수월성 쪽에, 그리고 노무현 정부는 형평성 쪽에 과도하게 치우칠 개연성이 컸다. 나는 색깔이 다른 두 정부에서 장관으로 재직하면서 이 문제를 크게 고심했다.

나는 교육의 중심을 잡기 위해 내심 아래와 같은 원칙을 세웠다.

첫 번째는 정권의 수명을 넘어 지속 가능한 정책 및 사업을 우선적으로 추진하자는 것이었다. 그래서 마치 굳건한 주춧돌처럼 교육의 근본을 바르고 튼튼하게 만드는 백년대계 지향의 인프라가 구축된다면, 이념적 성향이 다른 새 정권이 들어서도 감히 그것에 손대지 못할 것이 아닌가 생각했다.

두 번째는 교육정책의 거시적 틀이 수월성과 형평성 중 어느 한쪽에 기우는 경우, 다른 쪽을 적절히 보완하여 전체적 균형을 잡자는 것이었다.

세 번째는 절실히 필요한 정책임에도 이념적, 정치적 이유로 추진이 미뤄지는 경우, 그것을 찾아 과감히 밀고 나가자는 것이다.

네 번째는 정권이 지나치게 이념적으로 편향된 정책을 밀어붙이려는 경우, 사표를 걸고서라도 이를 단호히 거부하자는 것이었다.

1995년 5월 31일, 김영삼 정부의 대통령 자문기관인 '교육개혁위원회'는 '5 · 31 교육개혁안'을 내놓았다. 이 방안은 획일적이고, 규제 위주, 그리고 공급자 위주의 한국 교육의 기존 패러다임을 세계화, 민주화, 정보화 등 문명사적 변화에 맞춰 근본적으로 혁신하는 야심찬 역사적 작업이었다. 이 개혁안의 창안에는 김영삼 대통령의 교육개혁 의지와 두 사람의 발군의 경세가(經世家) 이명현(교육개혁위원회 상임위원)과 박세일(청와대 수석)의 기여가 결정적이었다. 1995년 말, 한발 늦게 장관이 된 나는 이들 개혁안을 정책으로 다듬어 집행하는 책임을 맡았다. 수많은 정책사업 중 내가 가장 역점을 두었던 것은 교육정보화 사업과 학교운영위원회 및 초등영어 도입이었다. 교단 선진화 사업 및 '에듀넷(Edunet)'(1996)을 시발점으로 하는 다양한 교육정보화 사업은 이후 한국 교육현장을 폭발적으로 변화시켜, 오늘날 한국을 e-러닝 세계 선도국가로 이끌었다. 아울러 학교운영위원회 제도도 학교 민주화의 촉매제가 되었고, 초등영어도 안정적으로 정착했다. '5 · 31 교육개혁'의 패러다임은 20년이 지난 아직까지 한국 교육의 근간을 형성하고 있다.

5 · 31 교육개혁안은 그 수많은 장점에도 불구하고, 세계화와 신자유주의라는 당시의 시대적 기류의 영향 아래 얼마간 형평성에 비해 수월성에 치우쳐 있었다. 나는 전체적 균형과 조화를 위해 형평성 차원의 정책 보완이 필요하다고 보고, '교육복지'라는 블루오션을 찾아 나섰다. 고심 끝에 우리나라 최초의 '교육복지종합대책'(1996)을 수립했다. 위의 대책 중 '중도탈락자 대책'은 '내안학교 설립 및 운영지원대책'(1997)으로 발전하면서, 대안학교가 제도권으로 들어오는 계기가 마련되었다. 이러한 노력의 연장선 속에서 2004년 탈북 새터민 자제들을 위해 '한겨레 학교'의 창설을 주도했다. 그 일을 하며, 나는 우리 사회에서 가장 소외된 아이들을 도울 수 있다는 사실에 스스로 벅찬 감동을 느꼈다. EBS 수능

방송의 도입(1997)과 인터넷 서비스로의 전환(2004) 또한 교육 소외 지역의 학생들에 대한 정책적 배려라는 관점에서 내가 설계한 교육복지 프로그램의 핵심이었다.

반면, 노무현 참여정부는 수월성보다 형평성에 관심이 컸다. 따라서 거시적 정책 지형에서 볼 때, 수월성 교육의 결손이 우려되었다. 그래서 나는 전체적 균형과 조화를 위해 세심한 노력을 경주했다. 나는 우선 정권의 가치지향과 궤를 같이하는 교육복지 프로그램을 크게 강화했다.

다른 한편, 나는 2004년 2월 초, 당, 정, 청은 물론 교육부 고위 간부와도 아무런 사전 조율 없이 그간 금기시되었던 '교원평가' 시행 의지를 전격적으로 표명했다. 우리나라 교원의 질을 획기적으로 발전시켜 교육 쇄신을 이루기 위해 교원평가를 더 미룰 수 없다고 생각했기 때문이다. 예상대로 후폭풍은 대단했다. 전교조의 저항이 치열했고, 대통령도 우려의 뜻을 비쳤다. 그러나 나는 강력 추진 의사를 전혀 굽히지 않았다. 교원평가를 교원양성체제 및 교원연수체제 개혁과 유기적으로 연계하여 총체적인 '교원개혁'을 추진할 것을 천명하였다. 2005년 1월, 교원평가에 대한 정책연구가 크게 진척되어 그 윤곽이 드러날 즈음, 나는 부총리직에서 물러나게 되었다. 이후 교원평가 논의는 한동안 동면기로 접어든다.

2004년 12월 말, 참여정부의 이념적 지향과는 거리가 있는 '수월성 교육 활성화 방안'을 발표했다. 청와대 및 당, 정과 정책협의를 거치면 차질이 생길까 우려해 그 과정을 생략하고 보고 형식만 갖춘 후 전격적으로 발표하는 길을 택했다. 그 주된 내용은 자질이 뛰어난 학생을 일찍 선발하여 그들에게 '맞춤식 개별화 교육'을 하자는 전형적인 수월성 강화 프로그램이었다. 나는 이 방안을 발표하면서, 이는 형평성 지향의 평준화 교육을 깨는 것이 아니라, 그를 적절히 보완하는 것이며, 형평성과 수월성의 새로운 균형을 추구하는 것임을 크게 강조했다.

노무현 정부의 대통령 자문기구인 교육혁신위원회는 민중주의적/평등주의적 성향이 강했다. 한때 '국립대학 공동선발제'와 같은 혁명적 제안을 구상하였고, '수능 5등급'이라는 극단적 접근을 시도하는 등 시종 지나치게 편향된 이념적 성향을 드러냈다. 교육부와 교육혁신위 간에 팽팽한 긴장이 계속되던 가운데, 양자의 갈등은 '2008학년도 대입 개선안'을 둘러싸고 극적으로 분출했다. 오랜 논란 끝에 수능 9등급화에 합의했으나, 청와대, 혁신위, 여당은 1등급 7퍼센트 안에서 물러서지 않았다. 내가 볼 때, 7퍼센트는 아무런 타당 근거를 내세울 수 없는 이념적 잣대에 의한 정치적 비율이었다. 정규분포(正規分布)를 상정하면 1등급은 당연히 4퍼센트가 되어야 하며, 그래야 최소한의 변별력을 확보할 수 있었다. 나는 사표 제출이라는 배수진을 치고 이에 맞섰다. 우여곡절 끝에 교육부가 설정했던 마지노선인 1등급 4퍼센트 안을 관철했다. 그런데 문제는 여기서 그치지 않았다. 이처럼 어렵게 빛을 본 이 개선안은 2007년 말 겨우 한 번 시행된 후, 새로 출범한 이명박 정부의 인수위원회에 의해 아무런 공론화 과정 없이 일방적으로 폐기되었다. 진보정권이 마련한 개혁 방안에 대한 소아병적인 반감에서 비롯된 것이었다. 화가 나고 안타까웠으나 별 도리가 없었다.

두 번의 장관직을 수행하는 동안 이처럼 정권의 이념이나 정책 성향이 내가 추구하는 '국민 코드'와 어긋날 때가 적지 않았다. 그때마다 아무런 정치적 후원 세력이 없는 나는 늘 단기(單騎)로 외롭게 난관을 돌파해야 했기 때문에 많은 어려움을 겪었고, 크게 고뇌를 할 수밖에 없었다. 그런데 이와 연관하여 아직까지 신심으로 고맙게 생각하는 것은 교육부 직원들이 고비 고비마다 어김없이 내 뒤에 서주었다는 점이다. 그들의 전폭적 신뢰와 지지에 대한 확신이 없었다면 내가 어찌 감히 '국민 코드'를 표방할 수 있었겠는가.

7. 인생 삼모작을 시험하며

　나는 10여 년 전부터 '인생 삼모작'을 주창해 왔다. 첫 번 일터에서 한 30년가량 열심히 일하고, 50대 중반에 이르면 진즉부터 정말 하고 싶었던 일, 혹은 진정으로 보람되게 생각하는 일에 65-70세까지 정진한다. 말하자면, '경성(硬性)의 일'에서 '연성(軟性)의 일'로 옮겨가는 것이다. 그리고 세 번째는 못자리를 아예 시골로 옮겨 '자연회귀', '자아 찾기'로 여생을 보내는 것이 어떠냐는 내용이다. 어른이 된 이후의 생애주기를 '생계 위주'로부터 점차 '가치지향/의미지향'으로 옮겨보자는 얘기도 된다. 그러나 이는 '원형' 모형일 뿐, 실제로 사람과 일, 상황에 따라 매우 다양하게 변용될 수 있을 것이다.

　'학자는 평생직업', '학자에게는 정년이 없다'라는 점을 생각하면, 학인(學人)의 경우 직업을 바꾸는 식의 못자리 변경 대신에 공부의 내용과 접근방식을 바꾸는 것이 하나의 해법이 될 수 있다. 인문사회과학자의 경우, 중년을 넘어서부터 학문의 경계를 넘어 인접 학문과 폭넓게 통섭하면서, 미시에서 거시로, 실증 분석에서 질적 연구로, 기능주의에서 본질 추구로의 전이를 이룬다면, 그것이 학문세계에서의 두 번째 못자리 이동이라고 본다. 그 과정을 통하여 사유의 세계를 '보다 넓게, 깊게, 그리고 유연하게' 가꾸면서, 보다 높은 경지의 지적 통찰력과 영감을 추구하는 세 번째 못자리를 준비하자는 것이다.

　나는 인문사회과학자에게 60-75세가 학문 연구의 절정기, 전성기라고 생각한다. 바로 그 연령대가 갖가지 공적 의무에서 벗어나 자유로운 영혼으로 그간 축적한 학문적 역량과 다양한 삶의 체험을 바탕으로 자신의 내면의 소리를 담아 글을 쓸 수 있는 최적의 시기가 아닐까 한다. 큰 학자들의 대작들이 노년기에 나오는 경우가 많은 것도 이 때문이다. 그런데 자연은 지적 영감과 통찰력, 그리고 삶의 활력을 선사하는 최상의 화수분이므로 인생설계의 세 번째 못자리를 시골로 옮기는 데는 충분한 이유가 있다고 하겠다.

나는 젊은 시절부터 언젠가 노후에 시골에 가서 '다른 삶'을 살아보겠다는 꿈을 갖고 있었다. 가능하면 서울서 멀리 떨어진 변방, 주변부로 가서 한가로이 중심부를 바라보자는 심산이었다. 그래서 정년하자마자 이곳 속초, 고성으로 내려온 지 12년이 되었다. 처음 1년 여 동안 소도시 속초에 살다가, 좀 더 위쪽의 고성군 토성면 원암리로 옮겨와서 본격적으로 세 번째 못자리를 실험하고 있다. 여기서 느끼는 것인데, 자연은 사람을 생각하도록 만드는, 그것도 깊게, 그리고 치열하게 생각하게 만드는 신비의 힘이 있다는 사실이다. 나는 여름에 농사짓고, 겨울에 글 쓰는 비교적 단순한 생활 리듬에 따라 사는데, 농한기 몇 달 집중적으로 작업하면서도 대체로 2, 3년에 책 한 권씩 내고 있다. 내가 서울에서 세상을 마주하며 부대끼고 살았다면 이게 가능했을까. 변변치 못하지만 내 저작들은 한여름 땀 흘리며 농사할 때 문뜩문뜩 떠올랐던 숱한 영감들이 가을빛에 영글어 만들어낸 수확물이 아닌가 생각한다. 그런 의미에서 나는 세 번째 못자리도 앞의 못자리들에 못지않게 다분히 생산적이라고 믿는다.

인생 삼모작을 성공하기 위해서는 앞선 못자리에서 터득한 지식과 사유방식, 온갖 삶의 체험들, 그리고 그것들이 빚어낸 빛과 그림자를 최대한으로 동원해서 한껏 활용해야 한다고 생각한다. 내 경우, 역시 대학과 정부에서 쌓은 다양한 학습들, 거기서 움텄던 숱한 통찰들, 그리고 함께 얽힌 회한과 성찰이 이 세 번째 못자리의 기름진 토양이라고 생각한다

8. '대안 찾기' 여행은 계속된다

나는 원래 정석(定石)적 사고에 대해 회의적인 편이다. 무엇보다 고정관념이나 상투어 같은 '클리셰(cliche)'를 무척 싫어했다. 그러다 보니

남들이 하는 것도 똑같이 행동하거나 공인된 해답을 그대로 받아들이기보다는 열심히 미지의 블루오션을 향해 '대안 찾기'를 해온 편이다. 거기에는 주류가 되기보다는 비주류에 속하는 것을 편하게 생각하고, 다양한 행동 경로의 탐색과 숨어 있는 보물찾기를 즐기는 내 성격 탓도 있었던 것 같다. 그러나 내가 추구하는 대안들은 새로운 해법이거나 바른 길의 모색이었을 뿐, 상궤(常軌)를 벗어난 것이 아니었다. 그래서 그 어느 것도 '변혁적'이거나 '일탈적'인 것들이 아니었다.

나는 또한 극단적인 것을 혐오한다. 그래서 나는 진리 독점을 공언하고, '적과 동지'를 칼날처럼 가르는 좌와 우의 교조주의자들을 경멸한다. 그래서 늘 중도에서 외롭게 길을 찾았다. 내가 토니 블레어(Tony Blair)의 '제3의 길'과 슈뢰더(Gerhard Schröder)의 '신중도', 그리고 이들이 추구하는 '사회투자국가(social investment state)' 개념에 크게 기울고, 『역사 앞에서』의 김성칠과 『광장』의 최인훈이 보여준 가슴 저미는 시대적 고민에 크게 공감했던 것도 그 때문이다.

나는 새로운 선택지를 선택할 때 깊게 고민한다. 그러나 일단 마음이 정해지면 크게 망설이지 않고 그 길을 택했다. 돌이켜보면 나의 대안 찾기 여행의 출발점은 위에서 말한 1965년의 오스트리아 유학이었다. 나는 그때 대국주의와 시류 편승을 거부하고 변방의 작은 나라를 유학지로 택했다. 내가 교육부장관으로 재직 시 형평성 제고를 위해 '교육복지'라는 블루오션을 찾아 나섰다. EBS 수능방송과 대안학교를 지원한 것도 이러한 노력의 일환이었다. 두 사업은 무한 경쟁이라는 시대적 조류를 거슬러 과감하게 시도했던 교육정책의 대안 찾기 운동이었다. 이후 '교육복지'라는 개념이 교육정책과 교육담론에서 보편화되기 시작했다. 나의 대안 찾기 여행의 최근판은 역시 '탈(脫)서울'이 아닐까 한다. 2006년 정년퇴임에 한발 앞서 나는 서울을 떠나 아무 연고도 없는 속초로 왔다. 내가 서울을 떠난 가장 큰 이유는 스스로가 '내 삶의 진정한 주인'이 되기 위해서였다. 얼마 후 속초에서 다시 시골(고성)로 옮겨 새 집을 짓고 농사를 시작했다. 그리고 내가 꿈꾸던 자연의 품에 안겼다.

나는 역사의 고비마다 시대적 격류 속에서 자칫 폄훼되거나 소홀히 하게 되는 소중한 가치를 일깨우며, 바른 대안을 제시하는 데 힘을 기울였다. 1986년 대학가 변혁운동의 파고는 절정에 이르렀다. 이른바 주체사상파의 주도 아래 체제는 크게 흔들리고, 온통 '평등'의 물결이 넘실댔다. 나는 '세계의 시계'에 역행하는 이들에게 '자유'의 소중함을 일깨우고 민주주의의 정도(正道)를 적시하기 위해, 그해에 『자유민주주의를 위한 변론』(전예원)을 펴냈다. 운동권 학생들로부터 거센 공격과 비판을 받았음은 물론이다.

1980년대 말 소련 및 동구 공산주의 체제가 붕괴하자, 한국에서도 신자유주의 사조가 팽배했다. '자유'가 과도하게 앞세워지면서 '평등'은 뒷전으로 크게 밀렸다. 나는 자유와 평등의 균형과 조화의 필요성을 일깨우기 위해 1992년 『자유와 평등의 변증법』(나남)을 펴냈다.

나의 최근의 고민은 어떻게 하면 우리가 오늘날 우리가 처해 있는 정치적, 사회적 양극화에서 벗어나 참된 의미의 '중도'를 찾을 수 있을까 하는 것이다. 그런 의미에서 나의 '대안 찾기' 여행은 아직 계속되고 있다.

9. 모든 순간이 꽃봉오리인 것을

내 서재 한쪽에는 오랜 친구 정현종 시인이 손수 써준 그의 명시 「모든 순간이 꽃봉오리인 것을」이라는 액자가 걸려 있다. 지난날을 돌아보면 그의 시구처럼 "모든 순간이 다아", "내 열심에 따라 피어날 꽃봉오리"였다. 다만 이루지 못한 것은 "내 열심"이 부족하거나 내 능력이 부쳤기 때문일 것이다.

돌이켜보면 실로 많은 이의 도움으로 여기까지 왔다. 사랑하는 아내와 가족, 국내외의 많은 은사들, 멀리서 내가 경모했던 어른들, 따듯한 이웃들, 언제나 힘이 되어주는 좋은 친구들, 고맙고 자랑스러운 숱한 제자들, 그들 모두가 내게 더할 수 없는 지원군이었다. 그들은 또한 모두 내게 도덕적 압력집단이었다. 나는 그들을 실망시키지 않으려고 나를 모질게 억누르고, 자주 성찰하며, 스스로를 채찍질했다.

생각나는 일이 하나 있어 마지막으로 적는다. 얼마 전 제자 한 사람이 내게 "선생님, 일생에 꼭 하고 싶으신 일인데 이루지 못한 게 있다면 어떤 게 있으세요?" 하고 물었다. 내 대답은 다음과 같았다.

"1950-60년대의 『사상계』 같은 시대를 고민하는 잡지를 하나 만들고 싶었네. 그리고 매달 나라의 앞날을 밝히고 젊은이들의 영혼을 흔드는 권두언을 쓰고 싶었네."

지난날을 되돌아보면, 신기하게도 나는 평생 20대에 마음에 담았던 세 가지 직업, 즉 학자, 언론인 그리고 공직자 세 가지 갈래 길에서 맴돌았다. 그러나 누가 내게 "장관님" 운운하며 말을 건네면, 나는 황급히 "그냥 교수라고 부르세요. 그게 제 진짜 호칭입니다"라고 바로잡는다.

『철학과 현실』(2018년 가을)

안병영 연세대학교 행정학과 명예교수. 교육부장관(1995-1997), 교육인적자원부 장관 및 부총리(2003-2005), 아시아사회과학연구협의회 회장, 한국사회과학연구협의회 회장, 한국행정학회 회장을 역임했다. 연세대학교 정치외교학과를 졸업하고 서울대학교에서 행정학 석사학위를, 오스트리아 빈대학교에서 정치학 박사학위를 받았다. 저서로 『현대공산주의 연구』, 『자유와 평등의 변증법』, 『한국의 공공부문』(공저) 등이 있다.

나의 삶, 나의 길

1판 1쇄 인쇄	2019년 3월 10일
1판 1쇄 발행	2019년 3월 15일

엮은이	철학문화연구소
발행인	전 춘 호
발행처	철학과현실사

출판등록   1987년 12월 15일 제300-1987-36호
서울특별시 종로구 동숭동 1-45
전화번호 579-5908
팩시밀리 572-2830

ISBN 978-89-7775-820-9 03100
값 12,000원